U0603967

别尔嘉耶夫像,康·费·尤恩,1921 年绘

Николай Бердяев

Миросозерцание Достоевского

陀思妥耶夫斯基 的 世界观

（俄）尼古拉·别尔嘉耶夫 著

耿海英 译

广西师范大学出版社
·桂林·

别尔嘉耶夫与俄罗斯文学

（代序）

尼·阿·别尔嘉耶夫（Н. А. Бердяев, 1874-1948）是二十世纪初俄罗斯新基督教哲学杰出的代表，这一身份定位毋庸赘述。他丰厚的思想遗产直到苏联解体前后，才得以在俄罗斯本土重新发掘。与此同时，我国学者，从1990年代初开始也异常敏锐地关注到了别尔嘉耶夫，对其著述进行不间断的翻译与研究，到目前为止，据我的收集和统计，中国（大陆）出版了十三部译本，发表两部著作的节译，自编两部他的文集，而各类专门性研究文章也有六十余篇（其中包括台湾地区研究性论文六篇，涉及性研究文章则数量较多）。

从我国现有的研究来看,主要涉及了别尔嘉耶夫的宗教哲学,历史哲学,文化哲学,社会哲学,伦理学,对他的神学观,人格主义,存在主义,人道主义,创造,自由,奴役,历史,末世论,技术的形而上学,客体化世界批判,马克思主义观,性学伦理观,俄罗斯思想等主题,以及别尔嘉耶夫的生平和思想演变进行了研究。

笔者认为,在别尔嘉耶夫的思想中,自由、个性、创造是三个核心词,而其中"自由"又是一个核心的思想主题,他的思想的各个层面、各个角度都是由此阐发出来的。

别尔嘉耶夫关于自由的思想主要来源有两个,其中之一是"德国来源"。他对"自由"的理解就是得到雅·伯麦关于"深渊"(Ungrund)学说的启发。我国学者的研究基本上都是在他的"德国来源"的基础上展开的。但是,伯麦关于"深渊"的学说与别尔嘉耶夫的"自由"学说,是两种根本不同的学说。别氏只是受到了"深渊"学说的启发,得到了一种触动与灵感,之后,他便走向了不同的方向。他说:"把我关于自由的学说归因于伯麦关于深渊的学说是错误的,我把伯麦的深渊理解为原初的、存在之前的自由。但在伯麦那里,自由是在上帝之中,是作为他的黑暗元素而存在。而在我这里，它在上帝之外。"①那么，他的"自由哲学"的思想由何而来？

我国学者对别尔嘉耶夫思想的研究，大多从哲学、神学的角度着眼，对他思想的另一个重要来源则缺少足够的认知和关注，这就是他与陀思妥耶夫斯基的血肉联系。而这一血肉相连的关系，也正是他与俄罗斯文学，与俄国思想、文化隐秘关系的关节点。他关于俄罗斯作家与俄罗斯文学的许多专论几乎没有中译本（此译著的出版即想填补一下这一空白），具体研究也基本阙如。之所以会产生这种研究上的倾斜，我想，一是因为人们可能被别尔嘉耶夫基督教哲学家的身份框住了，研究者总是很自然地从哲学角度寻找其思想资源；二是大约受制于研究者的专业背景，因为在我国别尔嘉耶夫研究者中，有三分之二来自哲学专业，从自身的学科与专业出发阐发别氏的思想，也顺理成章。但局限也是明显的，最近有学者发现在有关的译著中有许多误译、漏译。笔者对照原文与译本后发现，误译中的一类，就是不熟悉相关文学作品和人物所致。

如果说上述两个原因仍属于表面的话，那么第三个原因

---

① Н. А. Бердяев, *Самопознание//Русская идея*. Москва. 2004. C. 346.

则属于深层方面的,那就是 1980 年代中期以来中国当代文学观的巨大变迁。"文学"在当代已经不再是可以"新一国之民"或为政治服务的载道"工具",而是以"文学本身"为核心建立起的一整套观念,其中"纯文学"居于核心位置。这一在 1980 年代曾发挥过极大社会能量的文学观念,在进入1990 年代以后,则使文学日益丧失了中国现代史中的那种公众意识和社会思想载体的作用,从而成为技术分工中的一个门类;私人化、作坊化已经或正在成为作家们的文学实践。在这种情势下,把复杂、丰富、沉重的哲学思想,与在我们意识中日益变得脆弱的"文学"联系起来,仅从主观自觉上而言,这一思路就不大容易形成。即便我们这些专事文学研究的人,在被当代这种"提纯"的文学观塑造之后,也不愿意囿于"文学"的圈子里,总想冲出我们的学科,冲到哲学、历史、宗教、社会学等领域里去,而不是去考虑文学本身的那种不受任何观念规定的"综合性"。

在研读了别尔嘉耶夫的相关著作及国内和俄罗斯的研究成果之后,我翻译了别尔嘉耶夫的重要著作《陀思妥耶夫斯基的世界观》,并整理了别尔嘉耶夫创作年表。在阅读与翻译过程中,我发现,别尔嘉耶夫与俄罗斯文学的关系非同一般。对此,我们不仅需要重新思考"别尔嘉耶夫与俄罗斯文学"的命题,也需要重新审视我们自己的文学观。可以这么说:别尔嘉耶夫哲学著述其实是在表达一种俄罗斯文学精神,或者说表达一种精神的俄罗斯文学。陀思妥耶夫斯基,对别氏而言,不是他哲学思考的可被抽象肢解的对象,而是他生命中不可分割的部分,是他全部哲学著述的具有绝对意义的思想源泉,并在其世界观的形成过程中,起了决定性的作用。与此相应,俄罗斯文学不仅是别尔嘉耶夫思想的主要养分,也是他回应俄罗斯及世界现代问题的主要路径。而国内研究对别尔嘉耶夫与俄国东正教思想文化,特别是与俄罗斯文学的这样一种关系,则缺乏一种突显的认识。

别尔嘉耶夫的第一部哲学著作《自由的哲学》出版于1911年,而他自认为最完备的哲学著作《论人的使命》,则完成于1931年。这二十年是他的哲学观形成、发展、成熟的重要阶段,在这个阶段,早期的不少其他思想已逐渐淡出他的视野,但陀思妥耶夫斯基则须臾也没有离开过。他说:"还是在小男孩的时候我就形成了来自陀思妥耶夫斯基的习性。他比任何一位作家和思想家更震撼我的心灵。"①他1907年

---

① Н. А. Бердяев, *Миросозерцание Достоевского//Смысл творчества.* Москва. 2004. С. 383.

发表《大法官》,1914 年发表《斯塔夫罗金》,1918 年又有《陀思妥耶夫斯基创作中关于人的启示》和《俄罗斯革命的精神实质》发表,并于 1921 年至 1922 年间,在宗教文化民间学会①作关于陀思妥耶夫斯基的系列讲座,于 1923 年以《陀思妥耶夫斯基的世界观》为名结集出版(YMCA-Press,布拉格)。可以看出,别尔嘉耶夫对陀思妥耶夫斯基进行着不间断的思考,《陀思妥耶夫斯基的世界观》就是这些思考的总结,这里,形成了别尔嘉耶夫世界观的基本面貌。他说:"我不仅试图揭示陀思妥耶夫斯基的世界观,并且也融进许多我个人的世界观。"②因此,有俄罗斯学者说,他的这本著作,应该取名为《别尔嘉耶夫的世界观》。可以说,他是从陀思妥耶夫斯基的思想遗产中形成了自己的精神方式和自己独特的自由精神哲学的。在此后各种著作中阐述自由、创造、奴役、俄罗斯革命、共产主义与基督教等宗教哲学主题时,他都

---

① 宗教文化民间学会(Вольная Академия Духовной Культуры,即ВАДК)由别尔嘉耶夫于 1919 年在莫斯科成立,存续到 1922 年 8 月他被驱逐出俄罗斯。此后,他又在柏林建立了"宗教-哲学研究院",作为继承莫斯科宗教文化民间学会和宗教-哲学协会的传统,并随着他 1924 年移居巴黎,"宗教-哲学研究院"也迁至巴黎。

② Н. А. Бердяев, *Миросозерцание Достоевского//Смысл творчества*. Москва. 2004. C. 383.

会回到陀思妥耶夫斯基。尽管他生平中也有过转向,但只是表面的,从其《思想自传》和其他一系列著作中可以看出,其一生的思想核心是他的新基督教精神,即以精神自由为基础的基督教精神,而这一精神的起源就是陀思妥耶夫斯基《宗教大法官的传说》中的基督形象。他说:"《宗教大法官的传说》一直对我具有重大意义。……在《陀思妥耶夫斯基的世界观》一书中,我就是据此来阐述我的思想的。它对于理解我的精神道路和我对基督教的态度极其重要。《宗教大法官的传说》中的基督形象走进了我的灵魂,我接受了《传说》中的基督。基督永远与自由精神相联系,对我来说,终生如此。"①他还交代这一思想根基的来源:"在对自由的第一直觉中我遭遇了陀思妥耶夫斯基,他一同我的精神之父。"②

俄罗斯文学作为思想资源,对别尔嘉耶夫的哲学思想产生了重大影响。同时,这又是一个双向与互动的过程。他与同时代知识界、文学界(特别是象征主义文学流派)的交流与论争,也大大激发与促进了他的思想的发展。在他之前,罗赞诺夫的《陀思妥耶夫斯基的大法官》(1891)和梅列日科

---

① Н. А. Бердяев, *Самопознание//Русская идея*. Москва. 2004. C. 427.

② Н. А. Бердяев, *Миросозерцание Достоевского//Смысл творчества*. Москва. 2004. C. 383.

夫斯基的《列·托尔斯泰与陀思妥耶夫斯基》（1900-1902）已经问世，这两位同时代人在认识陀思妥耶夫斯基的理路上都启发过他。而他对同时代的俄国象征主义文学流派最重要的代表都有过论述，如《评罗赞诺夫的〈陀思妥耶夫斯基的宗教大法官〉一书》（1906），《基督与世界——论罗赞诺夫》（1908），《俄罗斯灵魂中"永恒的村妇性"——就"村妇性"与罗赞诺夫的论争》（1915），《新宗教意识——论梅列日科夫斯基》（1916），《论维·伊万诺夫》（1916），《论别雷的〈彼得堡〉》（1916），《模糊的圣容——论别雷》（1922），《为勃洛克辩护》（1931），等等。而罗赞诺夫的《在别尔嘉耶夫的讲座上》，梅列日科夫斯基的《关于新宗教意识——答别尔嘉耶夫》，扎伊采夫的《尼·别尔嘉耶夫》等，以及一批宗教哲学家对他的评述，形成了他与那个时代最优秀的人物的交流与互动。直到晚年，他依然关注着苏联国内的文学界，并且就著名的阿赫玛托娃和左琴科受审一案撰写文章《创作自由与制造灵魂——与阿赫玛托娃和左琴科事件相关》（1946）。在我以上的论述中，我希望特别留意所提及的别氏著作的著述时间，它们几乎贯穿着他的一生。

别尔嘉耶夫与俄罗斯文学的联系，不仅表现在他的思想来源以及上述他与俄国文学界的那种互动关系，而且还表现在他以其宗教哲学思想全新地阐释了俄罗斯文学。从他关于诗人、作家、文学界事件的论述中可以看出，它们从来都不是"纯文学"的论述，而是文学中理应包含的哲学、宗教、历史和社会思考。这种文学性的思考，恰恰无意中为我们提供了一个打破学科界限，从人类精神文化最高形式的角度，关照文学现象（也是精神现象）的范本。

"跨学科"如今已经成为人文学科，尤其是语言学界的一个热门话题。事实上，今天的"学科"本身以及"跨学科"的努力，无不折射着人类知识的现代困境。思想、精神，尤其是没有学科界限的，我们本着它们的原貌去走近、认知与体验就够了。如果真要思考"跨学科"的问题，我非常认同孙歌的思考方式。她在《竹内好的悖论》序言中谈到，跨学科的真正目的，是通过"互补关系揭示那些在一个学科内部很容易被遮蔽的问题"。"跨学科仅仅是一种机能，一种迫使自己和别人都自我开放的机制，它不必要也不太可能走出自己受训的那个学科的思维方式，但是它却可以质疑和对抗这个学科内部因为封闭而被绝对化了的那些知识。""跨学科必须依赖不同学科之间具有张力关系的对话……它必须依赖高度的精神创造力……非常识性的精神工作方式，才有可能重新组织处理知识和问题的基本方式。"①而别尔嘉耶夫正是以一种高度的精神创造力全新地阐释了陀思妥耶夫斯基,并更新了既往的阅读、思考和把握问题的方式。

在《陀思妥耶夫斯基的世界观》中他这样写道:"我不打算对陀思妥耶夫斯基作文学史研究,也不打算写他的生平和描述他的个性。我的著作也完全不是一部文学批评专著。"他认为,文学批评对他是"不太具有价值的创作"。这里,他所指的文学批评,即是当时很风行的"提纯的文学批评"。但他也不是"带着心理学的观点走近陀思妥耶夫斯基,揭示陀思妥耶夫斯基的'心理学'"。他说:"我的著作应该走进精神领域,而不是心理学领域。……陀思妥耶夫斯基……是天才的辩证论者和最伟大的俄罗斯形而上学者。思想在陀思妥耶夫斯基的创作中起着巨大的核心的作用。"作为敏锐把握时代潮流的思想家,他却又坚决抵制那个时代的风尚。他说:"与现代主义的时髦——倾向于否定思想的独立意义,怀疑它们在每一个作家身上的价值——相反,我认为,如果不深入到他丰富和独特的思想世界,就无法走近、无法理解陀思妥耶夫斯基。陀思妥耶夫斯基的创作是真正的思想盛

---

① 孙歌,《竹内好的悖论》,北京:北京大学出版社,2004年,第2页。

宴。……陀思妥耶夫斯基打开了许多新的世界……但那些把自己局限在心理学和艺术的形式方面的人,那些阻断了自己通往这个世界的道路的人,他们永远也不会理解在陀思妥耶夫斯基的创作中揭示了什么。"①

别尔嘉耶夫经历了俄国文学由十九世纪的批判现实主义向现代主义的过渡。"为艺术而艺术"的唯美主义与形式主义曾是一股巨大的创作和批评的浪潮,裹挟着人们,然而,别尔嘉耶夫与这种"时髦"相悖,依然执着于自己气质中对精神性的追求,一开始就冲击了先前对陀思妥耶夫斯基进行研究的学科定势——文学史研究、文学批评、"心理学"批评。他要进入的是陀思妥耶夫斯基的精神领域、形而上领域,紧紧抓住"思想在陀思妥耶夫斯基的创作中"所起到的那种"巨大的核心的作用"。文学在他那里,等于思想和精神。也正是在人们认为的文学家身上,诞生了别尔嘉耶夫的自由哲学。他这样评价陀思妥耶夫斯基:"他的创作是关于精神的知识和科学。"但对各种分割式的片面狭隘的"学科式"研究陀氏的局限性,他从一开始就有清醒的意识:"人们

---

① 此段的引文见: Н. А. Бердяев, *Миросозерцание Достоевского//Смысл творчества*. Москва. 2004. C. 384–385。

是带着各种各样的'观点'走近陀思妥耶夫斯基的,以各种世界观来评价他,因而,陀思妥耶夫斯基的许多侧面或被揭示,或被遮蔽。对于一些人来说,他首先是'被侮辱与被损害的人'的保护人;对于另一些人来说,他是'残酷的天才';对于第三种人来说,他是新基督教的预言家;对于第四种人来说,他发现了'地下人';对于第五种人来说,他首先是真正的东正教徒和俄罗斯弥赛亚思想的代言人。不过,在所有这些见解中,似乎揭示了陀思妥耶夫斯基身上的某种东西,但与他整个的精神并不相符。对于传统的俄罗斯批评来说,正如所有最伟大的俄罗斯文学现象一样,长期以来,陀思妥耶夫斯基都是被遮蔽的……"针对这种情况,他给自己设定的任务是要"完全更新"它们。那么,这种被遮蔽的东西是什么呢?别尔嘉耶夫写道:"任何伟大的作家,一种伟大的精神现象,都需要作为一种整体精神现象去把握。……要走近伟大的精神现象,需要一颗信徒般的心,而不是怀疑主义地肢解它。"[1]正是在哲学与文学的张力之中,别尔嘉耶夫以他信徒般的虔敬,天才的哲学家和文学者的直觉,建构起一种全

---

① 此段的引文见:Н. А. Бердяев, *Миросозерцание Достоевского//Смысл творчества*. Москва. 2004. С. 386–387。

新的阅读陀思妥耶夫斯基的知识和问题的方式,更新了精神的知识和科学。这一点,我们只要注意一下该书各章的题目就一目了然:陀思妥耶夫斯基,人,自由,恶,爱,革命,社会主义,俄罗斯,大法官,神人,人神。这些词是别尔嘉耶夫整个哲学创作独特的"共相",是他主要的问题。正是通过理解陀思妥耶夫斯基,别尔嘉耶夫才形成自己关于人、自由、恶、爱等的思想,并揭示出人类精神的共相。这里已经远远超越所谓的学科范畴,已经不存在神学与文学、哲学与文学之分。

别尔嘉耶夫这种超越学科的思考,还集中表现在他以新的精神方式,以新的处理知识和问题的方式,走进俄国整个的精神、文化传统和当代运动中,其中包括我们熟悉或不熟悉的俄国文学史上各种倾向的诗人、作家、文学批评家和各类知识分子等,以此来解读整个俄罗斯民族精神。这一点,在别尔嘉耶夫晚年所著的《俄罗斯思想》中尤为突出。

别尔嘉耶夫对作为民族生活的和民族使命的精神主题的"俄罗斯思想"的思考,是通过俄罗斯的思想运动、民族意识的发展来阐释的,他引用了大量资料——从中世纪到1920年代,从"民间宗教信仰的本能"到顶级的理论著作与艺术作品。但对他具有绝对意义的是十九世纪的俄国文学(及其后的"白银时代文学")。在这里汇聚了俄罗斯精神的所有线索与主要成就，别尔嘉耶夫确信，正是在俄罗斯文学中"隐藏着最深的哲学与宗教渴望"。别尔嘉耶夫对俄罗斯文学中所表达出的"俄罗斯思想"异常敏锐，他不仅从普希金、莱蒙托夫、果戈理、丘特切夫、托尔斯泰、陀思妥耶夫斯基那里清晰地听到了它们，而且在Г. 乌斯宾斯基那里，在契诃夫和他的《没有意思的故事》那里找到了宗教-哲学的种子。他正是从俄国五彩缤纷的文学创作和批评里看到俄罗斯精神的不同走向。比如，他在普希金、莱蒙托夫、果戈理、丘特切夫、托尔斯泰、陀思妥耶夫斯基、赫尔岑、别林斯基、车尔尼雪夫斯基、皮萨列夫，以及同时代的罗赞诺夫、梅列日科夫斯基、伊万诺夫、别雷、勃洛克等所代表的不同的文学倾向中，看到了俄国宗教与国家，知识分子与人民，斯拉夫派与西欧派，俄罗斯社会主义与俄罗斯虚无主义，俄罗斯民粹主义与俄罗斯无政府主义，俄罗斯的末世论思想与俄罗斯的马克思主义等既对立又联系，复杂、多层的俄罗斯精神。依据他的分析，我们可以建构起一个"多极的俄罗斯精神结构"。而在这一多极精神结构中，同样映射着现代世界中人类诸多的精神问题。正如他评述陀思妥耶夫斯基时写的那样："如果所有的天才都是民族的，而非世界的，是以民族的方式表达全人类的东西，那么，这对于陀思妥耶夫斯基来说尤其正确。"①我们也可以说，别尔嘉耶夫"以民族的方式表达全人类的东西"。他以全部俄罗斯的思想文化（包括俄罗斯文学）为营养，从其俄国文化的土壤里诞生，回应着俄罗斯所有的问题，也回应着全人类的现代问题。

至此，我们可以看出，俄罗斯丰厚的思想文化，俄罗斯文学，尤其是陀思妥耶夫斯基构成了别尔嘉耶夫哲学思想的来源，甚至是最重要的思想资源。因此，探讨别尔嘉耶夫与俄罗斯文学的关系，便是从本源上理解其哲学思想的世界性意义与民族性意义。而"俄罗斯文学"这一词语本身，也因此而获得了远远超越我们平素理解的那种"文学"的含义，正像陀思妥耶夫斯基早已超出了文学家身份，同时又是当之无愧的文学家一样。他们之于俄国，正如鲁迅之于我们。

耿海英

2006 年 4 月

---

① Н. А. Бердяев, *Миросозерцание Достоевского// Смысл творчества*. Москва. 2004. С. 387.

别尔嘉耶夫的陀思妥耶夫斯基

（新版导读）

　　二十世纪初我国开始译介与研究陀思妥耶夫斯基。最初，由于我们的诉求与俄国革命民主主义者的诉求基本吻合，自然而然地接受了别、车、杜对他的社会学、阶级论的评价，强调他的人道主义思想与感情，把他视为"被侮辱与被损害的"阶级的代言人，注重的是其创作的社会现实题材，而忽略了其表达的宗教的、哲学的思想。这一接受倾向持续了近半个世纪。对他的宗教、哲学思想的认识，在1947年耿济之的《卡拉马助夫兄弟们》的"译者前记"中刚刚显现，就随着整个国家意识形态新阶段的到来而中止,"并沿社会学评价的方向越走越远"。① 从五十年代开始,由于《群魔》中对革命者形象的"歪曲"而将其定为反动作家,对他的译介与研究在中国大陆完全停止,直到八十年代才重又恢复。此后,由于文学批评思想与方法的多样化,对他的研究日渐丰富与深入,其中也开始关注他的宗教、哲学思想,如挖掘其作品中的圣经原型,分析他的宗教心理来源及与俄罗斯宗教文化的关系,研究其作品的宗教理念下的诗学原则,探讨他的原罪说、救赎论、苦难说、末世论等等。然而,这些零星的研究似乎揭示了什么,又似乎遮蔽了什么,总显得意犹未尽。究竟陀思妥耶夫斯基的宗教、哲学思想为何,我们似乎还没有能力完全揭示清楚。同时,我们也发现,即便已有的对其宗教、哲学思想的认识,也多是借鉴了国外学者的论述。其中,一批俄国宗教哲学家、文论家的著述成为我们主要的思想资源。

韦勒克在《陀思妥耶夫斯基评论史概述》一文中指出,俄国宗教哲学家梅列日科夫斯基是真正揭示陀思妥耶夫斯基宗教思想的第一人。其实,在梅氏之前,弗·索洛维

① 陈建华,《中国俄苏文学研究史论》(第三卷),重庆:重庆出版社,2007年,第129页。

约夫关于陀思妥耶夫斯基的三次讲话,称他是"上帝的先知",罗赞诺夫的《费·米·陀思妥耶夫斯基的宗教大法官的传说》认为宗教思想是陀思妥耶夫斯基创作的核心。然而,无论是梅氏,还是索氏与罗氏,都没能系统地呈现陀思妥耶夫斯基宗教世界观的全貌,集大成者是别尔嘉耶夫,他在《陀思妥耶夫斯基的世界观》中集中阐释了陀思妥耶夫斯基的宗教思想。我国较多论述陀思妥耶夫斯基宗教思想的研究成果,如赵桂莲的《漂泊的灵魂》、王志耕的《宗教文化语境下的陀思妥耶夫斯基》、何怀宏的《道德·上帝与人》等,也都大量引用了别尔嘉耶夫的该著作。因此,我们有必要回到别尔嘉耶夫的原著。

一

别尔嘉耶夫的《陀思妥耶夫斯基的世界观》于1923年在布拉格首次出版,它凝聚了别尔嘉耶夫许多年对陀思妥耶夫斯基**不间断**的思考,因为在此之前,他写有《大法官》(1907)、《斯塔夫罗金》(1914)、《陀思妥耶夫斯基创作中关于人的启示》(1918)、《俄罗斯革命的精神实质》(1918),并于1921年至1922年间在"宗教文化民间学会"

作了关于陀思妥耶夫斯基的系列讲座，最终以《陀思妥耶夫斯基的世界观》结集出版。这期间正是别尔嘉耶夫的哲学观形成、发展、成熟的重要阶段。他从思考陀思妥耶夫斯基出发，形成了自己世界观的基本面貌。他说："我不仅试图揭示陀思妥耶夫斯基的世界观，并且也融进许多我个人的世界观。"[①]别尔嘉耶夫与《陀思妥耶夫斯基的世界观》的关系，正如有学者认为巴赫金与《陀思妥耶夫斯基的诗学》的关系一样，不是陀思妥耶夫斯基创造了"对话理论"与"复调小说"，而是巴赫金根据陀思妥耶夫斯基的创作创造了自己的诗学，应该称《陀思妥耶夫斯基的诗学》为《巴赫金的诗学》；也可以说，不是陀思妥耶夫斯基创造了"自由哲学"，而是别尔嘉耶夫根据陀思妥耶夫斯基的创作创造了自己的"自由哲学"，表达了自己的世界观，可以称《陀思妥耶夫斯基的世界观》为《别尔嘉耶夫的世界观》（在俄罗斯学者中正有这说法）。然而，无论是"六经注我"，还是"我注六经"，如果说巴赫金从诗学角度成功阐释了陀思妥耶夫斯基的艺术，那么，别尔嘉耶夫则从宗教哲

[①] Н. А. Бердяев. Миросозерцание Достоевского // Смысл творчества. Москва. 2004. С. 383.

学角度成功阐释了陀思妥耶夫斯基的思想。如果将这几乎是前后问世的(巴赫金的《陀思妥耶夫斯基的诗学》初稿1929年问世,时为《陀思妥耶夫斯基的创作问题》)研究成果结合起来看,则相得益彰,近乎完美互补,算是俄罗斯本国陀思妥耶夫斯基研究的双峰齐立。

我们在阅读与理解《陀思妥耶夫斯基的世界观》的时候,有三个背景因素应当考虑:一是社会历史的因素。时值俄国十月革命前后的剧烈动荡时期。这期间发生的一系列重要事件一起决定了这一时代的灾难意识。二是思想、精神或曰哲学因素。这一时期,哲学的许多问题都发生了剧烈变化。面对现代性的各种问题,陀思妥耶夫斯基的形象,他的方法和原则成了这一时代的精神源泉。三是个人经历因素。在自己世界观形成过程中,别尔嘉耶夫始终把陀思妥耶夫斯基作为自己所有哲学、历史、伦理、美学思想的基础。同时,在哲学批评传统中,别尔嘉耶夫始终认为与自己有着血缘关系的是陀思妥耶夫斯基。也许正是因着精神上的血缘关系,这一论述陀思妥耶夫斯基的专著才具有了区别于别尔嘉耶夫**所有其他**哲学著作的显著特征:即整个文本充满了热烈的火一般的**激情**。他还没有哪一本哲学著作写得如此热烈灼人。这是一部鲜活、具体、形象的，而非呆板、玄奥、抽象的，热烈、激情、充满灵感的，而非冷静、理智、遍布推论的哲学著作。尽管别尔嘉耶夫说自己的著作不是文学批评，可它们丝毫不亚于任何文学批评，甚至文学批评也没有如此的激情四射。我们有理由称之为形而上的文学批评。也许正是从该书的文风我们可以强烈感受到别尔嘉耶夫对陀思妥耶夫斯基的挚爱，感觉到他们同样的血的沸腾，感觉到他们在狄奥尼索斯式的激烈性情上的相似。**激情**是这一著作的显著特征之一：在其他所有著作中压抑的激情，在这里绽放了。俄罗斯学者谢·阿·吉塔连科在其专著《尼·别尔嘉耶夫》①中指出别尔嘉耶夫的激情与哲学创作的关系，认为，别尔嘉耶夫遗传了父系传下来的可能导致病态的非理性的激情因子，这种基因有可能导致他极度兴奋而不能自控激情。因此，他把理性的哲学作为与自己激情的自发力量斗争的工具。关于斗争的结果，别尔嘉耶夫曾写到，在他身上"压抑了抒情的自发力量"，而使自己的精神风景呈现为一片无水的荒漠中的悬崖峭壁。吉塔连科在别尔嘉耶夫的精神发展历程中看到了这样的变化：年轻时，激情昂扬充沛时，他更

---

① С. А. Титаренко. Н. Бердяев. Москва – Ростов – на – Дону. 2005.

多的把自己对世界的感受纳入某种思想框框,而近老年时,激情有所减退,他把对世界的感受表现得更具激情。吉塔连科的分析角度很有意思。但不管哲学是不是别尔嘉耶夫用来与自己的激情斗争的工具,我们至少知道他是具有暴躁、无常、激情的基因的(这与陀思妥耶夫斯基太相似了),而且这些特点若隐若现地沉浮于其哲学著作中,而在《陀思妥耶夫斯基的世界观》中,当面对他挚爱的、如此亲近的、有着精神上血缘关系的他的精神之父陀思妥耶夫斯基时,这一激情终于无法抑制地爆发了,宣泄了出来。他像陀思妥耶夫斯基一样,把读者拽进激情的旋风之中。1920 年至 1921 年间写《陀思妥耶夫斯基的世界观》的时候,他已将近半百,按照吉塔连科的说法,别尔嘉耶夫也到了该抒发自己的激情的年纪了。不过,我认为,激情是否能宣泄出来,是直接与写作对象、写作题材有关的。

我们之所以认为该著作可以称为"形而上的文学批评",是因为他在书中对陀思妥耶夫斯基整个创作的定位是:陀思妥耶夫斯基的创作是"思想的艺术"。也就是说,他首先是把陀思妥耶夫斯基的创作当作"艺术作品"来看待,而不像其他哲学家那样视之为哲学著作,而且,这个"思想"不仅是"一种有机的生命",而且还有"自己活生生的命运",他认为"思想"在陀思妥耶夫斯基的创作中"起着巨大的核心作用"。别尔嘉耶夫这里说的"思想"的巨大的核心作用,不是通常说的作品以某个思想为核心展开艺术创作,而是"思想"本身就构成情节,构成悲剧的张力,构成整个艺术作品发展的动力和源泉,形而上的思想构成整个艺术的内在魅力,它使所有人物都运动甚至疯狂起来,追赶着整个情节跌宕起伏,形成强大的冲击力;是思想带来的激情,是思想的利刃把人物逼向最极端的境地,把人物推向悲剧的最高峰。别尔嘉耶夫说:"陀思妥耶夫斯基所有的创作都是艺术地解决思想主题,是思想的悲剧式运动。地下室的主人公——是思想,拉斯柯尔尼科夫——是思想,斯塔夫罗金、基里洛夫、沙托夫、彼得·韦尔霍文斯基——是思想,伊万·卡拉马佐夫——是思想。陀思妥耶夫斯基所有的主人公都专注于某种思想,沉醉于某种思想。他小说中的所有对话,都是惊人的思想的辩证法。陀思妥耶夫斯基所写的一切,都是关于世界的'该死的'问题的。这毫不意味着,陀思妥耶夫斯基是为了贯彻某种思想而写一些片面的论题式小说。思想完全内在于他的艺术,他艺术地揭示思想生命。"①别尔嘉耶夫把陀思妥耶夫斯基

① Н. А. Бердяев. Миросозерцание Достоевского // Смысл творчества. Москва. 2004. С. 399.

作品中的"思想"这一抽象的词角色化,"思想"就仿佛一个人物那样出场,具有鲜活的生命。他整个的艺术,就是"思想"的艺术,它的诞生,它的道路,它的毁灭。别尔嘉耶夫与当时唯美主义与形式主义的"时髦"相悖,特别强调陀思妥耶夫斯基作品中的"思想",这似乎有点十九世纪陈旧的社会学批评之嫌,但事实上,完全不是别林斯基所看到的陀思妥耶夫斯基作品中的"人道主义思想",而是关于人的本质、人的精神深度、人的精神命运、人与上帝的关系、人与魔鬼的关系的思想。

我们之所以称其著作为"形而上的文学批评",还因为它对文学史对陀思妥耶夫斯基已有的定位具有颠覆意义。在别尔嘉耶夫关于陀思妥耶夫斯基的论述中,有一个根基性问题,即陀思妥耶夫斯基是否是一位现实主义者。别尔嘉耶夫认为,陀思妥耶夫斯基根本不是现实主义者,而是**象征主义者**。他认为,伟大的和真正的艺术不可能是现实主义的,真正的艺术都是象征的——它标明一个更为深刻的真实,它总是穿越到另一个世界。别尔嘉耶夫指出,"在陀思妥耶夫斯基那里,**真实的**不是经验的事实、表面的日常生活的事实、生活秩序的事实、带着泥土味的人的事实;**真实的**是人的精神深度、人的精神命运、人与上帝的关系、人与魔鬼的关系……那些构成陀思妥耶夫斯基小说最深刻的主题的人的精神分裂，并不受制于事实性的叙述"。①他说，伊万和斯麦尔佳科夫之间的关系，使伊万本人的两个"我"得以揭示，而这并不能被称为"现实主义的"。伊万与鬼之间的关系，更不是现实的。别尔嘉耶夫认为，"联系人们的不仅仅是那些在意识之光的照耀下显而易见的关系和制约，还存在更为隐秘的关系和制约"。陀思妥耶夫斯基作品中人们之间所有复杂的冲突和相互关系，揭示的不是客观对象的、"现实的"真实，而是人们内在的生活和内在的命运。在人们这些冲突和相互关系中揭开人之谜，人的道路之谜。所有这一切，鲜有与所谓"现实主义的"小说类似的。别尔嘉耶夫认为，陀思妥耶夫斯基也不可能是心理学的现实主义意义上的现实主义者，他不是心理学家；他作为一个精神现象，意味着一种内在的转折，转向人的精神深度，转向精神体验，他使人穿越混沌的"唯物主义的"和"心理的"现实，他是"灵魂学家和象征主义者-形而上学者"。

---

① 别尔嘉耶夫，《陀思妥耶夫斯基的世界观》，耿海英译，桂林：广西师范大学出版社，2008 年，第 11 页。

我们知道,别林斯基认为陀思妥耶夫斯基是"人道主义的现实主义",梅列日科夫斯基认为陀思妥耶夫斯基是"更高意义上的现实主义"。也许,从"人道主义的现实主义",到"更高意义上的现实主义",再到别尔嘉耶夫的"形而上的象征主义",我们是在一步步走近陀思妥耶夫斯基。别尔嘉耶夫的"形而上的象征主义的陀思妥耶夫斯基"的论断,改写了文学史对陀思妥耶夫斯基的定位。

二

如果说巴赫金关于陀思妥耶夫斯基诗学的关键词是"复调""对话""多声部性""未完成性"等,那么别尔嘉耶夫关于陀思妥耶夫斯基宗教思想的关键词是"人""自由""恶""爱""革命""神人和人神"等,且所有这些词都具有宗教哲学而非社会学的含义。

人　别尔嘉耶夫认为,陀思妥耶夫斯基的全部创作关心的只有一件事,就是"人"。"在陀思妥耶夫斯基那里除了人,别无他物","他为之献出自己所有的创作力量"。①

---

① 别尔嘉耶夫,《陀思妥耶夫斯基的世界观》,第 21 页。

他认为,相较于陀思妥耶夫斯基,托尔斯泰更多是一位"神学家",他更关心"上帝"的问题;而陀思妥耶夫斯基全部关心的是"人"的问题,他是一位"人学家",但这个"人",是处于"人与上帝"关系中的"人",他是"宗教人学家"。在已有的对陀思妥耶夫斯基的研究中,还没有谁把"人"字如此赫然地凸显地推到我们面前。韦勒克的《陀思妥耶夫斯基评论史概述》①对一个半世纪以来各国的陀思妥耶夫斯基研究进行了分析,指出,别林斯基、杜勃罗留波夫、皮萨列夫关心的是陀思妥耶夫斯基的人道主义精神,民粹派的米哈伊洛夫斯基称其是"残酷的天才",法国的德·沃盖伯爵认为他的主要作品"可怕"而且"不堪卒读",法国青年批评家埃米尔·埃纳昆看到的是陀思妥耶夫斯基摒弃理性、歌颂疯狂白痴和低能,著名的乔治·勃兰兑斯认为陀思妥耶夫斯基宣扬贱民和奴隶道德,尼采从他那里学到的是犯罪的心理、奴隶的精神状态、仇恨的本性,舍斯托夫只看到陀思妥耶夫斯基关于灾难和启示录式的幻象,高尔基抨击他是"俄国的罪恶的天才",乔治·卢卡奇用简单的二分法

---

① 赫尔曼·海塞等,《陀思妥耶夫斯基的上帝》,斯人等译,北京:社会科学文献出版社,1999 年,第 165 页。

宗教文化民间协会所在地，大切尔内绍夫胡同 11 号街景

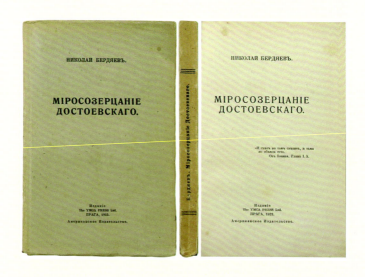

《陀思妥耶夫斯基的世界观》初版本（封面、
书脊、扉页），YMCA-Press，布拉格，1923

НИКОЛАЙ БЕРДЯЕВЪ

МІРОСОЗЕРЦАНІЕ
ДОСТОЕВСКАГО

YMCA-PRESS
PARIS

《陀思妥耶夫斯基的世界观》（封面），
YMCA–Press，巴黎，1968

费奥多尔·斯捷蓬在宗教
文化民间协会所作报告《生
命与创作》，1923 年在柏
林成书

谢苗·弗兰克在宗教文化
民间协会所作报告《哲学
导论》，1922 年在彼得格
勒成书

来对待陀思妥耶夫斯基的同情心和思想意识,维·伊万诺夫强调的是他作品中的神话成分,纪德看重的是陀思妥耶夫斯基的心理学、多义性和非决定论等等。可以看出,唯独"人"的主题,人、人的命运的主题没有被明确提出来。只有在别尔嘉耶夫这里,"人"的主题作为陀思妥耶夫斯基大写的主题浮现了出来。别尔嘉耶夫在《陀思妥耶夫斯基的世界观》第一章就以"人"为题目进行了论述,指出,从《地下室手记》之后,人,人的命运就成为陀思妥耶夫斯基兴趣的绝对对象,而这不仅仅是陀思妥耶夫斯基的思想理念,也是他创作的艺术原则。别尔嘉耶夫分析陀思妥耶夫斯基作品的叙述结构,指出:"在陀思妥耶夫斯基的小说结构中有一个巨大的中心。一切人和事都奔向这个中心人物,或这个中心人物奔向所有的人和事。这个人物是一个谜,所有的人都来揭开这个秘密。"①《少年》中的韦尔西洛夫,《群魔》中的斯塔夫罗金,《卡拉马佐夫兄弟》中的伊万都是这样的中心,《地下室手记》的主人公,《罪与罚》中的拉斯柯尔尼科夫也是类似的人物。别尔嘉耶夫认为,在他们不同寻常的命运中,掩盖着人一般的秘密。"在陀思妥

---

① 别尔嘉耶夫,《陀思妥耶夫斯基的世界观》,第22-23页。

耶夫斯基的作品中,人们几乎没有别的'事情'可干",最严肃的、唯一严肃的"事情"就是揭开人的秘密,人高于一切"事情",人就是唯一的"事情"。同时,别尔嘉耶夫认为,陀思妥耶夫斯基的所有作品都是对人性的实验,是对在自由之中的**人的命运**和在人之中的**自由的命运**的发现。

由此别尔嘉耶夫揭示了陀思妥耶夫斯基关于"自由"的思想。

自由 别尔嘉耶夫强调指出:"人及其命运的主题,对于陀思妥耶夫斯基来说,首先是自由的主题","自由位于陀思妥耶夫斯基世界观的核心"。[1] 他认为,陀思妥耶夫斯基内心最深处的激情是自由的激情,而直到现在,陀思妥耶夫斯基的这一点还没有被充分意识到。别尔嘉耶夫指出,在《地下室手记》中揭示的是人的非理性,但这一非理性,在很大程度上就是人"非被造"的自由的本性。"地下室人"的非理性,决定了拉斯柯尔尼科夫、斯塔夫罗金、伊万·卡拉马佐夫等人的命运,从此,人开始了在自我意志的自由之路上痛苦的徘徊、流浪,伊万·卡拉马佐夫是自由之路的最后一个阶段,走向了自由意志和反抗上帝。

---

[1]　别尔嘉耶夫,《陀思妥耶夫斯基的世界观》,第39页。

这里出现了一个问题，就是，陀思妥耶夫斯基是怎样看待这一自由意志和反抗上帝的。自由意志"**保留了我们最主要的和最宝贵的东西，即我们的人格和我们的个性**"①——这是地下室人的话，但同时也是陀思妥耶夫斯基的思想。但是，这只是问题的一面，问题的另一面在于，陀思妥耶夫斯基揭示了人的自由之路的悲剧的辩证法：这个自由意志和反抗会导致扼杀人的自由，瓦解人的个性。别尔嘉耶夫指出，陀思妥耶夫斯基揭示了在自我意志中自由怎样被消灭，在造反中人怎样被否定，拉斯柯尔尼科夫、斯塔夫罗金、基里洛夫、伊万·卡拉马佐夫即是证明；但是，陀思妥耶夫斯基也深深知道人神的诱惑，他让自己的所有人物都走过了人神之路，正是这样，人神的谎言在无限的自由之路上被揭穿了，在这条路上，人找到的是自己的终结和死亡。在伊万·卡拉马佐夫之后，出现了佐西马和阿廖沙的形象，并且，关于人的自由的悲剧的辩证法是以《传说》中的基督形象结束的。这也就是说，人，经由无限的自由，发现了通向基督的道路——神人之路，在这条路上，人找到的是自己的得救和对人的形象的最终肯定。只有基

① 别尔嘉耶夫，《陀思妥耶夫斯基的世界观》，第30页。

督拯救人,守护人的形象。别尔嘉耶夫认为,陀思妥耶夫斯基正面的关于自由的宗教思想就在于此。这一关于自由的悲剧的辩证法就是关于人、人的命运的辩证法。

别尔嘉耶夫认为,陀思妥耶夫斯基全部的"残酷性"都与他对自由的态度有关,他不愿意卸下人的自由之重负,不愿意用失去自由的代价来换取人免于痛苦。即便是善、真理、完美、幸福,也不应以自由为代价来换取,而应当是自由地接受;即便是对基督的信仰,也应当是人自由地接纳基督。"自由地接纳基督——这是基督徒全部的尊严,是信仰,也是自由的全部意义。"不能把自由与善、与真理、与完美、与幸福混为一谈。自由有自己独特的属性,自由就是自由,而不是善。所有的混淆自由与善,混淆自由与完美,都是对自由的否定。强迫的善已经不是善,它可以再生恶。自由的善,这是唯一的善,它以恶的自由为前提。自由的悲剧就在于此。别尔嘉耶夫认为,陀思妥耶夫斯基的主要人物走过的道路展示的正是这样一个过程,他向人提供了一条自由地接受真理的道路:人具有"非被造"的自由,但自由消解了自身,走向自己的反面,转化为自我意志,转化为人反抗式的自我肯定;自由成为无目的的、空洞的自由,它使人变得空虚。斯塔夫罗金和韦尔西洛夫的自由就是这样无目的的和空洞的;自由的个性瓦解和腐化了斯维德里盖洛夫和费奥多尔·巴甫洛维奇·卡拉马佐夫;自由使拉斯柯尔尼科夫和彼得·韦尔霍文斯基走上了犯罪的道路;基里洛夫和伊万·卡拉马佐夫恶魔般的自由杀死了人。这里,自由,作为自我意志,瓦解并断送了人。人应当走自由之路,但当人在自己自由的恣意妄为中不想知道任何高于人的东西时,如果一切都是许可的,自由就转化为奴役,自由就毁灭人。如果没有任何高于人本身的东西,就没有人。如果自由没有内容,没有目的,没有人的自由与神的自由的联系——没有对高于人本身的上帝的信仰,那么就不会有真正的自由。拉斯柯尔尼科夫和斯塔夫罗金,基里洛夫和伊万·卡拉马佐夫的命运都证明了这一真理。但是,就是"信仰",也应当是自由地去信仰。别尔嘉耶夫认为,在陀思妥耶夫斯基自己的创作顶峰《宗教大法官的传说》中的基督形象揭示的正是这一深刻思想。基督拒绝了"奇迹、神秘和权威",这些都是对人的良心的强迫,是剥夺人精神的自由。任何人不能强迫人的良心信仰基督。各各他的宗教是自由的宗教。上帝的儿子,以"奴仆的形象"出现在世人面前,受尽世间磨难,被钉死在十字架上。在他的形象中,没有任何强制,没有以"奇迹、神秘和权威"的强力使人信仰**他**。**他**不是统治这个世界的强力。别尔嘉耶夫认为,正是这里隐藏着基督教最主要的秘密,自由的秘密——基督是给予自由的人,基督教是自由的宗教,真理不是强制的真理。人精神的自由,宗教良心的自由,是基督教真理的内容。在陀思妥耶夫斯基的作品中,拉斯柯尔尼科夫、斯塔夫罗金、基里洛夫、韦尔西洛夫、伊万·卡拉马佐夫都在经历"怀疑的大熔炉"之后,从他们精神的深处,从他们自由的良心深处响起了彼得的话:"你——基督,上帝活着的儿子。"

但是无论如何,必须面对一个问题,就是恶(包括犯罪)的问题,谁对恶负责的问题,必须面对伊万的"不是不接受上帝,是不接受存在着恶、存在着婴孩无辜的眼泪的世界"的问题。

恶 别尔嘉耶夫在陀思妥耶夫斯基那里发现了一种独特的、与众不同的对待恶的态度。陀思妥耶夫斯基的恶的问题是这样提出并解决的:自由之路会转化为自我意志,自我意志会导致恶,恶会导致犯罪,犯罪内在地不可避免地导致罚。实质上,罪与罚的问题就是恶和对恶负责的问题。别尔嘉耶夫指出,陀思妥耶夫斯基一生都在同对待恶的肤浅的、表面的态度作斗争,反对以社会环境来肤浅表面地解释恶和犯罪并在此基础上否定罚。陀思妥耶夫斯基痛恨这种正面的、积极的人道主义理论,他在其中看到了对人性深度的否定,对人的精神自由以及与自由相关的责任的否定。他准备捍卫最严酷的惩罚,把它作为对自由应负有责任的人的相应属性。以人的尊严的名义,以人的自由的名义,陀思妥耶夫斯基肯定了对各种犯罪的惩罚之不可避免性。这种惩罚需要的不是外在的法律,而是来自人自由的良心的最深处。恶是人具有内在深度的标志。由此可以看出陀思妥耶夫斯基对待恶的态度是极端悖论的。恶就是恶。恶的本性——是内在的、形而上的,而不是外在的、社会的。人,是一个自由的存在。自由是在上帝控制之外的人的本性,它是非被造的、非理性的,因此,自由既创造善,也创造恶。恶出现在自由的道路上。没有自由,恶就无法解释,没有自由,上帝就要对恶负责。但如果因为它可以产生恶,就拒绝自由,那将意味着产生更大的恶。人作为一个自由的存在,对恶负责。由恶而来的罪应当被罚。但是,恶还是人的道路,人悲剧的道路,是自由人的命运,是同样可以丰富人,带人走向更高的台阶的体验。但是别尔嘉耶夫提醒人们,这个真理是危险的,它应当避开精神幼稚的人。任何有为了"丰富自己,需要走恶之路"想法的，都是奴隶式的和幼稚的人；认为人可以有意识地走恶之路，为的是得到更多的满足，随后在善中取得更大的成就——这是发疯了。恶之中的自我满足即死亡。

可以看出，恶的问题与罚的问题联系在一起，同时，罚的问题，也就是赎罪的问题和复活的问题。恶的经验，可以丰富人，可以使意识更为敏锐，但为此需要经历磨难，需要经历地狱之火；苦难之路，可被认为是对人的恶的罚，它可以赎罪，可以焚烧罪恶。只有通过苦难人才可以上升，别尔嘉耶夫认为，这一思想是陀思妥耶夫斯基的人学非常本质的特征。苦难也是人的深度的标志。陀思妥耶夫斯基相信苦难之于赎罪与复活的力量。这就是陀思妥耶夫斯基"受苦受难之宗教"的基础，也是他对恶与苦难的肯定根源所在。由自由产生的恶毁灭了自由，转化为自己的反面；赎罪恢复人的自由，还人以自由。别尔嘉耶夫发现，陀思妥耶夫斯基在其所有小说中引领人走过的正是这个精神过程，走过自由、恶和赎罪。佐西马长老和阿廖沙被塑造成认识了恶并走向更高境界的人。在阿廖沙身上有着卡拉马佐夫家族的恶的元素，按照陀思妥耶夫斯基的构思，阿廖沙是一个经过了自由体验，走向了精神复活的人。

与恶的问题联系在一起的罪的问题还是一个宗教道

德问题,是一个"是否一切都允许"的问题。别尔嘉耶夫发现,"一切都允许吗"这一问题一直折磨着陀思妥耶夫斯基。这一问题在陀思妥耶夫斯基作品中呈现出不同形式:《罪与罚》写的是这个,相当程度上《群魔》和《卡拉马佐夫兄弟》写的也是这个。别尔嘉耶夫认为,罪的问题,这同样是人的自由体验的问题。当人走上自由之路,一个问题就摆在了人面前:人的天性中有没有道德界限?人是否敢于做任何事情?一个自命不凡的人,自认为肩负着为人类服务的使命的人,可不可以杀死最无足轻重的可憎的老太婆,可不可以杀死妨碍了"革命"的沙托夫,可不可以杀死最为罪恶的费奥多尔·卡拉马佐夫?

在《罪与罚》中,拉斯柯尔尼科夫的自由已经转化为自我意志,他认为自己是人类中被拣选的那部分人,肩负着使人类幸福的使命,为此,他认为,一切都是允许的。于是他去检验自己的力量。但是,《罪与罚》通过拉斯柯尔尼科夫的精神历程以惊人的力量表明,在越过了具有类上帝的人性所允许的界限之后,在体验了自己的自由的极限和自己的力量的极限之后,出现了可怕的后果。拉斯柯尔尼科夫杀死的不是"微不足道的"和罪恶的老太婆,而是自己。"犯罪"之后——这本是一次纯洁的实验——他失去了自由，被自己的无力压垮。他明白了，杀死一个人轻而易举，这个实验并不困难，但它不能给人以任何力量，反而使人失去精神力量。任何"伟大的""非凡的"世界的意义（按照拉斯柯尔尼科夫的说法）也没有因杀死放高利贷的老太婆而产生。他被发生的"微不足道"的事件所击溃。在经历了内在的艰难体验后，经验告诉他，不是一切都允许的，因为人类是按照上帝的形象被造的，因此，所有的人都具有绝对的意义。人所具有的精神性不允许以自我意志杀死哪怕最坏的、最为罪恶的人。人以自我意志消灭另一个人，他也就消灭了自己。任何"思想"，任何"崇高的"目的都不能为对待即使最为罪恶的人的那样一种态度辩护。所有的人类生命，比未来人类的幸福，比抽象的"思想"更珍贵。这就是基督教的意识，陀思妥耶夫斯基揭示了这一点。按照自己的意志和臆断，拉斯柯尔尼科夫自行解决能否以自己"思想"的名义杀死哪怕最坏的人的问题。但这一问题的解决不属于人，而属于上帝。以自己的意志解决这一问题的人，杀死他人，同时也杀死自己。别尔嘉耶夫认为，《罪与罚》的意义就在于此。这是在上帝面前的"罪"。

在《群魔》中是自我意志转化为无神论的个人主义思

想和无神论的集体主义思想的严重后果。彼得·韦尔霍文斯基认为，以自己"思想"的名义，一切都是允许的。与拉斯柯尔尼科夫相比，这里，人的毁灭已经走得更远了。陀思妥耶夫斯基展示了"思想"本身、最终目的本身的转化和蜕变，它们最初都是多么崇高而迷人，最终却是走向暴虐残酷；人性中产生了道德上的白痴，失去了善与恶的一切标准，形成了一种骇人的氛围，充满了血腥和杀戮。沙托夫的被杀令人震惊。在彼得·韦尔霍文斯基身上，人的良心——在拉斯柯尔尼科夫身上还存在的良心，已经彻底粉碎，他已经不会忏悔，已经疯狂到了极点。因此，在别尔嘉耶夫看来，彼得·韦尔霍文斯基属于陀思妥耶夫斯基笔下的那一类形象，这些人未来已经不再有人的命运（五人小组的人不是自首就是被捕，都有结局，唯有彼得·韦尔霍文斯基是消失，作者没有任何交代，这是否就是一种象征——是没有未来命运的）。别尔嘉耶夫发现，斯维德里盖洛夫、费奥多尔·巴甫洛维奇·卡拉马佐夫、斯麦尔佳科夫、永远的丈夫，都属于这样的人。但是，拉斯柯尔尼科夫、斯塔夫罗金、基里洛夫、韦尔西洛夫、伊万·卡拉马佐夫还有未来，尽管从经验上讲他们已经死亡，但他们还有人的命运。彼得·韦尔霍文斯基沉迷于虚假的思想而失去了人的形象。他从反面证明不是一切都允许的,如果允许,人就将成为人神,人的神化将消灭人性。这也是在上帝面前的"罪"。

而在《卡拉马佐夫兄弟》中,伊万·卡拉马佐夫并没有杀死父亲,杀人的是斯麦尔佳科夫。但伊万自己潜意识中希望父亲死,并怂恿了斯麦尔佳科夫,鼓励了他的犯罪意志,所以良心的痛苦使伊万疯了。还有米卡·卡拉马佐夫,他同样没有实施弑父,但他说过"那样的人活着干什么",所以他认为自己是以这种方式在自己的精神深处完成了弑父。因此,他平静地接受法律的惩罚,借此赎自己的罪。这种良心的煎熬也说明不是一切都是允许的。

如果说《罪与罚》是个人层面上面对上帝的"罪",那么《群魔》就是社会层面上面对上帝的"罪",《卡拉马佐夫兄弟》则是意识层面上面对上帝的"罪"。别尔嘉耶夫层层深入地揭示出陀思妥耶夫斯基作品中蕴含的关于"罪"的深刻思想。

爱 关于爱,别尔嘉耶夫分析了陀思妥耶夫斯基作品中的爱情,发现,在陀思妥耶夫斯基的创作中爱情占据了重要的地位,但这却不是独立的地位;爱不具有自身的价值,不具有自身的形象,它仅仅揭示人的悲剧之路,是人的自由体验。在陀思妥耶夫斯基那里,爱情的位置完全不同于普希金的塔吉雅娜和托尔斯泰的安娜·卡列尼娜的爱情的位置。这里的女性因素完全是另外一种状况。女人在陀思妥耶夫斯基的创作中没有独立地位。陀思妥耶夫斯基的人学是绝对的男人的人学。陀思妥耶夫斯基对女人的关注,完全是把女人作为男人命运中的因素,作为人的道路上的因素来关注的。人的灵魂首先是男人的灵魂。女性因素只是男人精神悲剧的内在主题、内在诱惑。陀思妥耶夫斯基为我们塑造了什么样的爱情?是梅什金和罗果仁对娜斯塔霞·菲里波夫娜的爱,是米卡·卡拉马佐夫对格鲁申卡的爱,是韦尔西洛夫对叶卡捷琳娜·尼古拉耶夫娜的爱,是斯塔夫罗金对许多女人的爱。这里,任何地方也没有美好的爱情形象,任何地方也没有具有独立意义的女性形象。陀思妥耶夫斯基的创作只有一个主题——人悲剧的命运,人自由的命运。爱情只是这一命运的一个因素而已。但命运只是拉斯柯尔尼科夫、斯塔夫罗金、基里洛夫、梅什金、韦尔西洛夫以及卡拉马佐夫家族的伊万、德米特里和阿廖沙的命运,而不是娜斯塔霞·菲里波夫娜、阿格拉雅、丽莎、叶里扎维塔·尼古拉耶夫娜、格鲁申卡和叶卡捷琳娜·尼古拉耶夫娜的命运。总是男人的悲剧命运在折磨着人。女人只是男人的内在悲剧。女人只是这一命运中碰到的难题,她只是男人命运的内在现象。她只是他的命运。在自己的创作中,陀思妥耶夫斯基揭示了男人的精神的悲剧道路,这对于他也就是人的道路。女人在这条道路上起着重要作用,但女人只是男人的诱惑和欲望。男人被对女人的欲望所束缚,但这似乎依然是男人自己的事情,是男人的欲望本性的事情;男人是自我封闭的,他没有走出自身,走入另一个女性的存在。女人只是男人清算自己的见证,只是用来解决自己的、男人的、人的问题的。在陀思妥耶夫斯基那里,男人从来不与女性结合在一起。陀思妥耶夫斯基的女性之所以如此歇斯底里,如此狂暴,正是因为她不能与男性结合而注定毁灭。陀思妥耶夫斯基确信爱毫无出路的悲剧。

别尔嘉耶夫还揭示了陀思妥耶夫斯基另一层面上关于爱的思想,即基督教的爱。陀思妥耶夫斯基首先是把基督教作为爱的宗教而接受的。基督首先是无限的爱的预言家。正如在男女之爱中陀思妥耶夫斯基揭示出悲剧式的矛盾,他在人与人的爱之中也揭示出这一矛盾,如大法官对人的爱。陀思妥耶夫斯基有一个卓越的发现,即,对人和人类的爱可以是"没有上帝"的爱。在《少年》中,韦尔西洛夫天才地预言了一个未来乌托邦:人们相互依靠,相互爱,因为上帝死了,人类只剩下了人类自己了,人类也不再有永生。先前对上帝的爱,对永生的爱,转向对自然、对世界、对人、对所有小草的爱。这不是因存在的意义,而是因存在的无意义生发的爱;不是为了肯定永恒的生命,而是为了利用短暂的生命瞬间。别尔嘉耶夫认为,这个乌托邦对揭示陀思妥耶夫斯基关于爱的思想非常重要。因为,这样的爱在不信上帝的人类中永远也不会出现;在不信上帝的人类中有的将会是《群魔》中所描绘的一切,将会是大法官对人类的爱。不信上帝的人类必定会走向残酷,走向彼此杀戮,走向把人当作简单的工具。对人的爱只能存在于上帝之中,这个爱肯定每一个人的面容中永恒的生命。这才是真正的爱,基督的爱。基督的爱是在每一个人身上都可以看到上帝之子,在每一个人身上都可以看到上帝形象。这是陀思妥耶夫斯基核心的思想。人首先应该爱上帝。这是第一诫。第二诫是爱每一个人。爱人之所以是可能的,是因为有上帝——唯一的父存在。我们应该爱每一个人中的上帝形象。如果不存在上帝,爱人就意味着把人当作上帝来崇拜,那么,人神就会把人变为自己的工具。因此,没有对上帝的爱,爱人就是不可能的。伊万·卡拉马佐夫就说过,爱人是不可能的。男女之爱是这样,其他各种人与人之间的爱也是这样。真正的爱是对人身上的上帝形象、对永生的肯定。基督的爱正是这样的爱,基督教是真正爱的宗教。

革命　关于革命的思考也是陀思妥耶夫斯基的一个重要主题。别尔嘉耶夫发现,在对革命的考察中,陀思妥耶夫斯基揭示了革命对个性的奴役和革命的进步学说的悖论。革命实质上"不是被外部原因或条件所规定,它是被内部所规定。革命意味着人对上帝、对世界、对人类根本态度的彻底转变"。陀思妥耶夫斯基对革命的考察,实质上也是对人性界限、对人类生活道路的考察。别尔嘉耶夫指出:"陀思妥耶夫斯基在个人的命运中所发现的东西,他在民族的命运中,在社会的命运中同样也发现了。'一切都是允许的吗'这一问题摆在个人面前,也摆在整个社会面前。把单个的个人引向**犯罪**的道路会把整个社会引向**革命**。这是个人和社会命运中类似的经验、相同的时刻。像在自我意志中越过了允许的界限的人失去自己的自由一样,在自我意志中越过了允许的界限的民族也同样失去自己的自由。自由转化为强权和奴役。"①陀思妥耶夫

---

① 别尔嘉耶夫,《陀思妥耶夫斯基的世界观》,第85页。

斯基对革命实质的揭示,实际上揭示的是社会层面上对人的强权与奴役。别尔嘉耶夫认为,陀思妥耶夫斯基不喜欢"革命",正是因为它导致对人的奴役,导致对精神自由的否定;出于对自由的爱,陀思妥耶夫斯基从思想上反对"革命",揭露它必定导致奴役的本质。

关于进步,别尔嘉耶夫指出,进步之路引导人类走向未来普遍的幸福,但进步也因此给一代又一代人带来死亡,他们以自己的劳作和苦难为这一幸福铺设道路。所以,他从道德和宗教的良心上不能与"进步"思想妥协。别尔嘉耶夫发现,陀思妥耶夫斯基同样赞同"地下人"和伊万·卡拉马佐夫的造反,反对"进步"宗教。但是,伊万·卡拉马佐夫说:"我不接受这个上帝的世界……我不是不接受上帝,我是不接受他创造的世界。"别尔嘉耶夫认为,伊万·卡拉马佐夫的这一辩证法是拒绝承认在世界生活中上帝的意义。别尔嘉耶夫认为,如果世界的意义不在上帝那里,那么人就会认为意义在未来"美好"的世界中;而且,如果没有上帝,如果没有赎罪者和救赎者,如果历史进程没有意义,那么世界就应当被摒弃,那么就应当拒绝未来,那么进步就是丑陋的思想。而无神论的伊万正是这样认为的,所以,伊万必定既否定这个世界,也反对未来

"美好"的世界,进而把自己进入"美好"世界的入场券还给了上帝。但是,别尔嘉耶夫认为,陀思妥耶夫斯基的思想要远远高于伊万的辩证法,他揭示了世界的上帝意义,他相信上帝,相信世界的上帝意义。但是,在伊万的造反极限中,与某种正面的真理有某种契合。这就是为什么陀思妥耶夫斯基有一半站在伊万·卡拉马佐夫一边。

神人与人神 别尔嘉耶夫认为,《宗教大法官的传说》是陀思妥耶夫斯基创作的顶峰,他"正面的宗教思想,他独特的对基督教的理解,首先应该在《宗教大法官的传说》中去寻找"。在这里有两个形象——基督与大法官,他们代表着两种精神,即神人与人神,基督与反基督。基督——珍视人的自由。人自由地爱胜于一切。基督不仅爱人,而且确认人的尊严,承认人有能力达到永恒,他想让人得到的不仅是幸福,而且是与人相称的、与人高贵的禀赋和绝对的使命——自由相符的幸福。别尔嘉耶夫认为,《宗教大法官的传说》中的基督形象是一全新的形象——基督是给予自由的基督,基督——即是自由,基督教——即是自由的宗教。别尔嘉耶夫认为,"这是还未曾有过的,陀思妥耶夫斯基独创的对基督特征的理解。像这样把基督形象阐释为自由精神,哪怕是个别人的点到之笔也从未有过。

这一精神自由之所以可能,是因为基督拒绝奴役世界的一切权力。权力意志既剥夺强权者的自由,也剥夺受强权者所奴役的人的自由。"①在《宗教大法官的传说》中,与基督的形象相对立的是大法官的形象——反基督形象,与基督的自由精神相对立的是大法官强制的幸福的学说。大法官,人神——不信仰上帝,也不信仰人。他说,人,无力承担自由的重负。自由之路是艰难之路,是痛苦之路,是悲剧之路。人,担当不了自由。他以人们**幸福**的名义拒绝**自由**,以**人类**的名义拒绝**上帝**。他要创造一个更好的世界,其中没有罪恶,没有苦难,没有无辜婴孩的眼泪。这是以热爱善的名义反抗上帝的逻辑:上帝不能被接受,因为世界是如此糟糕,因为世界充满了欺骗和不公正。但是,这一善、这一幸福被强制给予人们,结果是扼杀人类的自由,否定人的精神自由,把自由出卖给必然王国,走向最大的强权。别尔嘉耶夫认为,这是陀思妥耶夫斯基天才的预见之一。这一反基督精神同样产生于自我意志和反抗上帝。当自我意志和反抗上帝发生在个人身上时,毁灭的是自己,当自由意志与反抗上帝发生在社会建构时,那么,就会

---

① 别尔嘉耶夫,《陀思妥耶夫斯基的世界观》,第 127 页。

剥夺人类的自由。这是在社会层面上又一次揭示自由内在的悲剧的辩证法。

别尔嘉耶夫发现，在整篇《传说》中，都是大法官在进行强势的论辩与说服，而基督始终处于无语与"顺从"之中，但"自由的真理非语言所能表达，易于表达的只是强权的思想"。外表的强大总是实质的虚妄，无言的沉默隐藏着无比的力量。"基督和**他的真理**的隐性表达使其艺术表现力尤为强烈。"在《宗教大法官的传说》中别尔嘉耶夫找到了陀思妥耶夫斯基整个正面的宗教世界观根本所在。他说，在这里陀思妥耶夫斯基要解决的只有一个主题，即人类精神自由的主题。我们也可以说，别尔嘉耶夫在这里找到了自己全部宗教哲学的根基，从此，自由基督的精神形象，自由基督教的信仰成为他整个哲学与生命激情的源泉。

耿海英

2019 年 8 月

光照在黑暗里,黑暗却不接受光。

《约翰福音》1：5

目　录

附录

前　言

　　陀思妥耶夫斯基在我的精神生活中有着决定性的意义。还是在小男孩的时候我就形成了来自陀思妥耶夫斯基的习性。他比任何一位作家和思想家更震撼我的心灵。我总是把人分为陀思妥耶夫斯基式的人和与之精神相异的人。我最早的哲学问题意识的倾向性与陀思妥耶夫斯基的那些"该死的问题"联系在一起。每一次重读陀思妥耶夫斯基，他都为我从更新的层面揭示一切。在青年时期，《宗教大法官的传说》的主题极其尖锐而深刻地扎入我的灵魂。我第一次走近基督，是走近《传说》中的基督形象。自由的思想永远是我的宗教立场和世界观的基础。在对自由的第一直觉中我遭遇了陀思妥耶夫斯基，他一同我的精神之父。我早有一个夙愿,写一本关于陀思妥耶夫斯基的书,但只在几篇文章中部分地实现了这一愿望。1920-1921 年之交的那个冬天,我在宗教文化民间学会所作的关于陀思妥耶夫斯基的系列讲座,最终促使我整理自己关于陀思妥耶夫斯基的思想,并完成了此书,其中,我不仅试图揭示陀思妥耶夫斯基的世界观,并且也融进许多我个人的世界观。

莫斯科,1921 年 9 月 23 日

第一章　陀思妥耶夫斯基的精神形象

　　我不打算对陀思妥耶夫斯基作文学史研究,也不打算写他的生平和描述他的个性。我的著作也完全不是一部文学批评专著——一种对我来说不太具有价值的创作。似乎也不能说,我是带着心理学的观点走近陀思妥耶夫斯基,揭示陀思妥耶夫斯基的"心理学"。我的任务是另一种。我的著作应该走进精神领域,而不是心理学领域。我试图打开陀思妥耶夫斯基的精神世界,探明他最深的处世态度,并直觉地描述他的世界观。陀思妥耶夫斯基不仅是伟大的艺术家,他还是伟大的思想家和伟大的与灵魂交往的人。他是天才的辩证论者和最伟大的俄罗斯形而上学者。**思想**①在陀思妥耶夫斯基的创作中起着巨大的核心的作用。天才的、思想的论辩在陀思妥耶夫斯基那里所占据的地位并不亚于他那不同寻常的心理学分析。思想的论辩是他的一种特殊的艺术。他的艺术渗透着思想生命的本原,而思想生命又渗透着他的艺术。思想在他那里是一种有机的生命,它们有自己不可避免的活生生的命运。这个思想生命是一种强有力的生命,其中没有任何静止的东西,没有停止和僵化。陀思妥耶夫斯基考察思想生命的动态过程。在他的创作中,高扬着强劲热烈的思想的旋风。思想生命在火一般炽热的氛围中流淌,——在陀思妥耶夫斯基那里没有凝滞的思想,他对它们也不感兴趣。在陀思妥耶夫斯基身上真正有的是某种来自赫拉克利特的精神。他身上的一切都是火一般的、骚动不安的,一切都在运动中,在矛盾中,在斗争中。思想,在陀思妥耶夫斯基那里,不是凝结的静止的范畴,而是火的激流。陀思妥耶夫斯基所有的思想都与人的命运,与世界的命运,与上帝的命运相关。思想决定命运。陀思妥耶夫斯基所考察的"思想"

---

① 译文中的黑体字属作者用斜体字、大写、音节拉长等手法以示强调的地方。另,本书注释若非注明属作者原注,皆属译注。

是深刻的本体论的、存在论的,是充满活力的和动态的。在思想中积聚和隐藏了破坏力强大的炸药般的能量。陀思妥耶夫斯基展示了思想的爆炸会带来怎样的毁灭和死亡。但在思想中,也积聚和隐藏了复活和新生的能量。在陀思妥耶夫斯基那里,思想的世界完全是一个特殊的、从未有过的原创的世界,非常不同于柏拉图的思想世界。陀思妥耶夫斯基的"思想"——不是存在的原形,不是原初的本质,当然也不是规范;而是存在的命运,原始的火一般的能量。他承认思想的决定性意义不亚于柏拉图。与现代主义的时髦——倾向于否定思想的独立意义,怀疑它们在每一个作家身上的价值——相反,我认为,如果不深入到他丰富和独特的思想世界,就无法走近、无法理解陀思妥耶夫斯基。陀思妥耶夫斯基的创作是真正的思想盛宴。如果站在自己所谓的怀疑地反思的立场上,怀疑一切思想和一切观念的价值,而拒绝参加这个盛宴,那么,这些人必然使自己陷入忧郁的、贫乏的和半饥饿的存在状态。陀思妥耶夫斯基打开了许多新的世界,这些世界处于暴风雨般的运动中,通过这些世界及其运动,人的命运之谜得以揭示。但那些把自己局限在心理学和艺术的形式方面的人,阻断了自己通往这个世界的道路的人,他们永远也不会理解在陀思妥耶夫斯基的创作中揭示了什么。而我正是想要进入陀思妥耶夫斯基思想世界的最深处,理解他的世界观。什么是作家的世界观? 这是他对世界的沉思,是他对世界的内在本质的直觉的洞察,也是作家关于世界、关于生活的发现。陀思妥耶夫斯基有自己的发现,我正是要理解它。陀思妥耶夫斯基的世界观不是抽象的思想体系,不要试图在作家那里寻找这样的体系;即使找,也未必找得到。陀思妥耶夫斯基的世界观是他天才的对人类和世界命运的直觉,这是一种艺术的直觉,但又不仅仅是艺术的,它还是思想的、认识的、哲学的。这是——灵知(гнозис)。陀思妥耶夫斯基是某种特殊意义上的诺斯替教①信徒。他的创作是关于精神的知识和科学。陀思妥耶夫斯基的世界观首先是极富动态的,我正是要在这种动态中揭示它。从这种动态的观点来看,陀思妥耶夫斯基那里不存在任何矛盾,他实现了一个原则——coincidencia opositorum②。从深入阅读陀思妥耶夫斯基中,每一个人都应该被一种知识所丰富,而这种知识我也试图完全还原。

---

① 公元一至三世纪产生的宗教哲学学说,是基督教、犹太教、各种多神教以及希腊、罗马唯心主义哲学某些成分的结合体。
② 拉丁语:对立面的相辅相成。

关于陀思妥耶夫斯基已经写得太多了,说出了他的许多有趣而真实的东西。但究竟还是没有相当完整的对他的研究。人们是带着各种各样的"观点"走近陀思妥耶夫斯基的,以各种世界观来评价他,因而,陀思妥耶夫斯基的许多侧面或被揭示,或被遮蔽。对于一些人来说,他首先是"被侮辱与被损害的人"的保护人;对于另一些人来说,他是"残酷的天才";对于第三种人来说,他是新基督教的预言家;对于第四种人来说,他发现了"地下人";对于第五种人来说,他首先是真正的东正教徒和俄罗斯弥赛亚①思想的代言人。不过,在所有这些见解中,似乎揭示了陀思妥耶夫斯基身上的某种东西,但与他整个的精神并不相符。对于传统的俄罗斯批评来说,正如所有最伟大的俄罗斯文学现象一样,长期以来,陀思妥耶夫斯基都是被遮蔽的。尼·米哈伊洛夫斯基②也未能有机地理解陀思妥耶夫斯基。为了理解陀思妥耶夫斯基,需要一种特殊的精神储备。为了认识陀思妥耶夫斯基,在认识者身上应该与对象

---

① 弥赛亚,即"救世主",意为上帝派遣来人世间的救世主。
② 尼·米哈伊洛夫斯基(1842-1904),俄罗斯文学批评家,社会学家。1882年,在一篇同名文章中,他称陀思妥耶夫斯基为"残酷的天才",此一说法被广泛接受。

即与陀思妥耶夫斯基本人有某种同源关系,有某种来自他的精神的东西。只是到了二十世纪初,我们这里才开始了一场精神和思想运动,诞生了与陀思妥耶夫斯基更接近的思想,对陀思妥耶夫斯基的兴趣也非同寻常地增长。最令人欣慰的是梅列日科夫斯基[①]在其著作《列·托尔斯泰与陀思妥耶夫斯基》中出色地论述了陀思妥耶夫斯基。不过,像列夫·托尔斯泰一样,他也过于忙于建构一种完整的宗教思想体系。对于梅氏来说,陀思妥耶夫斯基经常仅仅是他宣扬肉体复活宗教的手段,他并没有看到陀思妥耶夫斯基精神的唯一的独特性,不过梅列日科夫斯基第一个成功地揭示出一些陀思妥耶夫斯基身上某种此前完全被遮蔽的东西。而他关于陀思妥耶夫斯基的结论原则上也是不准确的。任何伟大的作家,一种伟大的精神现象,都需要作为一种整体精神现象去把握。对一种整体精神现象需要直觉地洞察它,沉思它,把它作为一种活的肌体,体验它。这是唯一正确的方法。不能肢解伟大的、有机的精神现象,否则,它将会死在手术刀下,那时,洞察它的整体

---

① 梅列日科夫斯基(1865-1941),俄罗斯诗人,宗教哲学家,文学批评家。俄罗斯象征主义文学流派的奠基人。

性将不再可能。要走近伟大的精神现象，需要一颗信徒般的心，而不是怀疑主义地肢解它。可是我们这个时代的人非常热衷于对每一位伟大的作家动手术，怀疑他们身上有癌症或别的什么隐秘的疾病。这样，一个整体的精神形象就消失了，思考它便成为不可能。洞察不等于肢解洞察的对象。因此，我试图走进陀思妥耶夫斯基，信徒般地、整体地、直觉地体验他动态的思想世界，深入他本原的世界观的隐秘之地。

如果所有的天才都是民族的，而非世界的，是以民族的方式表达全人类的东西，那么，这对于陀思妥耶夫斯基来说尤其正确。他是典型的俄罗斯人，地地道道的俄罗斯天才，是我们伟大的作家中最俄罗斯的，同时，就其意义和全部主题来讲，又是最全人类的。他是俄罗斯人。他给阿·迈科夫①写信说："我永远是真正的俄罗斯人。"陀思妥耶夫斯基的创作是用俄罗斯的语言，讲全人类的事情。因此，他是所有俄罗斯作家中，西欧人最感兴趣的一位。他们在他身上发现了那些共性的，同样折磨着他们的东

---

① 阿·迈科夫(1821-1897)，俄国诗人，翻译家。

西;但是也发现了那些异样的,对他们来说神秘的、东方的俄罗斯世界的东西。彻底理解陀思妥耶夫斯基,这意味着理解俄罗斯精神结构中某种本质性的东西,意味着逐渐揭开俄罗斯之谜。但正如另一位伟大的俄罗斯天才所说:

以理智无法理解俄罗斯,

以共同的尺度无法丈量它。①

陀思妥耶夫斯基反映了俄罗斯所有的精神矛盾,所有的悖论,正是这些悖论导致对俄罗斯和俄罗斯人民最矛盾的评价。根据陀思妥耶夫斯基,可以研究我们独特的精神结构。俄罗斯人,他们最常用以表述自己民族独特特征的词是——**启示录主义者**或**虚无主义者**。这意味着他们不能处于精神生活和文化的中心,意味着他们的精神渴望终结和极限。这是肯定的和否定的两极,却表达了同一对终结的渴望。俄罗斯的精神结构与德意志的精神结构是如此不同,德国人——神秘主义者或批判主义者;也与法兰西的精神结构如此不同,法国人——教条主义者或怀疑论

---

① 引自丘特切夫的诗《以理智无法理解俄罗斯》(1866)。

者。俄罗斯的精神结构——对于文化创造和民族的历史道路来说,是最为困难的一种。拥有这样精神的民族在自己的历史中未必能够幸福。启示录主义和虚无主义,是相互矛盾的两极,是宗教的和反宗教的,却都抛弃文化和历史,而文化和历史是道路的中间地带。因此,常常难以确定,为什么俄罗斯人宣布造反,反对文化和历史,并抛弃所有价值;为什么他们要脱去一切文化外衣赤裸裸的;是因为他们是虚无主义者,还是因为他们是启示录主义者而渴望一切都在宗教上得以解决的历史终结。在自己的日记中陀思妥耶夫斯基写道:"虚无主义在我们这里出现,是因为我们所有的人都是虚无主义者。"陀思妥耶夫斯基对俄罗斯的虚无主义作了透彻的研究。俄罗斯精神的悖论性使虚无主义与对世界终结,对发现新天、新地的宗教渴望并行不悖。俄罗斯的虚无主义是变了形的俄罗斯的启示录情绪。那样一种精神倾向使民族的历史运行、文化价值的创造变得异常艰难,它对一切精神原则都非常不利。这也就是康·列昂季耶夫①所说的,俄罗斯人可以是虔诚神

---

① 康·列昂季耶夫(1831–1891),俄罗斯政论家,作家,极端保守观点的宣扬者。

圣的,却不可能是诚实的。诚实——是道德的中心,是资产阶级的美德,启示录主义者和虚无主义者都对此不感兴趣。这个特点对于俄罗斯民族是致命的,因为虔诚的仅仅是为数不多的被拣选的人,大多数人注定是不诚实的。仅有为数不多的人具有较高的精神生活,大多数人则处于中等文化生活层面以下。因此,数量很少的高文化阶层、真正精神的人与数量庞大的无文化的大众之间的反差在俄罗斯是如此惊人。在俄罗斯,没有文化氛围,没有文化的中间地带,也几乎没有文化传统。在对待文化的态度上,几乎所有的人都是虚无主义者。因为,文化不能解决终极问题,不能解决世界进程的出路问题,它巩固的是中间地带。对于俄罗斯男孩儿(陀思妥耶夫斯基喜欢使用的表达)——他们醉心于解决世界的终极的问题,要么是上帝和不死①的问题,要么是按照新方案安排人类的问题,对于反宗教者,对于社会主义者和无政府主义者,在他们急切地向终极的运动中,文化是障碍。俄罗斯人把奔向终极与欧洲人历史的和文化的创造对立起来。由此而产生对形式,对权力、国家、道德、艺术、哲学、宗教中形式原则的仇

---

① 不死,一译"永生"。

视,俄罗斯人的性格极其厌恶欧洲文化的形式主义,这种形式主义对于他们是异己的。俄罗斯人的形式天赋很低。形式带来规范,规范维护,坚持界限,巩固中心。启示录主义的和虚无主义的造反消灭一切形式,清除一切界限,抛弃所有克制。斯宾格勒[1]在自己前不久出版的一本有趣的小册子 *Preussentum und Sozialismus*[2] 中说,俄罗斯是一个完全特殊的世界,对于欧洲人神秘的和不可理解的世界,斯宾格勒还在俄罗斯的世界中发现了"反对古希腊、罗马及其文化的启示录主义的造反"。俄罗斯的启示录主义者和虚无主义者都处于灵魂的边界,经常走出界限。陀思妥耶夫斯基透彻地研究了俄罗斯精神的启示性和俄罗斯精神的虚无主义。他揭示了俄罗斯灵魂的形而上的历史,俄罗斯独有的迷狂倾向性。他透彻地研究了俄罗斯的革命性,俄罗斯的"黑帮分子[3]的主张"与此紧密相联。俄罗斯的历史命运证实了陀思妥耶夫斯基的预见。俄罗斯革命在很大程度上是按照陀思妥耶夫斯基的预见完成的。无论它

---

[1]　斯宾格勒(1880-1936),德国哲学家,文化学家。

[2]　德语:《普鲁士主义和社会主义》。

[3]　指1905-1917年镇压工人运动、迫害犹太人的保皇组织的成员及镇压1905-1907年革命的极右派的武装团"黑色百人团"的成员。

对于俄罗斯具有怎样的破坏性和毁灭性,它都应该被承认是俄罗斯式的和民族的。自我毁灭、自焚是俄罗斯的民族特点。

我们民族心灵的这样一种精神结构有助于陀思妥耶夫斯基从心灵深入到精神,越过心灵的中间地带,揭示精神①的远处和深处。在精神结构凝结静止的外层,在心灵层面,闪耀着理性之光,服从于理性的法则;但陀思妥耶夫斯基却发现了这背后火山熔岩般的本性。在陀思妥耶夫斯基的创作中,人类精神的地下火山得以喷发。正如长期积聚起来的具有革命性的精神能量,大地越来越变成火山岩层,而在表面,在存在的平面,心灵依然是静态的,稳定的,被纳入规范,服从于法则。而终于,发生了剧烈的断裂,火药般的爆炸。陀思妥耶夫斯基是正在进行的精神革命的宣告者。他的创作表达了人类波涛汹涌、激烈动荡的本性。人被揭开了所有稳定的日常生活的面纱,不再是常规下的存在,而成为另一种尺度的存在。伴随着陀思妥耶夫斯基,世界上诞生了一种新的灵魂和对世界的一种新的

---

① 精神,心灵,肉体——俄语中分别是 дух, душа, тело, 是三个概念,心灵(或译为灵魂)位于中间地带。

感觉。陀思妥耶夫斯基在自己身上感觉到了这一火山般的本性,这一独特的精神的骚动不安,这一火一般的精神的运动。他写信给阿·迈科夫时,关于自己这样写道:"最糟糕的是,我的本性是卑鄙的和激烈迷狂的:在所有的地方,在一切事情上,我一定要走到极限,我的一生都是越界到魔鬼那里。"他被内在的精神之火烘烤,燃烧。他的灵魂处于烈火之中。他的灵魂从地狱的烈焰中向光明飞升。陀思妥耶夫斯基所有的主人公就是他本人,是他自己的道路,是他存在的不同面,是他的痛苦,他的拷问,他备受苦难的体验。因此,在他的创作中,没有任何平铺直叙的东西,没有客观的日常生活和客观的生活结构的描绘,没有再现人类世界中自然的丰富多样性的才能,更没有构成列·托尔斯泰的最优势的一面。陀思妥耶夫斯基的小说,不是真正的小说;这是悲剧,是另一种特殊的悲剧。这是人类命运独有的,人类精神独有的内在悲剧,它在人类道路的各个瞬间、各个层面展开。

陀思妥耶夫斯基被认为是激情的、暴躁的,处于激烈的运动与独特的迷狂之中。陀思妥耶夫斯基身上没有任何静止的东西,他整个处于精神的亢奋之中,处于火一般的自发力量之中,处于狂乱的激情之中。在陀思妥耶夫斯基那里,一切都在火的旋风中完成,一切都被这股旋风笼罩。阅读他的作品,我们感觉到我们整个被这股旋风所控制。陀思妥耶夫斯基——是精神的底层运动的艺术家。在这剧烈的运动中,一切都移出了原位。因此,他的艺术不是像托尔斯泰的艺术那样面向静止的过去,而是面向未知的未来。这是预言式的艺术。他揭示人的本性,研究它,不是在静止的中间地带,不是在它日常的、经常的生活中,也不是在它正常的、规定好的存在形式中,而是在潜意识,在疯狂,在犯罪中揭示它、研究它。在疯狂中,而不是在健康中;在犯罪中,而不是在法律约束中;在无意识的、黑夜的自发力量中,而不是在白昼的秩序中,不是在意识清醒有序的光明中,人的本性的深度,它的范围和界限得以揭示和研究。陀思妥耶夫斯基的创作是狄奥尼索斯式的创作。他整个被浸没在狄奥尼索斯的本能的自发力量之中。正是这种狄奥尼索斯精神诞生了悲剧。他被卷入熊熊燃烧的狄奥尼索斯式旋风之中。他只通晓人类迷狂的本性。陀思妥耶夫斯基之后,一切都变得如此精彩,就好像我们曾经到过另一个世界,到过另一些维度之中,而现在我们又回到了均匀的、有限的世界,回到了我们三维的空间。深入阅读陀思妥耶夫斯基永远是生命中的一个事件,它焚毁了一切,使灵魂获得新的火的洗礼。只要投入过陀思妥耶夫斯基世界的人都会成为一个新人,在他面前都会呈现出存在的其他维度。陀思妥耶夫斯基是伟大的精神革命者。他彻底地反对精神的僵化。

陀思妥耶夫斯基与托尔斯泰的对立性是如此惊人。陀思妥耶夫斯基——正在进行的精神革命的代言人,他整个处于火一般的精神运动中,整个地倾向于未来。同时,他坚定地认为自己是地道的"乡土派"作家,他珍视与历史传统的联系,捍卫历史遗产,承认历史教会和历史国家。托尔斯泰从来不是精神革命者,他是静态的、平静的日常生活的艺术家,他面向过去,而不是面向未来,在他身上没有任何预言式的东西。同时,他反对一切历史传统和历史遗产,并以前所未有的偏激否定历史教会和历史国家,不要任何文化的继承性。陀思妥耶夫斯基揭露了俄罗斯虚无主义的内在本性。托尔斯泰本人正是一个虚无主义者,一切遗产和价值的消灭者。陀思妥耶夫斯基**懂得**正在进行的革命,它总是开始于**精神底层**。他领悟了它的道路和结果。托尔斯泰不知道精神的底层已经发生了革命,他什么也没有预见到,但他本人却像个盲人似的被这一革命进程的一个方面所捕获。陀思妥耶夫斯基居住在精神的世界,并从那里知晓了一切。托尔斯泰居住在心灵-肉体的世界,因此,他不可能知道在最深层发生了什么,也不可能预见革命进程的结果。托尔斯泰的艺术比起陀思妥耶夫斯基的艺术,可能是更完善的,他的小说是世界上最出色的小说。他是伟大的、静止的艺术家,而陀思妥耶夫斯基面向变化。变化的艺术不可能像静止的艺术那样来完成。陀思妥耶夫斯基与托尔斯泰相比是更为有力的思想家,他知道得更多,他理解对立现象。托尔斯泰不会扭头儿,他只会按照直线向前看。陀思妥耶夫斯基依据人的精神领悟生命,托尔斯泰依据自然的心灵领悟生命。因此,陀思妥耶夫斯基看到了正发生于人的精神深处的革命,而托尔斯泰看到的首先是人类生活的稳定的自然的结构和它动物性的自然生长过程。陀思妥耶夫斯基的预见建立在自己关于人类精神的认识上,而托尔斯泰则片面地反对他独特地看到的人类动物性的自然生活。托尔斯泰的道德说教的直线性、简单性对于陀思妥耶夫斯基是不可能的。托尔斯泰以其不可模仿的完善塑造了静态的生命形式的完美的艺术形象。对于变化的艺术家,对于陀思妥耶夫斯基,这样的完美的艺术形象是达不到的。托尔斯泰的艺术是阿波罗式的艺术,陀思妥耶夫斯基的艺术是狄奥尼索斯式的艺术。在托尔斯泰与陀思妥耶夫斯基之间还有一个对比关系值得注意。托尔斯泰一生都在寻找上帝,作为一个异教徒、自然的人那样寻找,但在自己的本性中他离上帝很远。他的思想中充满着神学,但他却是一个很糟糕的神学家。而折磨着陀思妥耶夫斯基的,主要的却不是关于上帝的问题,而是关于人及其命运的问题,人类的精神之谜折磨着他。他的思想中充满着人学,而不是神学。他不是作为一个异教徒,一个自然的人来解决上帝问题,而是作为一个基督徒,一个精神的人来解决人的问题。实质上,关于上帝的问题就是人的问题,而关于人的问题就是上帝的问题。也许,上帝的秘密,通过人的秘密,比通过本能地对外在于人的上帝的寻找,能更好地得以揭示。陀思妥耶夫斯基不是神学家,但他离活生生的上帝比托尔斯泰更近,上帝在人的命运中向他展现。也许,应该更少些神学,而更多些人学。

陀思妥耶夫斯基是现实主义者吗?要解答这个问题,首先要搞明白,一般地讲,伟大的和真正的艺术是否可能是现实主义的。陀思妥耶夫斯基有时也喜欢称自己为现实主义者,认为自己的现实主义是真实生活的现实主义。

当然,他从来也不是那个意义上的现实主义,即,我们传统批评所确立的果戈理的现实主义流派。那样一个现实主义流派基本上是不存在的。果戈理丝毫不是,而陀思妥耶夫斯基则当然更不是。所有真正的艺术都是象征的——它是两个世界的桥梁,它标明了一个更为深刻的真实,而那个真实才是真正的现实。现实的真实性只有在象征中才可以被艺术地表现,它不可能被直接地、现实地在艺术中呈现。艺术从来也不反映经验的现实,它总是穿越到另一个世界;而艺术只有在象征的映像中才可以抵达另一世界。在陀思妥耶夫斯基的艺术中,一切都是关于更深刻的精神的现实的,关于形而上的现实的,它最少经验的日常生活。陀思妥耶夫斯基的小说结构很少类似所谓的"现实主义"小说。通过表面的情节——有点像不可信的刑事案小说——透视的是另一个现实。在陀思妥耶夫斯基那里,**真实的**不是经验的事实、表面的日常生活的事实、生活秩序的事实、带着泥土味的人的事实;**真实的**是人的精神深度、人的精神命运、人与上帝的关系、人与魔鬼的关系;真实的是人因之而活着的思想。那些构成陀思妥耶夫斯基小说最深刻的主题的人的精神分裂,并不受制于事实性的叙述。伊万·卡拉马佐夫和斯麦尔佳科夫之间的关系,是令人震撼的天才般的素描，通过这两个人，伊万本人的两个"我"得以揭示，而这并不能被称为"现实主义的"。伊万与鬼之间的关系，更不是现实的。陀思妥耶夫斯基也不可能是心理学的现实主义意义上的现实主义者。他不是心理学家，他是灵魂学家和象征主义者-形而上学者。他总是揭开有意识生命背后的无意识生命，而它总是与预感相联。联系人们的不仅仅是那些在意识之光的照耀下显而易见的关系和制约，还存在更为隐秘的关系和制约，它们延伸至无意识生命的深层。在陀思妥耶夫斯基那里，另一世界总是闯入这个世界的人们的关系之中。一种隐秘的联系把梅什金和娜斯塔霞·菲里波夫娜和罗果仁，把拉斯柯尔尼科夫和斯维德里盖洛夫，把伊万·卡拉马佐夫和斯麦尔佳科夫，把斯塔夫罗金和跛脚女人和沙托夫联系在一起。陀思妥耶夫斯基作品中所有的人都彼此被一些非此世的枷锁紧紧锁住。他那里，没有偶然的相遇，也没有偶然的关系。一切都在另一世界里被规定，一切都有更高的意义。陀思妥耶夫斯基作品中没有偶然的经验的现实主义。他那里，一切相遇似乎都是非此世的，具有命中注定的意义。人们之间所有复杂的冲突和相互关系，揭示的不是客观对象的、"现实的"真实，而是人们内在的生活和内在的命运。在人们这些冲突和相互关系中揭开人之谜,人的道路之谜;表达了世界性的"思想"。所有这一切,鲜有与所谓"现实主义的"小说类似的。如果可以称陀思妥耶夫斯基是现实主义者,那么他则是形而上的现实主义者。喜欢分析各种影响和借用的文学史家和文学批评家,乐于指出陀思妥耶夫斯基所受到的各种影响,尤其是在他创作的第一阶段。他们谈到了维克多·雨果,乔治·桑,狄更斯,部分的霍夫曼的影响,但陀思妥耶夫斯基只与一位西方作家有真正的同宗关系,他就是与陀思妥耶夫斯基一样很少是"现实主义者"的巴尔扎克。在俄罗斯的伟大作家中,陀思妥耶夫斯基则与果戈理有直接的联系,尤其是在其早期的中篇小说中。但在对待人的态度上,陀思妥耶夫斯基与果戈理有着完全的、本质上的不同。果戈理把人塑造为各种腐朽的形象。在他那里,没有人,取而代之的是各种兽类的嘴脸。这方面,安·别雷的艺术与果戈理相近。陀思妥耶夫斯基则整体地塑造人的形象,揭示最终状态中的人,堕落状态中的人。当陀思妥耶夫斯基完全成为他自己并在说自己的创造性的新的话语时,他已经在一切影响和借用之外,他是世上的一个唯一的、不曾有过的创作现象。

《地下室手记》把陀思妥耶夫斯基的创作分为两个阶段。在《地下室手记》之前，陀思妥耶夫斯基是一位心理学家，尽管是自己独特的心理学。他是一位人道主义者，充满了对"可怜的人"，对"被侮辱与被损害的人"，对"死屋"的主人公们的同情。从《地下室手记》起，陀思妥耶夫斯基开始了他天才的思想的辩证法。他已经不仅仅是心理学家，他是形而上学者，深度研究人类精神的悲剧。他已经不是旧有意义上的人道主义者，他已经与乔治·桑、维克多·雨果、狄更斯等很少有共同之处。他彻底地断绝了与别林斯基的人道主义的联系。如果他还是人道主义者的话，那么他的人道主义就是全新的、悲剧式的人道主义。人，更加彻底地成为他创作的中心，人的命运成为他关注的特殊对象。但人不是平面的、人道主义的人，而是深度的、被重新揭示其精神世界的人。现在，第一次发现了命名为"陀思妥耶夫斯基气质"的人的王国。陀思妥耶夫斯基成为一个彻底的悲剧作家。在他身上俄罗斯文学的痛苦达到了最紧张的极点，多灾多难的人的命运、世界的命运的痛苦也达到了白热化。我们这里从来没有文艺复兴式的思想和文艺复兴式的创作。我们不知道复兴的喜悦。这就是我们痛苦的命运。十九世纪初亚历山大一世时代可能是我们整个历史上文化最灿烂的时代。某种类似复兴的东西闪耀了瞬间,出现了俄罗斯诗歌过剩的创造力带来的醉人的喜悦,这就是普希金辉煌的过剩的创造。但创造力之过剩的喜悦很快就熄灭了,一如普希金的昙花一现。十九世纪伟大的俄罗斯文学不是普希金创作的继续,它整个浸透在痛苦与苦难之中,浸透在关于世界拯救的痛苦之中,其中似乎完成着某种罪的救赎。恰达耶夫[①]忧郁的悲剧形象正是十九世纪俄罗斯思想觉醒运动的开端。莱蒙托夫、果戈理、丘特切夫不是在文艺复兴式精神的创造之高涨中创作,而是在痛苦与磨难中创作,他们身上没有过剩的力量的泡沫式的游戏。因此,我们看到了康斯坦丁·列昂季耶夫这一令人惊异的现象。就本性来讲,他属于十六世纪文艺复兴式的人物,却生活于十九世纪的俄罗斯——那样一个对于他来说是异己的、与文艺复兴完全对立的俄罗斯,并在其中忍受了悲伤而痛苦的命运。最后,俄罗斯文学的顶峰——是托尔斯泰和陀思妥耶夫斯基。在他们身上也没有任何文艺复兴式的东西。他们备受宗教痛苦的折磨,他们寻

---

① 彼·恰达耶夫(1794—1856),俄国宗教哲学家,著有《哲学通信》,其中对俄国历史持批判态度,被宣布为疯人。后他又有《疯人的辩护》发表。

求着拯救。这对于俄罗斯作家来说是独特的,这是他们身上非常民族性的东西——他们寻求拯救,渴望赎罪,为世界而痛苦。俄罗斯文学在陀思妥耶夫斯基那里达到了顶峰。在他的创作中显示了俄罗斯文学痛苦的、宗教的严肃性的特点。在陀思妥耶夫斯基那里浓缩了俄罗斯生活、俄罗斯命运的全部黑暗,但就在这黑暗中也闪耀着光明。俄罗斯文学悲伤的、充满宗教痛苦与宗教寻求的道路必然通向陀思妥耶夫斯基那里,但在陀思妥耶夫斯基身上完成的已经是向另一个世界的突破,在那里光明已经显露。陀思妥耶夫斯基的悲剧,像所有真正的悲剧那样,具有纯洁、净化和解放的意义。如果陀思妥耶夫斯基使他们陷入一片昏暗和毫无出路之中,如果陀思妥耶夫斯基使他们痛苦而不是快乐,那么,他们就没有看透和理解陀思妥耶夫斯基。阅读陀思妥耶夫斯基,有一种伟大的快乐,一种伟大的解放。这是经由痛苦的快乐。这是基督之路。陀思妥耶夫斯基找回了对人的信仰,对具有深度的人的信仰。在平面的人道主义中没有这种信仰。人道主义断送人。当信仰上帝时,人就复活了。信仰人就是信仰上帝,就是信仰神人。陀思妥耶夫斯基对基督一生都怀有一种独特的、唯一的感情,一种对基督面容的痴迷的爱。为了基督,为了对基督无限的爱,陀思妥耶夫斯基断绝了与人道主义世界的联系,别林斯基是这个世界的鼓吹者。陀思妥耶夫斯基对基督的信仰经过了一切怀疑的熔炉,并在烈火中得到熔炼。他在自己的日记中写道:"在欧洲,**无神论**思想从来没有如此强大,现在没有,**过去也没**。因此,我并不是像一个小孩子那样信仰基督、信仰**他**。经过了**怀疑的大熔炉**,我的**和散那**①才传扬开来。"陀思妥耶夫斯基丢弃了青年时期对"席勒"的信仰——他曾用这个名字来象征一切"崇高和美"、理想的人道主义。对"席勒"的信仰没有经受住考验,对基督的信仰经受住了所有的考验。他丢弃了人道主义式的对人的信仰,但坚持了基督教对人的信仰,并深化、巩固和丰富了这一信仰。正因为如此,陀思妥耶夫斯基不可能是阴郁的、毫无出路的悲观主义的作家。即便在陀思妥耶夫斯基的黑暗和阴郁之中也有解放的光明。这是基督之光,这光在黑暗中同样闪亮。陀思妥耶夫斯基引领人穿越分裂的深渊——分裂是陀思妥耶夫斯基的基本情节,但分裂并不最终断送人。经过神人,人的形象得以重塑。

---

① 基督教的赞叹语或欢呼语,是对上帝的颂扬。希伯来原文意为"求你施救"。详见《圣经·马太福音》21:8-9。

陀思妥耶夫斯基属于成功地在艺术作品中揭示自己的作家。在他的作品中,反映了他精神的所有矛盾性和无限的深度。无论对于他本人,还是对于许多人来讲,其作品都没有半遮半掩在他的深处发生的一切。他没有隐藏任何东西。正因为如此,他才成功地获得令人惊异的关于人的发现。在自己主人公的命运中,他讲述着自己的命运;在他们的怀疑中,讲述着自己的怀疑;在他们的分裂中,讲述着自己的分裂;在他们的犯罪经验中,讲述着自己隐秘的精神犯罪。陀思妥耶夫斯基的生平不如他的创作有趣,陀思妥耶夫斯基的通信不如他的小说精彩。他把自己整个放进了自己的作品中。根据它们可以认识他。因此,陀思妥耶夫斯基比起许多其他作家来更少秘密,例如,他比果戈理更易解谜。果戈理是俄罗斯最神秘的作家之一。他没有在自己的作品中揭示自己,他把自己隐蔽了起来,把自己个性的秘密带到了另一个世界。因此,未必有过完全成功的对他的揭秘。弗·索洛维约夫①的个性对于我们同样是个秘密。在他的哲学和神学著作中,在他的政

---

① 弗·索洛维约夫(1853-1900),俄国著名哲学家,诗人,政论家,文学批评家。在俄罗斯哲学和十九世纪末的诗歌的发展中起了巨大作用。

论中,他只是稍稍地显露了自己,并没有完全敞开自己,他天性中的矛盾性并没有在其中展现,只是根据个别诗句可以猜到点什么。而陀思妥耶夫斯基并不是如此。他的天才的特殊之处就在于,他能够成功地在自己的创作中透彻地讲述自己的命运,同时也是人的世界性命运。他没有向我们掩饰自己的索多玛理想,也为我们展示了自己的崇高的圣母理想。因此,陀思妥耶夫斯基的创作是一种发现。陀思妥耶夫斯基的癫痫,不是他表面的疾病,在其中,他精神的最深处得以展现。

陀思妥耶夫斯基喜欢称自己为"乡土派作家",并宣扬一种乡土思想。这只是在那样一种意义上是正确无疑的,即他曾经是,并永远是俄罗斯人,并有机地与俄罗斯民族联系着。他从来没有脱离民族之根,但他与斯拉夫主义者并没有相似之处。他已经完全属于另一个时代。与斯拉夫主义者相比,陀思妥耶夫斯基是俄罗斯的流浪者,是俄罗斯精神世界的漫游者。他没有自己的家园,没有自己的土地,没有地主庄园的舒适的巢。他与任何静止的日常生活已经没有任何联系。他整个地处于变动之中、焦躁不安之中,整个地被卷入来自未来的急流之中,整个地处于精神的革命之中。他——是一个属于《启示录》的人。斯拉夫主义者还没有患上启示录式的疾病。陀思妥耶夫斯基首先反映了俄罗斯流浪者和背弃者的命运。而这一点对他来说，比他的乡土性更为突出。他认为这种漂泊性是俄罗斯的典型特征。斯拉夫主义者是固定于土地、扎根于土地的人，是土地的忠实者。他们脚下的土地本身也坚实可靠。而陀思妥耶夫斯基则是地下的人、火山熔岩层的人。他的天性是火，而不是土地。他的轨迹就像旋风的运动。并且，在陀思妥耶夫斯基那里与在斯拉夫主义者那里，一切都完全不同。他以另一种方式对待西欧，他是一位欧洲热爱者，而不只是俄罗斯热爱者。他以另一种方式对待俄罗斯历史的彼得时期。他是彼得时期的作家，是彼得堡的艺术家。斯拉夫主义者过着完整的日常生活，而陀思妥耶夫斯基整个处于分裂之中。我们还看到，陀思妥耶夫斯基关于俄罗斯的思想是怎样有别于斯拉夫主义者。但据此人们就想立即断定陀思妥耶夫斯基不属于斯拉夫主义类型。就其日常的外表来说，陀思妥耶夫斯基是非常典型的俄罗斯作家、文艺工作者，靠自己的劳动过活。在文学之外，他无法思考。无论精神上，还是物质上，他都以文学为生，除了文学，他与任何东西都没有联系。他以自己的个性显示了俄罗斯作家苦难的命运。

陀思妥耶夫斯基的智力异常敏锐,真正令人震惊。他是世界文学中最智慧的一位作家。他的智力不仅与他艺术天赋的力量相符,而且,也许还超过他的文学天赋。在这方面他与托尔斯泰有极大区别。托尔斯泰的迟缓和直线性同样令人吃惊,他的智力几乎是平面的,与他的艺术天才极不相符。当然,不是托尔斯泰,而是陀思妥耶夫斯基是伟大的思想家。陀思妥耶夫斯基的创作才华横溢,光芒四射,令人目眩,处处闪耀着智慧的启示。在伟大的作家中,就智力的力度与锐利来讲,只有莎士比亚——一个文艺复兴的伟大智慧可以与之媲美。甚至伟大中之最伟大的歌德的智力,也不具有陀思妥耶夫斯基那样的锐利与辩证的深度。更令人惊异的是,他具有一种狄奥尼索斯式的、狂欢的天性。这种天性,当它完全控制人的时候,通常不是增强智力的锐利和机敏,而是使智力混沌。但在陀思妥耶夫斯基那里却看到了思想本身的狂欢和迷狂。他的辩证思想本身就是狄奥尼索斯式的。陀思妥耶夫斯基沉醉于思想,他整个处于思想之强大的旋风中。陀思妥耶夫斯基思想的论辩使人沉醉,但在这种沉醉中,思想的敏锐并没有减弱,反而达到了最后的高峰。那些对陀思妥耶夫斯基的思想的辩证法,对他的天才的思想的悲剧式方式不感兴趣的人,对于他们来说,他仅是艺术家和心理学家,他们不会知道陀思妥耶夫斯基身上更多的东西,不会理解他的精神。陀思妥耶夫斯基所有的创作都是艺术地解决思想主题,是思想的悲剧式运动。地下室的主人公——是思想,拉斯柯尔尼科夫——是思想,斯塔夫罗金、基里洛夫、沙托夫、彼·韦尔霍文斯基——是思想,伊万·卡拉马佐夫——是思想。陀思妥耶夫斯基所有的主人公都专注于某种思想,沉醉于某种思想。他小说中的所有对话,都是惊人的思想的辩证法。陀思妥耶夫斯基所写的一切,都是关于世界的"该死的"问题的。这毫不意味着,陀思妥耶夫斯基是为了贯彻某种思想而写一些片面的 athese① 小说。思想完全内在于他的艺术,他艺术地揭示思想生命。他是柏拉图的"思想"一词意义上的"思想"作家②,而不是相反意义上的我们批评中通常使用的意义。他沉思那些最原初的思想,但总是在运动中,在动态中,在它们悲剧式的命运中,而不是在静止中沉思它们。陀思妥耶夫斯基非常谦

---

① 法语:论题式的。
② 意为以"思想"为题材。

虚地这样说自己："我在哲学上是外行（但不是在对它的爱上，在对它的爱上我是强有力的）。"这意味着，他在经院哲学上非常糟。但他的直觉天才告诉他独特的哲学地思考的方式。他是真正的哲学家，最伟大的俄罗斯哲学家。他给予哲学的无限多，哲学思想应当因他的世界观而得到充实。陀思妥耶夫斯基的创作对于人学哲学、历史哲学、宗教哲学、道德哲学是极其重要的。也许，他从哲学那里学到的很少，但却可以教会它许多，而我们早已是在陀思妥耶夫斯基的旗帜下哲学地思考**终极**问题，传统哲学仅思考**终极之前**的问题。

陀思妥耶夫斯基打开了一个新的精神的世界，他使人回归精神的深度。这个深度曾被从人那里剥夺了，被抛到超级的远处，抛到人达不到的高度。因此，人便处在自己心灵的中间王国，处在自己身体的表面。他不再能感觉到深度空间。这个使人疏远其深度精神世界的过程始于宗教-教会领域。宗教-教会领域作为人精神生命的一个非常遥远的世界，在那里为自己的心灵建立宗教，渴望这个被剥夺了的精神世界；这个过程结束于实证论、不可知论和唯物主义，也就是人和世界完全去精神化的过程。那个遥远的世界最终被挤压成一种意识不到的东西。所有的与这个精神世界交往的渠道都被阻断,最终,这个世界被否定。官方基督教对一切诺斯替教的敌视,应当是认可不可知论的结果。把人的精神深度抛掷于人之外,必定导致对一切精神体验的否定,导致人被封锁在"唯物主义的"和"心理的"现实之中。陀思妥耶夫斯基作为一个精神现象,意味着一种内在的转折,转向人的精神深度,转向精神体验,还人以自己的精神深度,使人穿越混沌的"唯物主义的"和"心理的"现实。对于他,人不仅仅是"心理的",还是精神的存在。精神不是外在于人,而是内在于人。陀思妥耶夫斯基肯定精神体验的无限性,拆除一切界限,清除一切哨岗。在内部的、内在性的运动中,精神的远处被揭示。在人身上,并通过人与上帝相遇。因此,在内在论一词最深刻的意义上,陀思妥耶夫斯基可以被内在论者接受。这也是陀思妥耶夫斯基开辟的自由之路。他在人的深处,通过人的苦难之路,经由自由揭示基督。陀思妥耶夫斯基的宗教,按其类型讲与遥远而权威的宗教类型相对立。这是世界可以看到的最自由的、洋溢着自由的激情的宗教。在自己的宗教意识中,陀思妥耶夫斯基从来没有达到最终的完整性,从来没有最终战胜矛盾性,他始终在途中。但他正面的、肯定的激情是在从未有过的自由的宗教和爱的自由中。在《作家日记》中可以找到与陀思妥耶夫斯基的这种理解相矛盾的地方。但需要说的是,《作家日记》包含了陀思妥耶夫斯基所有的散落于各处的主要思想。这些思想后来在他的小说中更为有力地得到重复。在那里已经有了《宗教大法官的传说》的思想的辩证法,其中确立了自由的宗教。与经常表达的意见相反,需要有力地坚持这一点,即陀思妥耶夫斯基的精神具有的是正面的、肯定的而非否定的倾向。他的激情是肯定的,而非否定的。他通过所有分裂的痛苦和黑暗来接受上帝、人和世界。陀思妥耶夫斯基透彻地理解俄罗斯虚无主义的性质。如果说他否定了什么的话,那么,他否定的是虚无主义。他是一位反虚无主义者。这也使他有别于列·托尔斯泰,托尔斯泰则感染了虚无主义的否定。现在,陀思妥耶夫斯基比任何时候都离我们更近。我们逐渐走近他。在认识我们所感受到的悲剧的俄罗斯命运上,他为我们揭示了许多新东西。

第二章　人

陀思妥耶夫斯基只有一个占据整个身心的兴趣,只有一个主题,他为之献出自己所有的创作力量。这个主题就是人和人的命运。不可能不惊讶于陀思妥耶夫斯基独特的人本主义和人类中心论。在陀思妥耶夫斯基对人的关注中,有一种迷狂和独特性。人对于他来说不是自然界的现象,也不是其他系列的(即便是高级的)现象之一。人是一个小宇宙,是存在的中心,是太阳,一切围绕它运转。一切都在人之中,一切都为了人。在人之中隐藏着世界生活的秘密。解决人的问题,就意味着解决上帝的问题。陀思妥耶夫斯基整个的创作都是在替人及其命运辩护,而这导致反抗上帝,却又允许把人的命运交给神人——基督。这样一种独特的人学意识只有在基督教世界,只有在历史的基督教时代才是可能的。古代世界不存在这样一种对人的态度。这种基督教使整个世界转向人,并使人成为世界的太阳。陀思妥耶夫斯基的人本主义是深刻的基督教的人本主义。正是这一独特的对人的态度使陀思妥耶夫斯基成为基督教作家。人道主义不具有这样一种对人的态度,对于它来说,人仅仅是一个自然存在。于是,我们看到,陀思妥耶夫斯基发现了人道主义内在的缺陷,发现了它无力解决人类命运的悲剧。

在陀思妥耶夫斯基那里除了人,别无他物:没有自然,没有物质世界,在人的内部,也不存在使之与自然界,与物质世界,与日常生活,与客观的生活结构连接的东西。存在的只是人的精神,他只对此感兴趣,只研究它。近距离认识陀思妥耶夫斯基的尼·斯特拉霍夫讲道:"他所有的注意力都集中在人身上,并且,他只捕捉他们的本性和性格。他感兴趣的是人,独特的人,连同他们的精神气质,他们的生活方式,他们的感情和思想。"在陀思妥耶夫斯基去国外期间,"占据他身心的不是大自然,不是历史遗迹,不是艺术作品"。不错,陀思妥耶夫斯基那里有城市,有城市贫民区,有肮脏的酒吧和发臭的出租屋。但城市只是人的环境,只是人的悲剧性命运的一个因素。城市充满了人,但城市不是独立的存在,它只是人的背景。人脱离大自然,扯断了有机的联系,陷入恶劣的贫民区,在那里痛苦地蠕动。城市——是人悲剧的命运。陀思妥耶夫斯基如此惊异地感受与描写的彼得堡城,是在人的背弃与流浪中诞生的一个怪影。在这个鬼魂般的城市的迷雾之中,滋生着疯狂的思想,发育着犯罪的构想。在这些罪恶之中逾越了人性的界限。一切都积聚地、浓缩地包围着脱离了上帝本原的人。一切表面的东西——城市和它的独特氛围,房间及其畸形的环境,酒吧连带它们的臭气和肮脏,还有小说表面的情节——所有这一切只是人的内在的精神世界的符号和象征,只是人的内在命运的反映。任何外表的日常生活——自然的或社会的,对于陀思妥耶夫斯基都不具有独立的现实性。那些肮脏的酒吧——"俄罗斯男孩儿"在那里进行世界性问题谈话的地方,只是人的精神和思想的辩证法的象征性的反映,它们都有机地与人的可怕的命运相联系。还有,所有情节的复杂性,在情欲的旋风中,在情欲的吸引和排斥中相互碰撞的所有人物的日常生活的多样性,都是深深地内在于人的精神命运的反映。一切都围绕着人之谜旋转,一切都为发现人之命运的内在因素所需。

在陀思妥耶夫斯基的小说结构中有一个巨大的中心。一切人和事都奔向这个中心人物，或这个中心人物奔向所有的人和事。这个人物是一个谜，所有的人都来揭开这个秘密。例如《少年》，它是陀思妥耶夫斯基最优秀的，但没有得到充分评价的作品之一。一切都围绕着韦尔西洛夫这个中心人物旋转，这个人物是陀思妥耶夫斯基笔下最迷人的形象之一，人们对他充满了一种激烈的态度，不是被他紧紧地吸引，就是强烈地排斥他。所有的人只有一件"事情"——揭开韦尔西洛夫之谜，揭开他的个性、他奇异的命运之谜。韦尔西洛夫性格的矛盾性让所有的人吃惊。在揭开他的性格之谜之前，任何人无法在自己内心找到平静。这就是所有人从事的真正的、严肃的、重大的人的"事情"。在陀思妥耶夫斯基的作品中，人们几乎没有别的"事情"可干。一般的观点认为，陀思妥耶夫斯基的主人公让人产生无所事事的印象。但人们之间的关系就是最严肃的、唯一严肃的"事情"。人高于一切"事情"。人就是唯一的"事情"。在陀思妥耶夫斯基千姿百态、没有尽头的人的王国中，找不到任何其他的事情，找不到任何现实生活的建设。有的是某种中心，人的个性中心，一切都围绕着这个轴心。有的是紧张的人的关系的旋风,一切人都被卷入其中,并在其中疯狂地旋转。这股旋风是从人本性的最深处,从人地下的火山岩本性中,从人无底的深渊中刮起。那个少年,韦尔西洛夫的私生子,在忙碌什么?他从早到晚,永远急匆匆地,没有喘息和歇脚地奔波什么?他整天整天地从这个人那儿跑到另一个人那儿,为的就是打听到韦尔西洛夫的"秘密",为的是猜透他的个性之谜。这就是严肃的"事情"。作品里所有的人都感觉到韦尔西洛夫的重大意义。所有的人都为他本性的矛盾震惊,都把目光投向他性格中深刻的非理性。韦尔西洛夫的生命之谜被给出了,这也是关于人、人的命运的秘密。因为,在韦尔西洛夫复杂的、矛盾的、非理性的性格中,在他不同寻常的命运中,掩盖着人一般的秘密。因此,似乎,除了韦尔西洛夫之外,什么也不存在,一切只是为了他,一切因他而存在,一切只表征他内在的命运。这样的中心式结构也是《群魔》的特征。斯塔夫罗金,是太阳,一切都围绕着他运转。在斯塔夫罗金周围也刮起了一股旋风,这股旋风转变为人的疯狂。一切都趋向他,就像趋向太阳。一切都来源于他,一切又都回归于他。一切都只是他的命运。沙托夫,彼·韦尔霍文斯基,基里洛夫,——只是斯塔夫罗金散落的个性的碎片,只是这个不同寻常的个性的向外释放,在释放之中个性也被耗尽。斯塔夫罗金之谜是《群魔》唯一的主题。吞没一切人的唯一的"事情",就是与斯塔夫罗金有关的一切"事情"。革命的疯狂只是斯塔夫罗金命运的一个因素,是斯塔夫罗金内心活动和他的自我意志的表征。陀思妥耶夫斯基的人的深度,从来无法在平稳的日常生活中表达和揭示,从来都是在火的激流中才能显示;在火的激流中一切稳固的形式、一切冰冷和僵化的日常秩序都被融化和燃尽。陀思妥耶夫斯基就这样走进矛盾的人之本性的最深处,上面被另一类艺术家们覆盖着一层日常生活的面纱。对人之深处的揭示导致的是一场灾难,逾越了这个世界美的界限。在《群魔》中也揭示了不同寻常的人之个性的分裂,人在自己无穷的欲望中,在无力的选择和牺牲中耗尽了自己全部的力量。

《白痴》的结构与《少年》和《群魔》相反。《白痴》中,一切运动不是朝着中心人物梅什金公爵,而是从他向所有人的运动。梅什金,先知般的预感和直觉的洞见的俘虏,在猜测所有的人,首先是两个女人,娜斯塔霞·菲里波夫娜和阿格拉雅。他帮助所有的人。人们之间的关系,是唯一的"事情",他整个地被它所俘获。他本人生活在默默的迷狂之中,在他周围是狂风暴雨般的旋风。斯塔夫罗金和韦尔西洛夫身上神秘的非理性的"恶魔"本原使周围的环境极度紧张,并在自己周围形成了恶魔般的旋风。梅什金身上同样非理性的,但却是"天使"的本原没有引起疯狂,但它也不能医治疯狂,尽管梅什金真诚地想成为一位能治疗病痛的人。梅什金不是一个完全彻底的人,他的天性是光明的,但也是有缺陷的。后来,陀思妥耶夫斯基试图在阿廖沙身上表现完整的人。非常有趣的是,黑暗的人——斯塔夫罗金、韦尔西洛夫、伊万·卡拉马佐夫,被人们解读,所有的人都向着他们运动;而光明的人——梅什金、阿廖沙,解读人们,他们向着所有的人运动。阿廖沙解读伊万("伊万——是一个谜"),梅什金在心中去领悟娜斯塔霞·菲里波夫娜和阿格拉雅。"光明的人"——梅什金、阿廖沙,被赋予领悟的天性,去帮助人们。"黑暗的人"——斯塔夫罗金、韦尔西洛夫、伊万,被赋予神秘的天性,去折磨人们。这就是陀思妥耶夫斯基小说中向心的和离心的运动结构。《罪与罚》的结构是另一种。那里,人的命运不是在人的多样性中,不是在人们相互关系的白热化中得以揭示。拉斯柯尔尼科夫是面向自己来测度人性的界限,他拿自己的本性做实验。"黑暗的人"拉斯柯尔尼科夫还不像斯塔夫罗金或伊万那样是一个"谜"。他还只是人命运中的一个阶段,是人在自我意志的途中,这个阶段先于斯塔夫罗金和伊万·卡拉马佐夫,少有复杂性。这里,被测度的不是拉斯柯尔尼科夫本人,而是他的犯罪。人超越了自己的界限,但自我意志还没有改变人性的根本形象。《地下室手记》的主人公、拉斯柯尔尼科夫提出了问题和谜面,而伊万·卡拉马佐夫、斯塔夫罗金本身就是问题和谜面。

陀思妥耶夫斯基首先是伟大的人学家和人性的实验者。他发现了一个关于人的新的科学,并采取迄今为止前所未有的新方法对待它。陀思妥耶夫斯基的艺术的科学或科学的艺术研究人性无底的深渊,揭开它最后的、最深的土层。陀思妥耶夫斯基使人接受精神的试验,把他置于非常的条件之下,揭开所有外在的覆盖层,使人脱离所有日常生活的基础。他用狄奥尼索斯式的艺术方法,把人性置于隐秘的深渊,在其中刮起迷狂的旋风,以此来进行自己的人学实验。陀思妥耶夫斯基所有的创作都是旋风人学,在火一般的旋风式的氛围中揭示一切。只有那些处于旋风中的人才有可能进入陀思妥耶夫斯基的认识领域。在陀思妥耶夫斯基的人学中,没有任何静止的东西,没有任何僵硬的东西,一切都处于动态之中,一切都处于运动之中,一切都是炽热的熔岩。陀思妥耶夫斯基把一切置入黑暗的、在人的内部裂开的、无底的深渊。他引领人走过茫茫的黑暗。但即使在这黑暗之中也应当燃起光明。他要在黑暗中发掘光明。**陀思妥耶夫斯基选取解放了的人、摆脱了定规的人、进入宇宙秩序的人,研究他们在自由中的命运,揭开自由之路的必然结局**。陀思妥耶夫斯基感兴趣的首先是在自由中的、走进自我意志中的人的命运。正是在这里人性得以显现。受定规约束的、在坚实的大地上的人的存在,无法揭开人性的秘密。陀思妥耶夫斯基尤其对那一刻人的命运感兴趣,即当他反对客观的世界秩序,当他脱离自然、脱离有机的根,表现出自我意志的时候。自然的有机生活的背叛者,被陀思妥耶夫斯基送进炼狱和地狱,在那里,他走过自己的痛苦之路,赎自己的罪。

比较一下但丁、莎士比亚和陀思妥耶夫斯基对待人的态度是很有益处的。但丁的人,是客观的宇宙、神界的有机组成部分,是分层系统中的成员。他的上面是天堂,下面是地狱。上帝和魔鬼是外在于人的宇宙现实。充满痛苦折磨的地狱仅仅被认为是上帝创造的世界秩序里的一种客观存在。上帝和魔鬼,天堂和地狱,不是在人精神的深处,不是在无尽的精神体验中被揭示,而是被给予人,它们具有现实性——类似于客体的、物质世界的现实性。这就是中世纪的宇宙观,它与古代(希腊、罗马)人的宇宙观相联系。人感觉到上面是天堂和天界,下面是地狱。但丁是中世纪人世界观天才的表达者。宇宙作为一个分层体系还没有被动摇,人稳固地居于其中。从文艺复兴——一个新时代的开端开始,世界观发生了根本变化,开始了人道主义的人的自我肯定。人被封锁在自己的自然世界中。天堂和地狱对于新人来说关闭了。世界的无限性被发现了,但已经没有了统一的、分层有机的宇宙。无限的、空旷的、天文学的天空已经不是通向但丁的天堂、中世纪的天堂。人们体验到一种恐惧——一种无边的空旷在帕斯卡尔那儿引起的恐惧。人迷失在这无边的、没有宇宙结构的空旷中,但他走进了自己无限广阔的精神世界。他更坚实地扎根于土地,害怕割断与它的联系,害怕异己的无限性。新历史的人道主义时代开始了,在新的历史中人耗尽了自己的创造力。人感觉到自己是自由的,不受制于任何客观的、外在的宇宙秩序。莎士比亚是文艺复兴最伟大的天才之一。他的创作首次揭示了无限复杂和多样的人的心灵世界,人的力量无限膨胀的、欲望的世界,充满了人的能量与实力的世界。在莎士比亚的创作中，已经没有了但丁的天堂、但丁的地狱。在莎士比亚那里，人道主义的世界观决定了人的地位。这个人道主义的世界观关注的是人的心灵世界，而不是精神世界，不是最后的、精神的深度。人走到精神生活的外缘，脱离了精神中心。莎士比亚是伟大的人道主义艺术的心理学家。

陀思妥耶夫斯基属于世界的另一个时代，属于人类的另一个年轮。因而，他的"人"已经不属于但丁的"人"所属的那个客观的宇宙秩序。在这个新历史中，人尝试彻底地定居于大地的表层，封闭于自己纯粹的人的世界。上帝和魔鬼，天堂和地狱被彻底地排挤到不可知的、与之没有任何交往通道的地方，最终它们失去了任何现实性。人失去了深度空间，成为二维的、平面的存在。他只剩下了心灵，而精神飞离而去。文艺复兴时代的创造力量耗尽了。文艺复兴——过剩的创造力的游戏——的喜悦消失了。人感觉到，他脚下的土地并非如他所想的那样坚实可靠、不会动摇。从封闭的深度空间传来了来自地下的撞击声，火山的地下岩层显示出运动的迹象。就在人的深处裂开了一道深渊，在那里重新发现了上帝和魔鬼、天堂和地狱。但深处最初的运动应当是在黑暗中的运动，人曾关注的心灵世界和物质世界的白昼的光熄灭了,而新的光明还没有立即燃起。整个新历史是人的自由的试验,在新历史中人的力量获得解放。但就在这个历史时代的尽头,人的自由的试验陷入了一个深渊,陷入另一个维度空间,人的命运在那里正经历着考验。一条被新历史的白昼之光照亮的心灵世界的人的自由之路通向了精神世界。但这个精神世界引起的最初感觉是向地狱的坠落。在那里,人发现,依然有上帝和天堂①,而不是只有魔鬼和地狱,但是,这已经不是从外面给予人的客观秩序,而是在人的精神最深处,从内部敞开的现实。这就是陀思妥耶夫斯基的创作。其中,人处于不同于但丁和莎士比亚的人的存在状态,他不属于客观秩序,但也不是居于大地表层和自己心灵的表面。精神生活回到了人身上,但是是从深处,从内部,穿越黑暗,穿越炼狱和地狱。因此,陀思妥耶夫斯基的道路是精神的内在之路,而不是外在之路。当然,这不意味着他否定外在的真实性。

人走向自由的道路始于绝对的个人主义,始于隔绝自

---

① 人早以为上帝已经死了,天堂已经不存在了。

己,始于反抗外在的世界秩序。没有节制的自我意志得到发展,地下室敞开了,人从地表走进地下。出现了"地下人"。龌龊的、丑陋的人也讲述自己的辩证法。在这里,在《地下室手记》天才的思想的辩证法中,陀思妥耶夫斯基首次获得了关于人的本性的一系列发现。人的本性是对立的、二律背反的和非理性的。人有根深蒂固的对非理性,对疯狂的自由,对受苦受难的需求。人不是必然地趋向于益处。在自我意志中人常常是宁愿受苦。他不与理性的生活秩序讲和。自由高于舒适。但自由不是理智对心灵天性的控制,自由本身就是非理性的和疯狂的,它总是引向超越人被给定的界限。这个无限的自由折磨着人,引诱人走向死亡。但人却珍视这份苦难和死亡。陀思妥耶夫斯基在《地下室手记》中关于人的发现,决定了拉斯柯尔尼科夫、斯塔夫罗金、伊万·卡拉马佐夫等人的命运。人们开始了在自我意志的自由之路上痛苦的徘徊、流浪,徘徊、流浪把人引向最后的分裂极限。关于人及其命运的思想的辩证法始于《地下室手记》,接下来,它通过陀思妥耶夫斯基的所有小说进一步展开,并在《宗教大法官的传说》中达到顶峰。伊万·卡拉马佐夫是自由之路的最后一个阶段,走向了自由意志和反抗上帝。此后,出现了佐西马和阿廖沙的形象。我们将看到，关于人的悲剧的辩证法以《传说》中的基督形象结束。哪里是它的起点呢？

"地下人"拒绝一切理智的、普遍的、和谐的、安宁的制度。《地下室手记》的主人公说道："我一点也不奇怪，如果在普遍理性的未来突然毫无原因地站出这么一位绅士，他不那么文雅地，或者说，带着一副挑衅的嘲笑的表情，双手叉腰，对我们大家说：先生们，所有这些理智我们是否该踹它们一脚，一下子把它们踢翻在地，让它们化为灰烬，而唯一的目的，就是让所有这些对数都见鬼去，**让我们重新按照我们盲目的意志去生活**！（我标出的黑体——尼·别）这还不算什么，更遗憾的是，这位绅士一定会找到追随者，人就是这样被造的。而且，所有这些，都只因为一个最简单的原因，简单得简直不值一提，那就是：人，无论他是什么样的人，也无论何时何地，他都喜欢想怎样行事就怎样行事，而完全不是按照理智和利益告诉他的那样行事；甚至可以违背自己的利益，而有时甚至是真正该做的事。自己个人的意志和自由的愿望，自己个人的哪怕是最乖张的任性，自己的怪念头，有时简直就是些疯狂的念头，人被它撩拨得发疯——恰恰就是这些，正是这些被忽略掉的，却是最能接受的、最最有利的益处。而这个利益不符合任何分类法,按照这个利益,所有的体系和理论都得见鬼去。所有那些贤人智士都断言,人需要的是某种合乎道德的、良好的愿望;他们这样断言根据何在? 他们何以非得认为,人需要的一定是合乎理智的、有益处的愿望? 人需要的只不过是一个**独立**的愿望,不论为此要付出多大代价,也不管它会导致什么后果。""只有一种情况,只有一种,人会故意地、有意识地损害自己,愿意自己是愚蠢的,甚至是极端愚蠢的,那就是:为的是**有权**希望自己是最愚蠢的,而不必必须希望自己只是聪明的。因为这个最愚蠢,这个任性,事实上,先生们,对于我们的弟兄可能是最有益的,地球上所有利益中最有益的事情,在某些情况下,尤其如此。而其中甚至包括这样一种情形:即使这种事情会给我们带来明显的危害,并且与我们健康的理智在利益问题上得出的结论相悖,它却仍不失为最最有益的利益,因为,在所有这些情况下,它**保留了我们最主要的和最宝贵的东西,即我们的人格和我们的个性**。"(我标出的黑体——尼·别)人不是算术,人是问题的、秘密的存在。人性从根本上是两极对立和二律背反的。"人,作为一种存在,被赋予了那样奇异的品质的存在,可以从他那里期待什么呢? 人向往的正是那些有害的废话,那些非经济学的胡说八道,唯一的目的就是要把自己有害的怪念头搅和到所有的这些有益的理智中去;向往的正是坚持自己那些狂想的愿望,自己最最鄙俗的愚蠢,唯一的目的就是向自己证明,人终究是人,而不是钢琴的琴键。""如果您说,就是这些,混乱也好,黑暗也好,诅咒也好,也可以按照表格进行计算,因为总有一种预先计算的可能性来制止一切,并且理智会坚持自己的东西,那么,这时人会故意使自己疯狂,为的是失去理智,使它不能坚守自己。我相信这一点,我为这一点负责,因为,**所有的事情都是人的事情,而且真正的问题似乎在于,人一刻不停地要向自己证明,他是人,而不是一颗小钉子。**"(我标出的黑体——尼·别)"如果事情到了表格、到了算术的地步,如果只是二二得四,那么自己的意志将是什么样子。没有我的意志参与的二乘二是会得四的,但我自己的意志常常会是这样子吗!""也许是不是因为,人就是如此喜欢破坏和混乱,以至于本能地害怕达到目的,完成创造的任务。谁知道呢,也许,地球上所有的、人类竭力要达到的目的仅仅就在于这个不间断的运动过程,或者说,就在于生活本身,而不是目的本身;目的,显然是另一个东西,就像二二得四,也就是公式。而**二二得四,先生们,已经不是生活,而是死亡的开始。**"(我标出的黑体——尼·别）"为什么你们如此坚定地、如此神圣地相信，只有一个正常的、正面的，一句话，只有一个幸福的生活对人是有益的？**理性**在利益问题上是不是搞错了？要知道，也许，人喜欢的不只是一个幸福的生活，也许，他同样喜欢苦难，甚至喜欢到了疯狂的地步……我相信，人从来也不拒绝真正的痛苦，也就是，破坏和混乱。痛苦——这是意识产生的唯一的缘由。"

无论就其天才，还是就其智力的锐利来说，在这惊心动魄的思想中，可以找到陀思妥耶夫斯基在自己整个的创作道路上所有关于人的发现的根源。对人采用的不应该是算术，而是高级数学。人的命运永远不是建立在二二得四的真理上。人的本性永远不会被合理化，永远有非理性的余孽，而生命之根就在其中。人类社会同样不可能被合理化，社会中非理性的因素永远会存留并起作用。人类社会不是蚂蚁窝，引导人"按照自己愚蠢的意志生活"的人的自由也不容许把社会变成一个蚂蚁窝。那位带有一副挑衅和嘲笑神情的绅士就是人的个性本原的反抗，是不容许任何强迫的理智、任何强加的幸福的自由之反抗。这里已经形成了陀思妥耶夫斯基对社会主义、对水晶宫、对地上天堂的乌托邦的深刻敌视，这一点后来在《群魔》和《卡拉马佐夫兄弟》中进一步展开。陀思妥耶夫斯基对个性有一种痴迷的感情。他整个的世界观都渗透着人格主义，他的核心问题——永生的问题与这一人格主义联系在一起。陀思妥耶夫斯基是天才的现代幸福论的批判者，他揭示了幸福与自由、与个人价值的不协调性。

陀思妥耶夫斯基本人是否是一个"地下人"，从思想上他是否赞同"地下人"的辩证法？这个问题不应该静态地提出和解决。它应当动态地加以解决。"地下人"的世界观不是陀思妥耶夫斯基正面的世界观。在自己正面的宗教的世界观中，陀思妥耶夫斯基揭示了"地下人"的自由意志之路和反抗之路的灾难性。这个自由意志和反抗导致的是扼杀人的自由，瓦解人的个性。但"地下人"及其惊人的关于非理性的人的自由的思想的辩证法是人的悲剧性道路——自由的消灭和自由的考验之路——的一个阶段。自由是最高的幸福，人，只要还是人，就无法拒绝它。"地下人"在自己的辩证法中否定的，陀思妥耶夫斯基本人在自己正面的世界观中也加以否定。他彻底地否定理智的人类社会，彻底否定任何把安宁、理智、幸福置于自由之上的企图，否定未来的水晶宫，否定未来的建立在消灭人的个性基础上的和谐。但他带领人继续走自我意志和反抗之路,为的是揭示:在自我意志中自由怎样被消灭,在造反中人怎样被否定。自由之路或者把人引向人神,在这条路上,人找到的是自己的终结和死亡;或者把人引向神人,在这条路上,人找到的是自己的得救和对人的形象的最终肯定。如果有上帝,如果人是上帝的形象,那么,人就存在;如果没有上帝,如果人本身就是上帝,那么,人也就不存在,人的形象也就死亡。人的问题只有在基督的身上才可以得到解决。"地下人"的思想的辩证法只是陀思妥耶夫斯基本人的思想的辩证法的开端,它在那里是开始,而不是结束;正面的结束是在《卡拉马佐夫兄弟》中。但有一点毫无疑问,那就是在《卡拉马佐夫兄弟》中没有回归到"地下人"奋起反抗的那个不自由的、强迫使之合理的思想意识。人应当走过自由。陀思妥耶夫斯基展示了,当强制地把人硬塞进理智的框框中,按照表格来安排他的生活,人将会"在这种情况下故意使自己疯狂,为的是失去理智,使它不能坚守自己"。他承认人身上的"幻想元素"是人性中本质的东西。斯塔夫罗金、韦尔西洛夫、伊万·卡拉马佐夫他们将是一个"谜",因为,在自己的二律背反中,在自己的非理性中,在自己对苦难的需求中,人性就是神秘的。

陀思妥耶夫斯基在自己的人学中发现,人性在更高层次上是极富动态的,在它的深处是火一般的运动。平静、静止只存在于表面,存在于人的最表层。在平稳的生活背后,在心灵的美丽背后,掩盖着黑暗的深渊卷起的风暴。当人进入暴风雨般的运动状态时,陀思妥耶夫斯基对其尤其感兴趣。他进入这黑暗的深渊,并在那里发掘光明。光——不仅是为了美丽的外表,光还可以在黑暗的深渊燃起,而这是真正的光。人身上这火一般的运动来自人性的对立,来自其中掩盖着的矛盾的冲突。在人性的最深处是对立性、悖论性。在最深处,不是平静,不是统一,而是激烈的运动。陀思妥耶夫斯基在人的深处看到的不是永恒的平静。在这一点上,他与柏拉图、与许多其他神秘主义者的观察迥异。无论在肉体和心灵层,还是在精神层都发生着对立两极的激烈冲突。不仅存在的表面,而且存在的深处都处于激烈的动荡之中。这是陀思妥耶夫斯基的人学和本体论的实质。这一点上,他与希腊天才的审美世界观相对立。他属于基督教世界,其中彻底揭示了存在的悲剧的辩证法。俄罗斯的、斯拉夫的天才,在自己最深刻的关于存在的观点上,与德国的天才在其唯心主义中表现出来的观点也不相同。德国人在存在的表层看到的是上帝和魔鬼、光明和黑暗的冲突,而当走进精神生活的深处,看到的是上帝,看到的是光,这时对立性消失了。俄罗斯的陀思妥耶夫斯基揭示的是,在存在的最深处是上帝和魔鬼两个因素的对立,光明和黑暗的激烈冲突。上帝和魔鬼在人的精神的最深处进行搏斗。恶具有深度和精神属性。上帝和魔鬼厮杀的战场深埋于人的本性之中。陀思妥耶夫斯基不是在人的心理层面,而是在存在的深渊,发现了悲剧性的矛盾,而其他人都只是在心理层面看到了这一矛盾。对立性的悲剧仿佛进入了宗教生活的最深处。在陀思妥耶夫斯基那里,"上帝的"和"魔鬼的"之间的区别,并不等同于普通的"善"与"恶"的区别——这是皮表的区别。如果陀思妥耶夫斯基想要彻底阐明关于上帝、关于绝对的学说,那么,他就不得不承认神性本身的对立性,承认上帝之中的黑暗属性和深渊,这与雅·伯麦①关于Ungrund②的学说有某种同源。人的内心在自己的本原上是对立的,而人的内心建立在存在的无底深渊之上。

"美拯救世界"这惊人之语出自陀思妥耶夫斯基。对

---

① 雅·伯麦(1575-1624),德国神秘主义者,哲学-神学家。

② 德语:深渊。

于他来讲,没有什么高于美。美——是神圣的,但美——
本体论意义上的完善的最高形式,对于陀思妥耶夫斯基来
说也是对立的、分裂的、矛盾的、可怕的、可怖的。他没有
看到上帝的平静之美,那是柏拉图的思想。他在美中看到
的是火一般的运动、悲剧性的冲突。美通过人向他敞开。
他在宇宙之中,在上帝的秩序之中没有看到美。在这里,
在最高的美中,是永恒的骚动。在人身上没有平静。美,
被赫拉克利特的火流所控制。米卡·卡拉马佐夫有一段
非常著名的话:"美——危险的、可怕的东西。之所以可
怕,是因为这是难以辩明的东西,而辩明又是不可能的,因
为上帝给出了许多谜。这里,两极汇合,这里,所有的矛盾
共生共存……美! 同时,我不能忍受有些人,甚至是具有高
尚心灵、非凡智慧的人,他开始于圣母的理想,结束于索多
玛的理想。还有更可怕的人,心中已经怀有索多玛的理
想,却不否定圣母的理想,并且他的心因这一理想而燃烧,
真正地,真正地燃烧,就像在青春时代、正派无邪的时代一
样。不,这是一些心胸豁达的人,甚至过于豁达的人。我
可能是心胸狭窄的人吧。"他还说道:"美不仅是可怕的,而
且是神秘的东西。在那里魔鬼与上帝搏斗,而战场——就
是人的心灵。"而尼古拉·斯塔夫罗金"在两极中找到了同

样的美,找到了同样的快乐",感觉到圣母理想和索多玛理想同样具有吸引力。折磨陀思妥耶夫斯基的是,美不仅存在于圣母理想中,也存在于索多玛理想中。他体验到,在美中也有黑暗的、恶魔的元素。我们将看到,他在人与人的爱之中也看到了黑暗和恶。在他的意识之中是人性的如此深刻的对立。

人性的分裂和对立,精神的最深处、最深层中悲剧性的运动,在陀思妥耶夫斯基那里是否与此相联系,即,在新历史的尽头,在世界新时代的某个转折点,他负有使命揭示出人身上的神人与人神、基督与反基督前所未有的斗争;揭示出,在他们[1]身上,恶以一种更为原初、更为简单的形式出现?在我们这个时代,人心涣散,一切都变得动荡不安。一切对于人来说都分裂了,他生活在诱惑之中,在永恒的变幻交替的危险之中。恶以善的外表出现而产生诱惑。基督与反基督、神人与人神的形象分裂了。这尤其反映在梅列日科夫斯基的创作中,作者终究也不能确定,哪里是基督,哪里是反基督。在很多方面都很出色的梅氏

---

① 指神人与人神、基督与反基督。

的著作《列·托尔斯泰和陀思妥耶夫斯基》充满了这种分裂和不停的替换。我们的时代出现了许多"思想分裂的人",他们内在的区分事物的准则削弱了。这也是陀思妥耶夫斯基发现的一类人。旧的道德教义手册对这类人不起任何作用。需要更为复杂的途径才能走进这些心灵。陀思妥耶夫斯基研究这些人的心灵命运,这些心灵中弥漫着启示录式的气氛。这一研究发现了一个巨大的世界。陀思妥耶夫斯基把人置于深刻的精神危机、宗教信仰断裂的时刻。在人命运的这一刻,可以发现人性中非常本质的东西。陀思妥耶夫斯基发现的现象是人学认识中完全崭新的领域。这已经不只是传统基督教的认识,不只是教父的和人道主义的认识了。

陀思妥耶夫斯基关于人的新发现究竟是什么?他不只是在人道主义脱离并遗忘了关于人的真理之后,重新回到了**先前的、旧有的和永恒的基督教关于人的真理**。人道主义阶段的历史经验,人的自由体验没有白费。这在人的命运中不纯粹是损失和损害。在此经验之后,新的灵魂诞生了,并伴随着新的怀疑和对新的恶的认识,也伴随着新的地平线和远方的出现,伴随着与新神交往的渴望。人已经迈进另一个更为成熟的精神年龄。陀思妥耶夫斯基的基督教、深刻的基督教人学已经不同于教父人学。神父和教父关于人的学说，生活和圣书教给我们的关于人类之路的学说，不能回答人当下精神年龄阶段的所有询问，不知道人类所有的疑问和所受的诱惑。人没有因为它们而变得更好，也没有因为它们而更近地接近上帝，相反，人的心灵更加复杂，其意识更为尖锐。旧基督教的灵魂知道什么是罪孽，并被魔鬼所控制，但它却不知道人性的分裂，陀思妥耶夫斯基所考察的灵魂清楚地了解这一点。旧有的恶更清晰更简单。人神的诱惑之路还没有像在拉斯柯尔尼科夫、斯塔夫罗金、基里洛夫、伊万·卡拉马佐夫面前那样展开。如果用仅有的旧药，将很难治愈现代心灵的精神疾病。陀思妥耶夫斯基意识到了这一点。他知道得不比尼采少，而且，他还知道尼采所不知道的。陀思妥耶夫斯基的同时代人隐修士费奥凡——我们一位有名望的斯拉夫禁欲主义作家，他不知道陀思妥耶夫斯基和尼采所意识到的东西，因此他不能回答新人的体验所产生的痛苦。他们[1]意识到，人的自由是可怕的，自由是悲剧式的，它给予的是负担和痛苦。他们看到了人走向神人和人神的分裂

---

① 指陀氏和尼采。

之路。在人遗弃神的那一刻，其灵魂显现出来了，这种体验是一种独特的宗教体验，在这一体验中，在坠入黑暗之后将重新燃起新的光明。因此，陀思妥耶夫斯基的基督教迥异于隐修士费奥凡的基督教。正因为如此，奥普塔修道院①的长老们，在读了《卡拉马佐夫兄弟》之后，不承认陀思妥耶夫斯基是自己人。经由无节制的自由，通向基督的路被发现了。人神的谎言正是在无节制的自由之路上被揭穿。这已经是关于人的新话语。

陀思妥耶夫斯基的创作不仅意味着人道主义的危机，还意味着人道主义的破产，以及它内在的自我揭露。在这一点上陀思妥耶夫斯基的名字可以和尼采相提并论。在陀思妥耶夫斯基和尼采之后已经没有可能再回到旧的理性的人道主义上，人道主义被跨越了。人道主义的自我肯定和人的自负在陀思妥耶夫斯基和尼采这里走到了尽头。接下去，不是走向神人，就是走向超人，走向人神，停留在单个的"人"上已经没有可能。基里洛夫自己想成为上帝。尼采想战胜作为羞愧和耻辱的人而走向超人。人道主义

① 俄罗斯著名的修道院。距离科泽利斯克市两公里。由奥普塔于十四世纪修建。其附近的隐修区是独特的宗教哲学中心。

自我意志和自我肯定的极限——是人在超人中的死亡。在超人中人已经不存在,人已经作为羞愧和耻辱,作为无能和微不足道而被克服。人只是超人出现的手段。超人是神,是偶像,在它面前,人只有跪地叩头,人和人的一切东西都消耗殆尽。体验过超人的诱惑之后,人道主义已经不可能再成为诱惑。人道主义是中间王国。欧洲的人道主义从精神上结束于尼采,他与人道主义曾是血与血、肉与肉地血肉相连,并且是其罪孽的牺牲品。不过陀思妥耶夫斯基比尼采更早地在自己天才的关于人的辩证法中揭示了这个不幸的、不可避免的人道主义的结束,揭示了这个在人神之路上人的死亡。在陀思妥耶夫斯基与尼采之间有巨大区别。陀思妥耶夫斯基知道人神的诱惑,他深入研究了人的自我意志的道路,但他还知道另一点,他看到了基督之光,在其中显示出了人神的黑暗。他是精神之眼。而尼采本人就是人神思想的俘虏。他的超人思想消灭了人。而陀思妥耶夫斯基始终都守护着人。只有基督教永远守护着人的形象,坚守人的思想。人的存在须以上帝的存在为前提。杀死上帝就是杀死人。在两个伟大的思想——上帝和人(基督教是神人和神人类的宗教)——的坟墓上,将是杀死了上帝和人的恶魔形象,是未来的人神、超人、反基督形象。尼采那里既没有上帝，也没有人，只有神秘的超人；陀思妥耶夫斯基那里既有上帝，也有人，而且上帝从来没有吞没人，人没有消失在上帝之中，人存在着，直到永远。从这一点上说，陀思妥耶夫斯基是最深刻意义上的基督徒。

令人惊奇的是，陀思妥耶夫斯基的狄奥尼索斯的迷狂从未导致人之形象的消失、人之个性的死亡。而在希腊，异教的狄奥尼索斯精神导致了人之个性的破碎，人之形象消失在没有个性的人的自然本性之中。狄奥尼索斯的迷狂对于人的形象来说永远是危险的。但无论怎样的迷狂，无论怎样的谵妄，在陀思妥耶夫斯基那里从未导致对人的否定。这是陀思妥耶夫斯基独具的特点。陀思妥耶夫斯基的人类中心主义是一种完全独特的和前所未有的现象。人的形象，个性的界限，不无根据地与阿波罗元素、与形式元素相联系。通常，狄奥尼索斯元素被理解为取消个性原则，是个性界限的崩溃。这在陀思妥耶夫斯基那里则是另一回事。他整个就是狄奥尼索斯式的，而非阿波罗式的，他整个处于迷狂和谵妄之中。就在这谵妄的、迷狂的自发力量之中，他却更为有力地肯定着人的形象、人的面容。人在自己激烈的对立与运动之中，在最深处依然是人，人并没有被消灭。在这一点上,陀思妥耶夫斯基不仅区别于希腊的狄奥尼索斯精神,也区别于基督教时代的许多神秘主义者,在他们那里只剩下了神的东西,而人的东西消失了。陀思妥耶夫斯基想和人一起走进宗教生活的最深处。人属于永恒的深处。陀思妥耶夫斯基所有的创作都是为人的辩护。陀思妥耶夫斯基的宗教世界观与基督一性论①相对立。他始终承认的不是一性的:神性或是人性;而是二性的:既是神性的也是人性的。与陀思妥耶夫斯基的宗教人学认识比起来,甚至东正教和天主教的意识都显示出基督一性论的倾向,以神性吞没了人性。在世界历史上似乎还没有哪一个人像陀思妥耶夫斯基那样对待人,即使在最低级的人身上,在最可怕的人的堕落中,依然保留着上帝的形象。他对人的爱不是人道主义式的爱。在他的爱中,他把无边的怜悯和某种残酷凝聚在一起,他向人宣扬受苦之路,这与**自由**思想位于他的人学意识的核心相关。没有自由就没有人。指导着陀思妥耶夫斯基的关于人及其命运的整个辩证法的,是关于自由之命运的辩证法。但

---

① 基督一性论是五世纪基督教东派内部产生的神学学说,反对正统的神人二性说,而认为基督的神人二性完全合成了一个本性。

自由之路是痛苦之路，并且这条路应当贯穿人的始终。为了彻底认识陀思妥耶夫斯基所有关于人的发现，应当转向他关于自由和恶的考察。

第三章　自　由

　　人及其命运的主题,对于陀思妥耶夫斯基来说,首先是自由的主题。人的自由决定了人的命运,决定了他饱受苦难的流浪。自由位于陀思妥耶夫斯基世界观的核心。他内心最深处的激情是自由的激情。奇怪的是,直到现在,陀思妥耶夫斯基的这一点还没有被充分意识到。人们列举出《作家日记》中的多处,似乎他是社会-政治自由的敌人,是保守分子,是反动分子。这些完全表面的见解妨碍认识自由是陀思妥耶夫斯基所有创作的核心,自由是理解他的世界观的钥匙。所谓陀思妥耶夫斯基的"残酷性"与他对待自由的态度相关。他是"残酷的",因为他不愿意卸下人的自由之重负,不愿意用失去自由的代价来换取人免于痛苦,他把与自由人的尊严相称的重大责任赋予人。如果剥夺了人的自由,就会减轻人类的痛苦。陀思妥耶夫斯基深入考察了各种途径,各种减轻人类自由的重负的途径,各种塑造没有精神自由之人的途径。陀思妥耶夫斯基具有真正天才的关于自由的思想。需要发掘它们。自由对于他来说,既是人正论,也是神正论,应该在自由中既找到为人的辩护,也找到为神的辩护。整个世界进程就是完成自由主题之使命,是一场为完成这一主题而产生的悲剧。陀思妥耶夫斯基考察处于自由之中的人的命运。他所感兴趣的只是人,走上自由之路的人,在自由之中的人和存在于人之中的自由的命运。他所有的悲剧小说都是人的自由的体验。人都是从造反式地宣称自己是自由的开始,准备好了经受任何苦难,实施一切狂妄行为,为的就是要感觉到自己是自由的。同时,人寻找自由最后的界限。

存在两种自由。最初的——原始的自由和最后的——终结的自由。在两者之间,是人的道路——充满了痛苦与磨难的道路,是分裂的道路。早在同毕拉基教派①

---

① 毕拉基教派是五世纪初罗马出现的一个基督教教派,主张人的自由意志,可以自力赎罪,不必求援于教会。被宗教当局宣布为邪教。下文提及的"半毕拉基教派"是指色彩不那么浓厚的毕拉基教派。

的斗争中圣奥古斯丁就指出有两种自由：libertas minor 和 libertas major①。他的低级的自由是原始的、最初的自由，它是选择善的自由，与恶的可能性联系着；他的高级的自由是最后的、终结的自由，在上帝之中的自由，在善之中的自由。圣奥古斯丁是第二种自由，libertas major 的辩护士，并最终走向了神意论。尽管在教会意识中半毕拉基教派占优势，但圣奥古斯丁依然对敌视自由的天主教教义产生了影响。他赞成对异教徒实施迫害和死刑。毫无疑问，存在两种自由，而不是一种，最初的和最后的自由，选择善恶的自由和在善之中的自由，或者说，非理性的自由和理性的自由。苏格拉底只知道第二种自由，理性的自由。《福音书》上的话"认识真理吧，真理会使你自由"，其中的"自由"是第二种自由，是基督之中的自由。当我们说，人应当从低级的自然本性中，从欲望的控制下解放出来，应当不再是自己和周围世界的奴隶，我们指的是第二种自由。精神自由的最高成就是第二种自由。第一个亚当的自由与第二个亚当——基督之中的自由，是不同的自由。真理使人自由，但人应当自由地接纳真

---

① 拉丁语：libertas minor——低级的小自由；libertas major——高级的大自由。

理,而不是强制地、被迫地被引领至真理面前。基督给予人最终的自由,但人应当自由地接纳基督。"你希望人自由地爱,希望被你吸引、成为你的俘虏的人自由地追随你。"(大法官的话)自由地接纳基督——这是基督徒全部的尊严,是信仰也是自由的全部意义。人的价值,他的信仰的价值须以承认两种自由为前提:善与恶的自由和在善之中的自由,选择真理的自由和在真理之中的自由。不能把自由与善、与真理、与完美混为一谈。自由有自己独特的属性,自由就是自由,而不是善。所有的混淆自由与善、混淆自由与完美,都是对自由的否定,是承认强迫和暴力之路。强迫的善已经不是善,它可以再生恶。自由的善,这是唯一的善,它以恶的自由为前提。自由的悲剧就在于此。陀思妥耶夫斯基遭遇并透彻研究的即是该自由的悲剧。这里隐藏着基督教的秘密。这里被揭示的是悲剧式的辩证法。善不能是被迫的,不能强迫趋向善。善的自由以恶的自由为前提。但是,恶的自由会导致扼杀自由本身,会使恶成为必然的不可避免的恶。而否定恶的自由,肯定特殊的善的自由,同样会导致对自由的否定,会使善的自由成为必然的不可避免的善。但必然的善已经不是善,因为善以自由为前提。自由的这一悲剧性问题在整个基督教思想史上一直折磨着基督教思想本身。圣奥古斯丁与毕拉基教派——一种关于自由和善之间的关系的学说——之间的争论,倾向于奥古斯丁的神意论的路德的冉森教派①引起的争论,加尔文的似乎否定一切自由的忧郁的学说,都与这一悲剧性问题相关。基督教思想被两个危险、两个幽灵挤压——恶的自由和强制的善。自由,或因在自由中发现的恶,或因善之中的强制而死亡。宗教裁判所的篝火就是这一自由的悲剧的可怕见证,解决这一悲剧甚至对于被基督之光照亮的基督教意识也是相当困难的。否定最初的自由,信仰的自由,接纳真理的自由,必定导致神意论学说。没有自由的参与,真理本身只引向真理。天主教世界受到了自由的诱惑,于是倾向于否定自由,否定信仰自由、良心自由;倾向于真理和强制的善。东正教世界没有受此诱惑,但在其中也没有完全揭示自由的真理。因为,不仅仅存在真理之中的自由,也存在关于自由的真理。因此,是否应该这样寻求解决自由这一永恒主题:基督不仅是给人自由的真理,也是关于自由的真理,是自由的基督;基督是自由,是自由的爱。人们在理解自由时混淆了形式因素和内容因素。那些已经

---

① 冉森教派是十七至十八世纪天主教内部产生的一个新教派,后与天主教分裂。

认识了真理和真理中的自由的人倾向于否定第一种自由,形式的自由。第二种自由被理解为内容的自由,朝向真理的自由。基督教意识似乎不同意站在形式的观点上,把良心的自由、信仰的自由作为人的形式的自由的权利来捍卫。基督教懂得"怎样才能成为自由的"这一真理。这个真理,是特殊的,它不能容忍其他真理与其并肩而立,不能容忍谎言。但在这一看似无可指责的思想进程中,是否隐藏了某种错误呢?仅从形式的观点来看,可以捍卫良心的自由、信仰的自由、善和恶的自由——在这种假设中,错误被掩盖了。基督教中的自由不是形式的,而是内容的真理。基督的真理就是关于自由的真理。基督教是自由的宗教。基督教信仰的内容本身要求承认信仰的自由、良心的自由,不仅承认第二个,还承认第一个自由。基督教是对自由悲剧和必然性悲剧的克服。基督的恩赐是自由,是不会被恶(第一个自由的独特性)扼杀,不会被强力(第二个自由的独特性)扼杀的自由。基督教是自由的爱,在自由的爱中,是上帝的自由和人的自由和解。基督的真理把光洒回到第一个自由,把它作为真理本身不可分割的一部分加以肯定。人精神的自由、良心的自由成为基督教真理的内容。旧的基督教意识,至少是天主教意识没有彻底揭开所有这一切。陀思妥耶夫斯基在揭示这一真理的事业中向前迈进了一大步。

　　陀思妥耶夫斯基向人提供了一条自由地接受真理的道路,这一真理应当使人成为彻底自由的人。但这条道路穿越黑暗,穿越深渊,穿越分裂,穿越悲剧。它不笔直,也不平坦。被虚幻的梦境、带有欺骗性的光明所诱惑而陷入更大的黑暗中的人在这条道路上踯躅。这是一条漫长的道路,它没有直接到达的捷径。这是一条体验与试验之路,是一条在试验善与恶之后的觉醒之路。若使之缩短或变得轻松,都有可能限制或剥夺人的自由。但上帝需要和珍视那些不是经由自由之路,没有经验和认识所有恶的灾难性而走到**他**面前的人吗?世界和历史进程的意义是否在于上帝渴望得到人自由的回报式的爱?但人却耽搁在回报式地爱上帝的途中。他首先要体验因爱了短暂的、爱了不值得爱的东西而带来的失望和失败。上帝给予途中人的恩赐不是强迫的恩赐,而只是帮助性的、减轻痛苦的恩赐。每当基督教界试图把这种恩赐力量变为权力和强迫的武器时,就会走向反基督教的,甚至反基督的道路。正是陀思妥耶夫斯基异常敏锐地领悟了基督教这一关于人之精神自由的真理。

　　自由之路是基督教世界的新人之路。古希腊、罗马人或古代东方人不懂得这一自由,他们受制于必然性和自然属性,受命运的支配。只有基督教给予人自由——**最初的和最后的自由**。在基督教中,不仅展现了第二亚当——第二次精神诞生的人——的自由,而且展现了第一亚当的自由;不仅有善的自由,还有恶的自由。希腊思想只允许理性的自由,基督教则同时揭示了自由的非理性元素。非理性元素是在生命的内容中被揭示的,而其中隐藏着自由的秘密。古希腊意识害怕这一非理性的内容,就像害怕没有规范——无限,害怕内容一样,它用形式元素,用规范——有限与之斗争。因此,希腊人把世界看作封闭的形式和界限,看不到远方。基督教世界的人已经不是如此害怕无限性,害怕生命的无限内容。无限性在他面前展开,远方在他面前展现。这是因为新基督教世界的人对待自由的态度已经不同于古希腊、罗马人的态度。自由与排他的、规定界限的形式元素的约束相互对立。自由以无限为前提。对于希腊人来说,这是异常的混乱。对于基督教世界的人来说,无限不仅仅是混乱,而且还是自由。只有在基督教世界中无限的人的欲望才是可能的。浮士德是历史的基督教阶段的现象,它在古希腊、罗马世界中是不可能的。浮士德无限的欲望是基督教的欧洲最典型的特征。只有在基督教的世界中拜伦才是可能的。曼弗雷德、该隐、唐璜①只有在基督教的欧洲才能够出现。反抗的自由,激烈的、紧张不安的、无止境的渴望,生命非理性的内容——是内在于基督教世界的现象。人的个性对世界秩序、对命运的反抗——同样是内在于基督教世界的现象。希腊悲剧,作为希腊哲学的顶峰,指出了封闭的古希腊、罗马世界的界限不可避免的崩溃。它们通向新的基督教的世界。但希腊悲剧和希腊哲学还没有揭示出浮士德的灵魂——这个新的可怕的自由。

　　陀思妥耶夫斯基主人公身上反抗的自由达到了最后的、最高度的紧张。陀思妥耶夫斯基的主人公标志着基督教世界内部的人的命运的新的时刻——浮士德之后的时刻。浮士德还处在这条道路的中间地带,拉斯柯尔尼科夫、斯塔夫罗金、基里洛夫、伊万·卡拉马佐夫已经站在了道路的尽头。浮士德之后成为可能的还有整个十九世纪——饶有兴味地忙于使泥潭变得干燥的世纪,浮士德最终也朝之走去的世纪。陀思妥耶夫斯基的主人公之后是神秘的二十世纪,二十世纪是一个伟大的未知,它作为文

_____

① 分别指拜伦的三部作品《曼弗雷德》《该隐》《唐璜》的主人公。

化危机、作为整个世界历史阶段的终结敞开了自己。人对自由的追寻也步入新的阶段。陀思妥耶夫斯基的自由不仅是基督教现象，而且也是新的精神现象，是基督教本身的新阶段。这是基督教从独特的外在理解阶段过渡到更为内在理解的阶段。人走出外在的形式、外在的规律，通过苦难之路为自己获得了内在的光明。一切都转向人精神的最深处。那里应该揭示出一个新的世界。使基督教真理外在地具体化的超验意识不能彻底揭示基督教的自由。基督应该出现在人的自由（最后的自由，真理之中的自由）之路上。他应当在深处被发现。人被给予最初的自由，但自由可以消解自身，走向自己的反面。陀思妥耶夫斯基在自己主人公的命运中就展示了自由这一悲剧的命运。自由转化为自我意志，转化为人反抗式的自我肯定；自由成为无目的的、空洞的自由，它使人变得空虚。斯塔夫罗金和韦尔西洛夫的自由就是这样的无目的和空洞。自由的个性瓦解和腐化了斯维德里盖洛夫和费奥多尔·巴甫洛维奇·卡拉马佐夫。自由使拉斯柯尔尼科夫和彼·韦尔霍文斯基走上了犯罪的道路。基里洛夫和伊万·卡拉马佐夫恶魔般的自由杀死了人。这里，自由，作为自我意志，消解了自身，走向了自己的反面，瓦解并断送了人。这样的自由从内部、内在必然地导致奴役，吞没人的形象。不是外在的惩罚等待着人，不是法律从外部使人遭受沉重的统治，而是从内部、内在地显露的神性始原击溃了人的良心；由于上帝之火，人在其自己选择的黑暗与空虚中被烧尽。这就是人的命运，这就是人自由的命运。陀思妥耶夫斯基以惊人的天才揭示了这种自由。人应当走自由之路，但当人在自己自由的恣意妄为中不想知道任何高于人的东西时，自由就转化为奴役，自由毁灭人。如果没有任何高于人本身的东西，就没有人。如果自由没有内容，没有目的，没有人的自由与神的自由的联系，那么就不会有自由。如果人一切都被许可，那么人的自由就会转化为对其自身的奴役，奴役毁灭人自己。人的形象应当保持高于其自身的本性。人的自由应当在更高的自由、真理中的自由中得到最终的表达。这就是自由的必然的辩证法。它通向神人之路。在神人中，人的自由和神的自由融合了，人的形象和神的形象融合了。就这样以内在的经验，以内在地取消自由而获得了真理之光。重新回到排他的外在法律的统治，回到生命的必然性和强迫性已经不可能，剩下的只有重建被断送掉的真理之中的自由，亦即基督之中的自由。但基督不是外在的法律、外在的生活体系。**他的王国**与此世的王国毫无共同之处。陀思妥耶夫斯基愤怒地指出了基督教中所有压迫与强制的宗教的倾向。真理之光、最终自由的恩赐不可能从外部获得。基督就是最后的自由，不是那个无目的的、反抗的、自我封闭的自由——它断送人，取消人的形象；而是有目的的自由，在永恒中肯定人的形象。拉斯柯尔尼科夫和斯塔夫罗金，基里洛夫和伊万·卡拉马佐夫的命运都应该证明了这一真理。虚假的自由的目的断送了他们。但这并不意味着他们应该处于被强迫之中，处于外部规律调节的绝对统治之中。他们的毁灭照亮了我们，他们的悲剧是自由的颂歌。

陀思妥耶夫斯基有一个思想，即，没有罪和恶的自由，没有自由的体验，就不可能取得世界的和谐。他反对任何强制的和谐，无论它是天主教的，还是神权政治的……人的自由不可能通过强制的秩序，把它作为对人的恩赐而实现。人的自由应当优先于那样的秩序与和谐，应当经由自由走向秩序与和谐，走向人们的世界联合。陀思妥耶夫斯基不喜欢天主教，正如后来所看到的那样，是因为不可能与强制的秩序与和谐妥协。他把人的自由与天主教相对立。一副嘲笑和挑衅神情的绅士的造反的意义即在于此。

陀思妥耶夫斯基既不接受那种精神自由还不再可能的天堂，也不接受那种自由已经不可能的天堂。人应当经由脱离强制的世界秩序，经由自身精神的自由来实现世界秩序。陀思妥耶夫斯基欲借以组织社会秩序的信仰，应当是自由的信仰，应当奠定在人良心自由的基础之上。"经过了怀疑的大熔炉，我的**和散那**才传扬开来"——陀思妥耶夫斯基关于自己这样写道。他希望所有的信仰都经过怀疑的熔炉的锤炼。也许，陀思妥耶夫斯基是基督教世界中最热烈地捍卫良心自由的人。"他们对你的信仰的自由比一切都更为珍贵"——大法官对基督说。他也可以对陀思妥耶夫斯基本人这样说："你希望人自由地爱。""从此，人不应当依据不可动摇的古老的法律，而应当依据自由的心，自行决定什么是善，什么是恶，只用**你的**形象作为自己的指导。"在大法官的这些话中可以感觉到陀思妥耶夫斯基本人的宗教信仰。他拒绝"奇迹、神秘和权威"，它们是对人的良心的强迫，是剥夺人精神的自由。魔鬼在旷野中用以诱惑基督的三种诱惑是反对人的精神自由、良心自由。奇迹应当来源于信仰，而不是信仰来源于奇迹。只有这时才是信仰的自由。任何人不能强迫人的良心信仰基督。各各他①的宗教是自由的宗教。上帝的儿子，以"奴仆的形象"出现在世人面前，受尽世间的磨难，被钉死在十字架上，他面向的是人精神的自由。在他的形象中，没有任何强制，没有强迫信仰**他**像信仰上帝一样。他不是统治这个世界的强力。他宣扬的王国不是此世的王国。这里隐藏着基督教主要的秘密，自由的秘密。为了在耶稣奴仆形象的背后看到自己的上帝，需要一种非同寻常的自由，需要自由信仰的伟绩，自由地揭示"看不到的事物"的伟绩。当彼得对耶稣说"**你**——基督，上帝活着的儿子"时，他完成了自由的伟绩。这些话从人自由的良心的最深处响起，决定了整个世界历史的进程。基督教世界中每一个人都应该从自己自由的精神、自由的良心的深处重复彼得的话。基督徒所有的尊严就在于此。这一精神自由的尊严不只是彼得一人固有的，也是所有基督徒应固有的。陀思妥耶夫斯基相信，在东方的正教中比在西方的天主教中更多保留了基督教的自由。这里他言过其辞了。他对待天主教世界常常是不公正的，我们不可能承认天主教世界完全被反基督精神所控制、吸引。而对东正教世界他则不愿

---

① 耶稣受难地。

意看到它的倾斜和断裂。其实,在拜占庭文化中,在帝王的神权政治中并不比在教皇的神权政治中有更多的基督教的自由。但在自由问题上,他的确发现了东正教相对于天主教的一些优势。这种优势有助于弥补东正教的不完整性。事实上,他本人在自己精神自由的宗教中,已经超越了东正教和天主教的界限,他面向的是未来,在他关于自由的发现中有某种先知的东西。但他毕竟与俄罗斯东正教血肉相连。陀思妥耶夫斯基发现,反基督本原,不是别的,正是对自由精神的否定,正是对人的良心的强制。并且他深入研究了这一本原。基督——是自由。反基督——是压迫,是强制,是精神的奴役。反基督本原在历史上有各种面容——从天主教的神权政治到无神论的……无政府主义。

拉斯柯尔尼科夫、斯塔夫罗金、基里洛夫、韦尔西洛夫、伊万·卡拉马佐夫都必定经历"怀疑的大熔炉"。从他们精神的深处,从他们自由的良心深处必定响起彼得的话:"你——基督,上帝活着的儿子。"陀思妥耶夫斯基感到,正是在这一点上他们得到了拯救。如果他们不能在自身找到自由的精神力量,从而在耶稣身上辨认出上帝的儿子,他们就会毁灭。如果他们辨认出了,那么"地下人"的自由将成为上帝的儿子的自由。陀思妥耶夫斯基考察自由的道路是从考察"地下人"的自由开始的。这是失去界限的自由。"地下人"想要越过人性的界限,他考察着、体验着这些界限。如果人的自由是这样的自由,那么,不是一切都许可了吗?不是任何以最高目的的名义的犯罪、直至弑父都允许了吗?不是索多玛理想和圣母理想具有同等的价值了吗?人不是必定要追求自己成为神,必定向世人宣告自己的意志了吗?陀思妥耶夫斯基感到,在"地下人"的自由中埋藏着死亡的种子。拉斯柯尔尼科夫的自由越过了人性的界限,带来的是自我毁灭、无力和适得其反的不自由的感觉。想成为上帝的斯塔夫罗金的自由变成完全的空虚、冷漠,变成筋疲力尽和个性的熄灭。基里洛夫的自由以可怕的、无益的死亡而告终。也许,基里洛夫在这里尤其重要。基里洛夫把自我意志看作职责,看作神圣的义务。他宣扬自我意志,要使人达到最高的状态。他,一个纯洁的人,摈弃了一切欲望和嗜好,在他身上具有非神赐的圣洁。但就是这最纯洁的人,拒绝上帝、自己想成为上帝的人,最终也必定死亡。他已经剥夺了自己的自由。他——一个狂人,被精神所控制,自己也不明白这些精神的性质。基里洛夫给我们的形象又是一个安静的、着魔的人,全神贯注于自己思想的人。在他的精神自由中已经发生了病态的蜕化过程。他完全不是精神自由的人。人的自由在人神的道路上被毁灭了,人自己也被毁灭了。这是陀思妥耶夫斯基的基本主题。陀思妥耶夫斯基其他的分裂的主人公的自由,所有迷失在自我意志之路上的人的自由都是这样毁灭的。在斯维德里盖洛夫或费奥多尔·巴甫洛维奇·卡拉马佐夫身上我们已经看到了个性的毁灭,在这样的个性之下更谈不上什么自由。不可遏制的、极端的淫荡的自由使人成为它的奴隶,剥夺了人精神的自由。陀思妥耶夫斯基是描写被恶的欲望或恶的思想所控制,并在其作用之下个性堕落和蜕化的大师。他考察这种控制的本体论后果。当人不可遏制的自由变成被这种自由所控制的时候,自由就毁灭了,自由就不复存在了。当人开始被自由所控制的时候,他已经不是自由的了。韦尔西洛夫——陀思妥耶夫斯基笔下的完美形象之一——是自由的吗? 他对卡捷琳娜·尼古拉耶夫娜的情欲是一种疯狂。这种欲望是一种内在的强迫,它毁灭了他。在对待思想的态度上,他不懂得自由的意志选择,各种相互矛盾的思想吸引着他。他想握住自由,反而因此失去了自由。他是分裂的。分裂的人是不可能自由的。所有没有自由地选择爱的对象的人都必然分裂。在《卡拉马佐夫兄弟》中对自由主题的探讨达到了顶峰。伊万·卡拉马佐夫的自我意志和造反是不完美的人的自由之路的顶峰。这里陀思妥耶夫斯基以一种非凡的天才揭示出，自由，作为自我意志和人的自我肯定，必定不仅否定上帝，不仅否定世界和人，也否定自由本身。自由消灭了自由。思想的辩证法就这样完成了。陀思妥耶夫斯基指出，在黑暗的、没有被照亮的自由之路的尽头，看到的是自由最终被取消，看到的是恶的强迫和恶的必然性。大法官的学说，还有希加廖夫的学说，都产生于自我意志和反抗上帝。自由转化为自我意志，自由转化为强力。这是一个致命的过程。人精神的自由、宗教良心的自由被那些走自我意志之路的人所否定。

那些走自我意志和自我肯定之路的人，那些以自己的自由反对上帝的人，是不可能守护自由的，他们不可避免地践踏自由。他们必定否认人精神的优先地位，否认精神自由的优先地位。他们把自由出卖给必然王国，走向最大的强权。这是陀思妥耶夫斯基天才的预见之一。"我的出发点是无限自由，我的结论是无限专制"——希加廖夫这样说。事实上,革命的自由之道路总是如此。在伟大的法国革命中就完成了这样的从"极端的自由"到"极端的专制"的转变。自由,作为专断和自我意志,作为"没有上帝"的自由,不可能不产生"极端的专制"。这样的自由中包含了极大的强权。这样的自由中没有自由的保障。自我意志的造反导致否定生命的意义,否定真理。活生生的意义和活生生的真理被以自我意志建立起来的生活,被建立在社会的蚂蚁窝中的人的幸福所偷换。这是自由蜕化为"极端的专制"的过程。这一认识在陀思妥耶夫斯基的世界观中占有重要的位置。在俄罗斯左派知识分子的革命思想体系中,表面看来他们是如此地热爱自由,但陀思妥耶夫斯基却发现了"极端专制"的可能性。他第一个预见到了许多,并且比其他人要预见得远得多。他早已知道,他早已感觉到的地下的、俄罗斯深处岩层的革命不会带来自由。还是在《地下室手记》的主人公惊人的思想中就已经显露了在彼·韦尔霍文斯基、希加廖夫、大法官身上彻底揭示的东西。背叛了基督真理的人类,在自己的造反和自我意志中,必定走向希加廖夫、彼·韦尔霍文斯基、大法官的"极端专制"的制度——这一思想就像噩梦一样压迫和折磨着陀思妥耶夫斯基。他们的制度都是一样的制度。

其中都以人幸福的名义弃绝了人精神的自由。社会幸福论与自由相对立。如果没有真理，除了强制的社会幸福的组织，什么也不会剩下。正在进行的革命，不是以自由的名义，而是以"千百万幸福婴孩"的名义，是以那些原则的名义——在这些原则的名义下，宗教裁判所的篝火熊熊燃烧。人还担当不了精神自由的重负。他对充满苦难的自由之路感到恐怖。因此他拒绝自由，出卖自由，从它逃向强制地建立起来的人的幸福。这种对自由的否定始于自由无限地肯定自我意志。这就是致命的自由的辩证法。但如果虚假的自由转变为"极端的专制"，转变为完全的对自由的否定，那么虚假的平等必定导致前所未闻的不平等，导致有特权的少数对多数人的专制统治。陀思妥耶夫斯基总是认为，固守于绝对平等的思想的革命民主主义，在自己的最后阶段必定带来一小撮人对其他人的统治。希加廖夫的制度就是这样，大法官的制度也是这样。陀思妥耶夫斯基不止一次地回到《作家日记》中的这一思想。这个思想折磨着他，使他不得安宁。真理的自由和真理的平等只有在基督那里，在神人的路上才是可能的。在反基督的自我意志的路上，在人神的路上，等待着的只有空前的专制。沉迷于全体幸福、"没有上帝"的所有人的联合的思想,这其中包含着可怕的人的死亡的危险,取消人的精神自由的危险。这就是自由作为自我意志和造反的严重后果。自我意志和对世界秩序的反抗关上了人的意识通向自由思想的大门。于是,不承认永恒的**意义**的智慧所不能理解的精神自由开始从思想上被否定。"欧几里得的智慧"——陀思妥耶夫斯基爱用的一个表达——无力理解自由的思想,难以企及这一完全非理性的秘密。"欧几里得的智慧"反抗上帝是与否定自由、不理解自由联系在一起的。如果没有作为创世的最后秘密的自由,那么这个世界以及它的痛苦和磨难,连同它无辜备受折磨的人的眼泪就不能被接受,创造了那样可怕、丑陋的世界的上帝就不能被接受。人在自己的自我意志和造反中,在自己的"欧几里得的智慧"的反抗中,自以为他能够创造一个更好的世界,其中没有这样的罪恶,没有这些苦难,没有无辜婴孩的眼泪。这是以热爱善的名义反抗上帝的逻辑:上帝不能被接受,因为世界是如此糟糕,因为世界充满欺骗和不公正。这样一来,自由带来了反抗上帝、反抗世界。这里又一次揭示了自由致命的辩证法,揭示了自由内在的悲剧。造反的自由带来的是对自由思想本身的否定,带来的是不可能理解世界的秘密和上帝的自由世界的秘密。事实上,只有存在的基础是非理性自由这一秘密，那么上帝才可以被接受，世界才可以被接受，才可以坚守对世界意义的信仰。只有这样才可以理解世上恶的源头，才可以在恶的存在上为上帝辩护。世上之所以有如此多的恶与苦难，是因为世界的基础是自由。整个世界的价值和整个人的价值就在于自由。如果免除恶和苦难只能以否定自由为代价，世界就会被善和幸福所奴役，就会失去自己类上帝的东西。因为类上帝性首先是在自由之中。伊万·卡拉马佐夫反抗式的"欧几里得的智慧"想要创造一个不同于上帝创造的充满恶和苦难的世界，想要创造一个善和幸福的世界，但其中是不会有自由的，其中一切都会是强制的、理智的；从一开始，从第一天起就会是那个幸福的社会的蚂蚁窝，那个强制的和谐，那个"带有一副挑衅的和嘲笑的神情的绅士"要推翻的和谐。世界进程的悲剧不存在了，但随之与自由联系着的意义也不复存在。"欧几里得的智慧"只会创造一个绝对必须的世界，这个世界只能是绝对理智的世界。所有非理智的东西都会被取消。但上帝创造的世界具有"欧几里得的智慧"无法与之相提并论的**意义**。这一意义对于"欧几里得的智慧"来说是难以理解的秘密。"欧几里得的智慧"局限在三维空间。只有进入四维空间，上帝创造的世界的意义才可以被理解。自由是四维空间的真理。它在三维空间内不可能被理解。"欧几里得的智慧"无力解决自由的主题。在陀思妥耶夫斯基那里,所有宣告自我意志和造反的人都走向对自由的否定,因为他们的意识狭窄,局限在三维空间,其他世界对他们关闭了。造反始于自由,止于试图创造一个以唯一的必须性为基础的世界。

陀思妥耶夫斯基以其惊人的辩证的力量考察了造反的纯理性精神对于人的意识、造反的革命精神对于人类生活的致命后果。造反,始于无限的自由,却不可避免地走向必然性对思想的无限权力,走向对生活的无限专制。陀思妥耶夫斯基就是这样论证自己的惊人的神正论,同时也是人正论的。对上帝的责难永恒的只有一个,这就是,世界上存在恶。这个主题是陀思妥耶夫斯基的基本主题。他所有的创作都是在回答这一责难。我试着这样悖论地表达这一回答:**正因为世上存在恶与苦难,上帝才存在,恶的存在是上帝存在的证明。如果世界是绝对的善和幸福,那么就不需要上帝,那么世界就已经是上帝。上帝之所以存在,是因为存在恶。也就是说,上帝之所以存在,因为存在自由。**陀思妥耶夫斯基就是通过自由,通过人精神的自由证明了上帝的存在。他那里，那些否定精神自由的人，也否定上帝。反之亦然。强制的善和幸福的世界，在不可避免的必然性统治下的和谐的世界，将会是没有上帝的世界，将会是理智的机器。那些取消上帝和人精神自由的人渴望把世界变成那样一个理智的机器，变成那样一种强制的和谐。陀思妥耶夫斯基动态地，而不是静止地研究自由的主题。他的自由始终处于动态的运动之中，在运动中揭示其内在的矛盾，它从一种相位转变为另一种相位。因此对于思维静止和意识僵化的人来说，很难理解陀思妥耶夫斯基关于自由的伟大发现。他们仅仅要求"是"或"不是"，而这样的答案是不可能给出的。自由是人和世界悲剧的命运，是上帝本身的命运，它，作为存在原初的秘密，处于存在的核心。我们还将看到，陀思妥耶夫斯基自由的辩证法在《宗教大法官的传说》中达到了自己的顶峰，其中集中了所有的主题，联结了所有的线索。

第四章　恶

在陀思妥耶夫斯基那里，与自由主题相联系的是恶与罪的主题。没有自由，恶就是无法解释的；恶出现在自由的道路上。没有与自由的这一联系，就不存在对恶负责的问题。没有自由，上帝就要对恶负责。陀思妥耶夫斯基比任何人更深刻地明白，恶是自由的孩子；但他同样明白，没有自由就没有善，善同样是自由的孩子。生命的秘密、人命运的秘密就与此相关。自由——是非理性的，正因为如此，它创造善，同时也创造恶。但如果因为它可以产生恶，就拒绝自由，那将意味着产生更大的恶。因为，只有自由的善，才是善；受善诱惑而施行强迫和奴役，是反基督的恶。所有的谜、悖论和秘密就在于此。陀思妥耶夫斯基不仅为我们提出了诸多的谜,也努力为我们解开它们。在陀思妥耶夫斯基那里有一种独特的、与众不同的、可以诱惑许多人的对待恶的态度。因此,应当从根本上明白,他是怎样提出并解决恶的问题的。自由之路会转化为自我意志,自我意志会导致恶,恶会导致犯罪。犯罪的问题在陀思妥耶夫斯基的创作中占据了核心地位。他不仅是人学家,而且是独特的犯罪侦查学家。考察人性的防线和界限引发考察犯罪的本性。在犯罪之中,人突破了这些防线和界限。对犯罪的极大兴趣即来源于此。跨越了允许的界限的人遭遇并忍受着怎样的命运?由此在他的本性中又发生了哪些转变?陀思妥耶夫斯基揭示着犯罪的本体论的后果。结果表明,转化为自我意志的自由导致恶,恶导致犯罪,犯罪内在地不可避免地导致罚。在人性的最深处,罚注定等待着人。陀思妥耶夫斯基一生都在同对待恶的肤浅的、表面的态度作斗争。他的小说和《作家日记》中的文章充满了各种刑事犯罪的过程。这种对罪与罚的奇异的兴趣取决于,陀思妥耶夫斯基整个的精神气质反对以社会环境肤浅表面地解释恶和犯罪,并在此基础上否定罚。陀思妥耶夫斯基痛恨这种正面的、积极的人道主义理论。他在其中看到了对人性深度的否定,对人精神自由以及与自由相关的责任的否定。如果人只是外在社会环境消极被动的反射，如果他不是一种责任的存在，那么，就不存在人，也不存在上帝；不存在自由，也不存在恶与善。那样一种贬低人、拒绝人的优先地位的理论在陀思妥耶夫斯基身上引起的是愤恨。他不能心平气和地谈论在他的时代相当占优势的这样一种学说。他准备捍卫最严酷的惩罚，把它作为对自由应负有责任的存在之相应的属性。恶根植于人性的深处，根植于人非理性的自由中，根植于人脱离了神性的堕落中。恶有其内在的根源。严酷惩罚的拥护者比否定恶的人道主义者更深刻地看到了犯罪的本性，看到了人普遍的本性。以人的尊严的名义，以人的自由的名义，陀思妥耶夫斯基肯定了对各种犯罪的惩罚之不可避免性。这种惩罚需要的不是外在的法律，而是来自人自由的良心的最深处。人自己不能同这些观点妥协：他不对恶和犯罪负责，他不是自由的存在，不是精神，而是社会环境的反映。在陀思妥耶夫斯基的愤怒中，在他的残酷中，回荡着捍卫人的尊严、捍卫人的优先地位的声音。卸去人责任的重负，赋予人外在的条件，让他感觉自己是这些外在条件的玩偶，这有损于人作为自由的、负有责任的存在的尊严。陀思妥耶夫斯基所有的创作都揭发着这种对人性的污蔑。恶是人具有内在深度的标志。恶与个性联系在一起，只有个性才可以创造恶并对恶负责。无个性的力量不可能对恶负责，不可能成为恶的起源。陀思妥耶夫斯基对待恶的态度与他对待个性的态度，与他的人格论联系在一起。不负责任的人道主义否定恶，因为它否定个性。陀思妥耶夫斯基以人的名义同人道主义作斗争。如果存在人，存在深度空间的人的个性，那么，恶就有其内在的根源，它就不可能是外在环境偶然条件的产物。认为苦难之路可以赎罪、可以焚烧罪恶，这符合人最高的尊严，符合他上帝的儿子的身份。只有通过苦难人才可以上升，这一思想是陀思妥耶夫斯基的人学非常本质的特征。苦难是深度的标志。

陀思妥耶夫斯基对待恶的态度是极端悖论的。这一态度的复杂性使一些人怀疑这一态度是基督教式的。有一点可以肯定，陀思妥耶夫斯基对待恶的态度不是教条式的态度。陀思妥耶夫斯基想要**体验恶**，在这一点上，他是诺斯替教徒。恶就是恶。恶的本性——是内在的，是形而上的，而不是外在的、社会的。人，作为自由的存在，对恶负有责任。恶必定显露出自己的毫无价值，恶必定消失。陀思妥耶夫斯基热烈地揭露恶、焚烧恶。这是他对待恶的态度的一个方面。但恶还是人的道路,人悲剧的道路,是自由人的命运,是同样可以丰富人,带人走向更高的台阶的体验。在陀思妥耶夫斯基那里还有对待恶的态度的这另一面——内在地理解恶。自由之子而不是奴隶正是这样感受恶的。对恶的内在体验揭露着它的毫无价值;在这个体验中恶消失了,人走向光明。但这个真理是危险的,它存在于真正自由的和精神的成年人那里,它应当避开幼稚的人。正因为如此,陀思妥耶夫斯基会是一个危险的作家,需要在一种精神解放的氛围中阅读他。终究应当承认,没有一个作家像陀思妥耶夫斯基这样强有力地同恶、同黑暗作斗争。教义手册教条式的道德不可能回答他那些踏上恶之路的主人公的痛苦。恶不是从外部受惩罚,而是有着不可分割的内在后果。法律对罪的惩罚是罪人内在的命运。所有外在事物只是内在事物的表征。良心的痛苦对于人来说,比外在的国家法律的惩罚更可怕。被良心的痛苦击溃的人等待着惩罚,以此减轻自己的痛苦。国家——这个"冰冷的怪物",其法律与人的心灵毫无共同之处。在对米卡·卡拉马佐夫的侦查和诉讼中,陀思妥耶夫斯基揭露了国家法律的谎言。对于陀思妥耶夫斯基来说,人类的心灵比世界上所有的王国具有更大的意义。在这一点上,他是最深刻的基督徒。但心灵本身却寻求国家之剑,自己把自己置于其打击之下。罚是心灵内在道路的一个阶段。

只有奴隶和幼稚的人才会这样理解陀思妥耶夫斯基关于恶的论题:为了得到新的经验,丰富自己,需要走恶之路。依据陀思妥耶夫斯基的观点不可能建立起恶的进化论理论,按照此理论,恶只是善的进化中的一个阶段。被许多神智学家所捍卫的这样的进化论的乐观主义与陀思妥耶夫斯基的悲剧精神完全对立。他完全不是一个进化论者,对于进化论者来说,恶是善的不足或是善发展的阶段。对他来说,恶就是恶。恶应当在地狱之火中被焚烧,于是,他引领恶穿越这地狱之火。在这里,任何孩子式的游戏或恶的机巧都不可能。认为人可以有意识地走恶之路,为的是可以得到更多的满足,而随后可以在善中取得更大的成就——这是发疯了。这是完全不正常的意识状态。在这种论证中,没有内在的严肃性。就算悲剧式的恶的经验可以丰富人的精神世界,使其学识敏锐,就算没有回归到恶的经验之前的肤浅状态,但一旦走上恶之路,感受到恶的经验的人开始认为,恶丰富了他,恶只是善的阶段,是他上升的阶段,这时,他就是正在更深地向下坠落,正在瓦解和死亡,正在切断自己通向丰富和上升的道路。那样的人不会从恶的经验中学到任何东西,也已经不会上升。只有揭露恶,只有由恶带来的伟大的痛苦可以把人提升到一个更高的高度。恶之中的自我满足即是死亡。陀思妥耶夫斯基揭示的正是,心灵怎样地忍受着由恶带来的痛苦,心灵怎样在自身揭示着恶。恶是人的悲剧道路,是人的命运,是人自由的体验。但恶不是善进化必需的阶段。恶是悖论的。而乐观的进化论对恶的理解,是理性地取消这一悖论。因恶的经验,人可以丰富起来,可以使意识更为敏锐,但为此需要经历磨难,需要经受死亡的恐惧,需要揭示恶,需要让恶经历地狱之火,需要赎自己的罪。恶与痛苦联系在一起,所以必定把人引向赎罪。陀思妥耶夫斯基相信苦难之赎罪与复活的力量。对于他来说,生命首先是通过苦难来赎自己的罪。因此,自由不可避免地与赎罪联系在一起。自由把人带到了恶之路上。恶是自由的体验。恶必定带来赎罪。由自由产生的恶毁灭了自由,转化为自己的反面。赎罪恢复人的自由,还人以自由。因此,赎罪者基督就是自由。在自己所有的小说中陀思妥耶夫斯基引领人走过这个精神过程,走过自由、恶和赎罪。

佐西马长老和阿廖沙被他塑造成认识了恶并走向更高境界的人。在阿廖沙身上有着卡拉马佐夫家族的元素，哥哥伊万在他身上看出了这一点，格鲁申卡也看出了这一点。他本人在自己身上也感觉到了它们。按照陀思妥耶夫斯基的构思，阿廖沙应该是一个经过了自由体验的人，陀思妥耶夫斯基就是这样理解人的命运的。罪的问题是是否一切都允许的问题。一切都允许吗？这一问题总是折磨着陀思妥耶夫斯基。这一问题在他面前呈现出层出不穷的新的形式。《罪与罚》写的是这一问题，在相当程度上《群魔》和《卡拉马佐夫兄弟》写的也是这一问题。这一问题又成为人的自由体验的问题。当人走上自由之路，一个问题就摆在了人面前：人的天性中有没有道德界限，人是否敢于做任何事情。而已经转化为自我意志的自由已经不想承认任何神圣的东西、任何限制。可是，如果没有上帝，如果人本身就是上帝，那么，一切都是允许的。于是，人体验自己的力量、自己的强大、自己成为人神的使命。人被某种"思想"所控制，在这种控制中他的自由开始消失，他成为某种异己的力量的奴隶。这一过程被陀思妥耶夫斯基天才地表现出来。在自己的自我意志中不知道自由界限的人就会失去自由，就会成为被"思想"控制、受它奴役的人。拉斯柯尔尼科夫就是这样的人。他给人的印象完全不是一个自由的人。他——一个狂人，着迷于虚假的"思想"。他没有道德自律，因为道德自律使人自我净化、自我解放。拉斯柯尔尼科夫的"思想"是什么？陀思妥耶夫斯基的所有主人公都有自己的"思想"。拉斯柯尔尼科夫体验着自己本性的限度、普遍人性的限度。他认为自己是人类中被拣选的那部分人，而不是普通的人，他属于优秀人物，肩负着使人类幸福的使命。他认为，一切都可以做。于是想检验一下自己的实力。这样，在具有这一意识——这种意识被陀思妥耶夫斯基简化为最简单的原则——的人面前就出现了一个道德提问：不平凡的人，肩负着为人类服务的使命的人，可不可以杀死最无足轻重、最丑陋的人类存在、可憎的老太婆、高利贷者——她除了恶，什么也不能给人带来，为的是以此为自己开辟通向未来的、使全人类幸福的道路。这允许吗？《罪与罚》以惊人的力量表明，这是不允许的，这样的人从精神上杀死了自己。在经历了内在的艰难体验后，经验表明，不是一切都允许的，因为人类是按照上帝的形象被造的，因此，所有的人都具有绝对的意义。人具有的精神性不允许以自我意志杀死哪怕最坏的、最罪恶的人。人以自我意志消灭另一个人,他也就消灭了自己;他就不复是人,就失去了自己人的形象,他的个性就开始瓦解。任何"思想",任何"崇高的"目的都不能为对待即使最罪恶的人的那样一种态度辩护。"眼前的"比"遥远的"更珍贵;所有的人类生命,所有的人类心灵比未来人类的幸福,比抽象的"思想"更珍贵。这就是基督教的意识,陀思妥耶夫斯基揭示了这一点。一个自认为自己是拿破仑、是伟人、是人神的人,在越过具有类上帝的人性所允许的界限之后,却坠落到深渊;结果,他确信他不是超人,而只是一个无力的、低级的、心脏会跳动的生物。拉斯柯尔尼科夫意识到了自己的完全无力,自己的微不足道。体验自己自由的极限和自己的力量导致了可怕的后果。拉斯柯尔尼科夫杀死的不是微不足道的和罪恶的老太婆,而是自己。"犯罪"之后——这本是一次纯洁的实验——他失去了自由,被自己的无力压垮。他已经没有了骄傲的意识。他明白了,杀死一个人轻而易举,这个实验并不困难,但它不能给人以任何力量,反而使人失去精神力量。任何"伟大的""非凡的"世界的意义(按照他的说法)也没有因拉斯柯尔尼科夫杀死放高利贷的老太婆而产生。他被发生的微不足道的事件所击溃。永恒的法,行使了自己的权力,他受到了它的制裁。基督来不是破坏,而是执行法律。《新约》带来的自由,不是反抗《旧约》,而是打开一个更高的世界。因此,拉斯柯尔尼科夫必定受不可更改的《旧约》法典效力的约束。那些曾是真正伟大的和天才的人,那些为整个人类作出了伟大业绩的人并没有这样做,他们并不认为自己是一切都被许可的超人,他们献祭般地为超人服务,正因为如此,他们才能够给予人类更多东西。拉斯柯尔尼科夫首先是一个分裂的人、内省的人。他的自由已经被内在的疾病所战胜。真正伟大的人不是这样,他们具有完整性。陀思妥耶夫斯基表明了超人类的奢望的虚伪。可以看出,虚伪的超人类思想杀死了人,对无限力量的奢望是软弱和无能的表现。所有这些现代人的对超人的强大的奢望都是毫无意义的和可怜的,这些奢望把人抛进非人的软弱之中,并以此告终。道德和宗教良心的本性是永恒的。良心的痛苦不仅可以减轻罪行,而且可以减轻人在他虚伪地奢望强大上显示出来的软弱无力。拉斯柯尔尼科夫良心的痛苦不仅表明他僭越了允许的界限,而且表明了他的软弱和微不足道。

拉斯柯尔尼科夫主题已经标志着人道主义的危机、人道主义道德的终结危机和人的自我肯定导致的人的毁灭。

希望成为超人和超人类,希望有更高级的人的道德,这意味着人道主义的过时和终结。对于拉斯柯尔尼科夫已经不存在人道,他对待人的态度残忍而无情。人,活生生的、受苦受难的具体的人的存在,必定成为超人"思想"的牺牲品。以"遥远的"名义,非人的"遥远的"名义,可以对"眼前的",对人为所欲为。陀思妥耶夫斯基本人信奉对"眼前的"爱的宗教,揭露对"遥远的"、非人的、超人的爱的宗教的谎言。是有一个"遥远的"存在,**他**留遗训教导爱"眼前的",这是上帝。但上帝的思想是唯一的不取消人,不把人变成简单的手段和工具的超人的思想。上帝通过**自己的儿子**敞开自己。**他**的儿子——是完善的上帝和完善的人。神-人,其中完全融合了神的和人的东西。其他各种超人思想都取消人,把人变成手段和工具。人神思想带给人的是死亡。这一点透过尼采的例子就可以看到。陀思妥耶夫斯基考察人沉迷于其中的人神思想的各种形式——个人主义的和集体主义的——致命的后果。这里,人道的王国终结了,这里,将不再有对人的同情。人道曾是基督教关于人的真理的反映。但彻底背弃这一真理,就取消了对人的人道态度。结果,以超人的伟大名义,以未来的遥远的人类幸福的名义,以全世界革命的名义,以一个人的无限自由或所有人的无限平等的名义,可以折磨或扼杀所有的人、不计其数的人,把所有的人变成实现伟大"思想"、伟大目的简单的工具;以超人的无限的自由(极端的个人主义)的名义,或以人类的无限的平等(极端的集体主义)的名义,一切都被许可了。"人的自我意志"应当享有,按它的说法,实现人类生活平等的权力和支配人类自己的权力。人的生命不属于上帝,对人的最后裁判不属于上帝。自命拥有超人"思想"的人肩负起了这一切,但他的裁判没有怜悯,没有神性,也没有人性。陀思妥耶夫斯基深刻考察了以极端的个人主义和极端的集体主义为形式的这一致命的人的自我意志的道路,并揭露了他们迷人的谎言。拉斯柯尔尼科夫——沉迷于这样的虚假的思想的人之一。按照自己的意志和臆断,他自行解决能否以自己"思想"的名义杀死哪怕最坏的人的问题。但这一问题的解决不属于人,而属于上帝。上帝是唯一最高的"思想"。不服从于**最高意志**而解决这一问题的人就会杀死他人,同时也杀死自己。《罪与罚》的意义就在于此。

接着,在《群魔》中陀思妥耶夫斯基更深入地考察了人具有犯罪倾向的自我意志的道路。在那里揭示了人沉迷于无神论的个人主义思想和无神论的集体主义思想的严重后果。彼·韦尔霍文斯基沉迷于虚假的思想而失去人的形象。与拉斯柯尔尼科夫相比,这里人的毁灭已经走得更远了。彼·韦尔霍文斯基在一切事情上都是自由的。他认为,以自己"思想"的名义,一切都是允许的。对于他来说,已经不存在人,他自己也不再是人。我们已经从人的王国走进了一个骇人的、非人的环境。人性中产生了道德上的白痴,失去了善与恶的一切标准。形成了一种骇人的氛围,充满了血腥和杀戮。沙托夫的被杀令人震惊。在《群魔》展示的画面中有某种先知的、预言的东西。陀思妥耶夫斯基第一个洞悉了那种众所周知的思想必然带来的后果。他比弗·索洛维约夫的洞见更为深刻。弗·索洛维约夫曾尖锐地分析了俄罗斯的虚无主义者,并给出一个公式:人是从猴子变来的,因而我们将彼此相爱。不,如果人不是上帝的形象,而是猴子的形象,那么将不是彼此相爱,而是彼此杀戮,将允许自己所有的杀人行为、所有的残酷。那时一切都将被允许。陀思妥耶夫斯基展示了"思想"本身、最终目的本身的转化和蜕变,而它们最初都是多么崇高而迷人。这一"思想"是丑陋的、无意义的、残无人性的,其中自由转化为极端专制,平等转化为可怕的不平等,人的神化转化为消灭人性。彼·韦尔霍文斯基——陀思妥耶夫斯基笔下最丑陋的形象之一，在他身上，人的良心——在拉斯柯尔尼科夫身上还存在的良心，已经彻底粉碎。他已经不会忏悔，已经疯狂到了极点。因此，他属于陀思妥耶夫斯基笔下的那一类形象，这些人已经不再有未来的人的命运，这些人已经从人的王国坠落到虚无。这是——麦秸。斯维德里盖洛夫、费奥多尔·巴甫洛维奇·卡拉马佐夫、斯麦尔佳科夫、永久的丈夫，就是这样的人。不过，拉斯柯尔尼科夫、斯塔夫罗金、基里洛夫、韦尔西洛夫、伊万·卡拉马佐夫还有未来，尽管从经验上讲他们已经死亡，但他们还有人的命运。

　　陀思妥耶夫斯基考察和揭示了至今还没有洞悉的深处中的良心的痛苦和忏悔。他发现了在人的最深处，在人隐秘的念头中倾向于犯罪的意志；而良心的痛苦，就是在人没有犯任何看得见的罪行的时候，也折磨着人的心灵。人时常揭发自己，即便犯罪的意志并没有转变为任何行动。不仅国家的法律，就是社会舆论的道德法庭也没有触及人犯罪的最深层。而人了解自己更可怕的东西，认为自己理应受到更严酷的惩罚。人的良心比冰冷的国家的法律更为无情，它要求于人的更多。我们不只是在用枪炮或冰冷的武器结束人的肉体生命时才是杀死我们的同类。

其实,很少被我们意识到的那些隐秘的念头——倾向于否定我们同类的存在的隐秘的念头,这已经是在精神中杀人。人要为此负责;还有,所有的仇恨已经是杀人。所以,我们都是杀人犯和罪人,尽管国家法律和社会舆论认为我们在这方面无可指责,不应受到任何惩罚。但尽管我们从内心深处、从潜意识层面多少次为这种行凶赎罪,可我们的意志又是怎样经常地倾向于诽谤和消灭我们同类的生命。我们中的许多人在自己隐秘的心灵中都曾希望自己的同类死亡。犯罪就始于这些隐秘的念头和愿望。在陀思妥耶夫斯基那里,良心的活动被表现得异常深刻而细腻,它揭发着逃脱了国家的和人类的法庭的各种惩罚的罪行。伊万·卡拉马佐夫并没有杀死自己的父亲费奥多尔·巴甫洛维奇,杀死他的是斯麦尔佳科夫。但伊万·卡拉马佐夫却为杀死父亲的罪行而惩罚自己。良心的痛苦使他疯了。他达到了个性分裂的极限。他内在的恶出现在他面前,就像他的另一个"我",折磨着他。在自己隐秘的念头中,在潜意识层面,伊万希望自己的父亲费奥多尔·巴甫洛维奇,一个不道德的、丑陋的人死。他本人也总是谈论"一切都是允许的"。怂恿斯麦尔佳科夫,鼓励他的犯罪意志,坚定了它。他——是父亲被杀的精神肇事者。斯麦尔佳科夫——是伊万第二，是他最低级的"我"。无论是国家的法庭，还是社会舆论的法庭，在任何方面也没有怀疑伊万，没有判伊万有罪，它们还没有达到如此的深度。但他自己却备受良心痛苦的煎熬，心灵因此在地狱之火中燃烧，其心智受尽折磨。虚假的、不信上帝的"思想"把他引向那些隐秘的思想，它们为杀害父亲寻找各种理由辩护。如果他是还有自己命运的人，那么，他必定经历激烈的忏悔，经历疯癫。还有米卡·卡拉马佐夫，他没有杀害自己的父亲，也陷入了残酷的不公正的人类法庭的审判中。但他也说："那样的人活着干什么?"他是以这种方式在自己精神深处完成了弑父。于是，他接受了不应有的、不公正的、冷酷的法律的惩罚，借此赎自己的罪。《卡拉马佐夫兄弟》中所有心理上的弑父都有极其深刻的、浓缩的象征意义。人不信上帝的自我意志必定导致弑父，导致否定父名。革命永远是弑父。伊万·卡拉马佐夫与他的另一个低级的"我"——斯麦尔佳科夫之间关系的塑造是陀思妥耶夫斯基最天才的篇章。自我意志之路，拒绝敬仰超人之路必然导致出现斯麦尔佳科夫这一形象。斯麦尔佳科夫的结局就是等待着人的可怕的惩罚。骇人的、丑陋的斯麦尔佳科夫之漫画就是成为人神之希望破灭的象征。

在这条路上,斯麦尔佳科夫必定胜利,伊万必定发疯。我们在斯塔夫罗金对待自己的妻子跛脚女人的死的态度中,也看到了对隐秘念头中的犯罪的揭露,尽管这只是一种纵容。费季卡·卡托尔施尼克——跛脚女人之死的肇事者,认为自己是受斯塔夫罗金的怂恿,就像他的代理人。斯塔夫罗金也感到了自己的罪孽。陀思妥耶夫斯基就是在这样一个深度上来探讨恶与罪的问题的。

陀思妥耶夫斯基在《作家日记》中关于不死这样写道:"没有'崇高的思想'就不存在人,也不存在民族。而地上崇高的思想只有一个,这就是——关于人类灵魂永生的思想,因为生活中所有其他'崇高的思想'——人之为人的思想,都是从这一思想中衍生出来的。""在失去永生的思想时自杀,对于每一个人来说是完全不可避免的必然性,只要他自己的水平比牲畜高出一点点。""永生的思想——对于人类来说,这是生命本身,是活生生的生命,是人类真理和正确意识的最终公式和主要源泉。"陀思妥耶夫斯基有一个核心的思想,即如果不存在永生,一切都是允许的。恶的问题和罪的问题对于陀思妥耶夫斯基来说与永生的问题联系在一起。怎样理解这之间的联系?陀思妥耶夫斯基的这一思想不意味着他关于恶与罪的问题有一个肤浅的、简单的和功利主义的前提。他不是想借此说，人可以因恶和罪得到惩罚而获得永生，可以因善而得到奖赏。那样一种简单的天国的功利主义于他是格格不入的。陀思妥耶夫斯基想说，所有的人和人的生命，只要是一个不死的存在，只要在这一情形下，就具有绝对的意义，就不容许为了某种思想或利益像对待工具那样对待他。否定人的永生，对于陀思妥耶夫斯基来说，就等于否定人。要么，人——是不死的精神，具有永恒的命运，要么，人——是一个短暂的经验的现象，自然和社会环境消极的产物。在第二种情形下，人不具有绝对的价值，不存在恶与罪。陀思妥耶夫斯基捍卫人不死的灵魂。不死的灵魂，同样也是自由的灵魂，具有永恒的绝对的价值。但它同样是负有责任的灵魂。承认内在恶的存在和对恶的责任，就意味着承认存在人真正的个性。恶与个体存在、与人的个性联系在一起。但个体存在是永生的存在。毁灭永生的个体存在是恶。肯定永生的个体存在是善。否定永生就是否定存在着善与恶。如果人不是永生的和自由的个体存在，一切就都是允许的，那样，人就不具有绝对意义；那样，人就对恶不负有责任。陀思妥耶夫斯基道德观的核心，是承认所有人存在的绝对意义。最罪恶的人的生命及其命运在永恒面前也具有绝对的意义,这同样是永恒的生命和永恒的命运。因此,毁灭任何一个人的存在都应该受到惩罚。在每一个人的存在中,都应该尊重上帝的形象。就是在最堕落的人的存在中依然保留着上帝的形象。陀思妥耶夫斯基的道德激情就在于此。不仅"遥远的"——崇高的"思想",不仅"超凡的"人们,如拉斯柯尔尼科夫、斯塔夫罗金、伊万·卡拉马佐夫,具有绝对的意义,而且"眼前的",如马尔梅拉多夫、列比亚德金、斯涅吉辽夫,或者是令人厌恶的放高利贷的老太婆——都具有绝对的意义。杀人的人也杀死了自己,否定别人的不死和永恒的人也否定了自己的不死和永恒。这就是陀思妥耶夫斯基道德的辩证法,无可辩驳的纯粹基督教的辩证法。不是功利主义的对惩罚的恐惧必然阻止犯罪和杀戮,而是人的不死的本质否定犯罪和杀戮。人类的良心是人永生的标志。

陀思妥耶夫斯基对待苦难的态度是双重性的。这个双重性,不是一下子可以理解的,它使两种关于陀思妥耶夫斯基的评论——最具同情心的作家和最残酷的作家——都找到了证据。陀思妥耶夫斯基的创作渗透着对人无限的同情。陀思妥耶夫斯基教导人们怜悯和同情。

在这一点上,没有谁可以与他相提并论,没有一个人如此为人类无尽的苦难而悲伤。陀思妥耶夫斯基的心永远滴着血。他曾经有机会了解苦役,生活在苦役犯中间,因此,他一生都在上帝面前为人鸣不平。无辜孩子的苦难比一切都更震惊和刺痛他的良心。为婴孩的眼泪辩护,对于他来说,使人正论成为可能。他深刻地理解人对世界秩序的反抗,这一世界秩序是以可怕的痛苦、孩子们无辜痛苦的眼泪为代价换来的。他整个就是从无限的同情中走来的。通过阿廖沙之口他回答了伊万的问题:他是否同意"建造那样一座人类命运的大厦,其目的是使人最终得到幸福,给他们以和平与安宁,如果为此必须,而且不可避免地要面对使那么小的一个小人儿、那个最小的婴孩小拳头捶着胸地痛苦,在他擦不干的眼泪上建造这座大厦"。"不,要是那样,是不会同意的。"陀思妥耶夫斯基一生都在问,就像米卡在梦中的问题:"为什么那些遭火灾的母亲无家可归?为什么人们这么贫穷?为什么娃娃们如此不幸?为什么草原上一片荒芜?为什么他们不拥抱亲吻?为什么人们不唱欢乐的歌?为什么他们遭灾之后脸色阴暗?为什么他们不哺乳娃娃?"但陀思妥耶夫斯基绝不是所谓的多愁善感、过分殷勤和异常软弱的人道主义者。他不仅鼓吹同情,还鼓吹苦难。他号召人们去经受苦难,并相信苦难的赎罪的力量。人——是负有责任的存在。所以人的苦难不是无缘无故的苦难。苦难与恶联系在一起。而恶与自由联系在一起。因此自由导致苦难。自由之路就是苦难之路。于是总是有那么一种诱惑,剥夺人的自由,以解脱人的苦难。陀思妥耶夫斯基是自由的卫士,因此他宁愿把人的苦难作为自由不可避免的后果来接受。陀思妥耶夫斯基的残酷就是与这彻底地接受自由联系在一起。大法官的话也可以用在他本人身上:"你拿了那些不同寻常、捉摸不定、含糊不清的东西来,拿了那些人们担当不了的东西来,因此,你这样做,似乎你根本就不爱他们。"这个"不同寻常、捉摸不定、含糊不清的东西"与人非理性的自由相关。陀思妥耶夫斯基在苦难中看到了人更高的价值,看到了自由的存在。苦难是恶的后果,但在苦难之中焚烧着恶。陀思妥耶夫斯基在自己的创作中引领人走过炼狱和地狱,把人领到天堂的门前。但天堂没有像地狱那样被有力地揭示。

自由之路引导人走上恶之路。恶之路使人分裂。陀思妥耶夫斯基是表现分裂的天才大师。正是在这里,他有真正的发现。这些发现令心理学家和精神病学家为之震惊。伟大的艺术家比学者的发现更多,更早。无限的、空虚的、转化为自我意志的自由,丑陋的、无神论的自由不能完成拣选之举,它走向了反面。因此人一分为二了,形成了两个"我",个性分裂了。陀思妥耶夫斯基所有的主人公都是这样双重的、分裂的人——拉斯柯尔尼科夫,斯塔夫罗金,韦尔西洛夫,伊万·卡拉马佐夫。他们失去了个性的价值,他们的行动像两个生命。在分裂的极点,人的另一个"我",他内在的恶,像魔鬼,被分离出来,被人格化。这个分裂的极点,陀思妥耶夫斯基在伊万·卡拉马佐夫的噩梦中,在他与魔鬼的对话中,以惊人的天才表现出来。伊万对魔鬼说:"你是我的化身,不过,只是我的一面……我的思想,我的情感的一面,而且是最龌龊、最愚蠢的一面。""你——就是我本人,那个我,只是戴着另一副面具。""你不是你自己,你——是我,你就是我,别的什么也不是。你——是败类,你——是我的幻想。"这里,陀思妥耶夫斯基的魔鬼已经不是一双火红色的翅膀闪着红光、雷鸣电闪的、非常美丽的、诱惑人的恶魔。这是一个阴暗的、鄙俗的先生,有一颗奴才的心,希望变成"七普特重的商人太太"。这是一个无个性的灵魂,窥视着人。恶的最后极限——鄙俗下流,精神贫乏,无个性。伊万·卡拉马佐夫身上的恶是斯麦尔佳科夫的原点。清醒的思想妨碍魔鬼接受基督并高喊"和散那"。伊万·卡拉马佐夫的"欧几里得的智慧"非常类似这个清醒的思想。"欧几里得的智慧"的论点也与魔鬼的论点吻合。在陀思妥耶夫斯基的所有分裂的人身上都有这个魔鬼，尽管在他们身上没有在伊万身上表现得如此突出。分裂的人的第二个"我"是无个性的灵魂，是他们个体存在的死亡。在这第二个"我"中揭示着空虚的、无目的的自由，无个性的自由。"索多玛"的理想是"生命的幻影"，是无个性的诱惑。斯维德里盖洛夫完全献身于索多玛的理想，成为彻底的幻影。作为个体，他已经不存在，他显示了恶的内在的精神贫乏。只有在完美的第二自由中，在真理的自由中，在基督的自由中才可以拯救分裂。为了不再分裂，为了魔鬼的噩梦消失，需要完成最终的拣选，拣选真正的存在。在陀思妥耶夫斯基那里，爱也经历了这一分裂。这一元素在爱中也被揭示着。

第五章　爱

　　陀思妥耶夫斯基所有的创作都充满了炽热和激烈的爱。一切都发生在紧张的爱欲氛围之中。他发现了俄罗斯的自然本能中情欲和性欲两个元素。在其他俄罗斯作家那里没有类似的东西。这种在我们的鞭身教①中发现的民族的天性，也被陀思妥耶夫斯基在我们的知识分子阶层中找到了。这是狄奥尼索斯元素。陀思妥耶夫斯基的爱是独特的酒神的爱。它撕裂、折磨着人。在陀思妥耶夫斯基那里，人的道路是受苦受难的道路。在他那里，爱就像

---

　　① 鞭身教亦称信基督派，精神基督派的一支。十七世纪产生于俄国，认为能与"圣灵"直接交往，神能在虔诚的信教徒身上显现为"基督"和"圣母"。该派信徒在狂跳中使自己神魂颠倒。

火山熔岩的喷发，是人之情欲本性的强烈迸发。这个爱没有法律，也没有形式。在爱中显示出人性的深度。爱中的一切事件皆起因于情欲的骚动不安，陀思妥耶夫斯基作品中一切事件也无不如此。这是吞噬一切的火，是火的运动。这个火龙也可以转化为冰一般寒冷。有时爱恋中的人让我们觉得像座熄灭的火山。俄罗斯文学中没有西欧文学的那些光彩夺目的爱情形象。我们没有任何类似游吟诗人的爱情，没有特里斯坦与伊索尔德①、但丁与贝雅特丽采、罗密欧与朱丽叶式的爱情。男女之爱，对女人对爱情的崇拜，是欧洲基督教文化绚丽的奇葩。我们没有骑士精神，我们没有游吟诗人，这是我们精神的残缺。俄罗斯的爱情中有某种沉重的、痛苦的、阴暗的和常常是畸形的东西。我们没有真正的浪漫主义的爱情。浪漫主义是西欧的现象。在陀思妥耶夫斯基的创作中爱情占据了重要的地位，但这不是独立的地位；爱不具有自身的价值，不具有自身的形象，它仅仅揭示人的悲剧之路，是人的自由体验。在这里，爱情的位置完全不同于普希金的塔吉雅娜和

①　特里斯坦与伊索尔德是中古时期克尔特人的传说中的人物。十二世纪有叙事诗《特里斯坦与伊索尔德》。瓦格纳有歌剧《特里斯坦与伊索尔德》。还有其他该题材的各类作品。

托尔斯泰的安娜·卡列尼娜的爱情的位置。这里的女性因素完全是另外一种状况。女人在陀思妥耶夫斯基的创作中没有独立地位。陀思妥耶夫斯基的人学是绝对的男人的人学。我们看到,陀思妥耶夫斯基对女人的关注,完全是把女人作为男人命运中的因素,作为人的道路上的因素来关注的。人的灵魂首先是男人的灵魂。女性因素只是男人精神悲剧的内在主题、内在诱惑。陀思妥耶夫斯基给我们塑造了什么样的爱情形象呢?是梅什金和罗果仁对娜斯塔霞·菲里波夫娜的爱,是米卡·卡拉马佐夫对格鲁申卡的爱,是韦尔西洛夫对卡捷琳娜·尼古拉耶夫娜的爱,是斯塔夫罗金对许多女人的爱。这里,任何地方也没有美好的爱情形象,任何地方也没有具有独立意义的女性形象。总是男人的悲剧命运在折磨着人。女人只是男人的内在悲剧。

陀思妥耶夫斯基揭示了令人绝望的爱的悲剧因素,揭示了在生活道路上不能实现的爱。他那里的爱情正如丘特切夫所描写的:

啊,我们的爱具有怎样的毁灭性,

在那狂暴的盲目的情欲中,

我们更像是在杀死

我们最心爱的人。①

　　陀思妥耶夫斯基那里没有任何迷人的爱情、任何美好
的家庭生活。他选取的是那些生活的整个根基都动摇了
的人。他揭示给我们的不是真正使人联结与融合的崇高
的爱情。婚姻的最高境界没有被实现。爱是人绝对的悲
剧,是人的分裂。爱是更高层次上的激情的源泉,它使整
个氛围极度紧张并掀起风暴;但爱不是成就,在爱中得不
到任何东西。它引诱人走向死亡。陀思妥耶夫斯基揭示
的爱是人自我意志的表现。它分裂人性。因此爱情什么
时候都不是结合,也不引向结合。陀思妥耶夫斯基的创作
只有一个主题——人悲剧的命运,人自由的命运。爱情只
是这一命运的一个因素而已。但命运只是拉斯柯尔尼科
夫、斯塔夫罗金、基里洛夫、梅什金、韦尔西洛夫、卡拉马佐
夫家族的伊万、德米特里和阿廖沙的命运,而不是娜斯塔
霞·菲里波夫娜、阿格拉雅、丽莎、叶里扎维塔·尼古拉耶
夫娜、格鲁申卡和卡捷琳娜·尼古拉耶夫娜的命运。这是

---

　　① 　引自丘特切夫的诗《我们的爱具有怎样的毁灭性》(1851)。

男人的命运。女人只是这一命运中碰到的难题,陀思妥耶夫斯基对她本身并不感兴趣,她只是男人命运的内在现象。在陀思妥耶夫斯基那里找不到对永恒女性的崇拜。他对湿润的大地-母亲,对圣母独特的态度,与他的女性形象和所描写的爱情没有任何联系。只是在跛脚女人这一形象上似乎显露出些许东西;但人们往往把这一点也过于夸大其词了。陀思妥耶夫斯基感兴趣的是斯塔夫罗金,而不是跛脚女人。她只是他的命运。在自己的创作中,陀思妥耶夫斯基揭示了男人的精神的悲剧道路,这对于他也就是人的道路。女人在这条道路上起着重要的作用,但女人只是男人的诱惑和欲望。在陀思妥耶夫斯基那里没有任何类似于托尔斯泰在其女性形象安娜·卡列尼娜和娜塔莎身上倾注的热情。安娜·卡列尼娜不仅有独立的生活,她还是主要的中心人物。娜斯塔霞·菲里波夫娜和格鲁申卡只是男人的命运深陷其中的一种自然力量,她们没有自己个人的命运。陀思妥耶夫斯基感兴趣的是梅什金和罗果仁的命运,而娜斯塔霞·菲里波夫娜只是这一命运的实现。他不能与娜斯塔霞·菲里波夫娜共生,像托尔斯泰与安娜·卡列尼娜共生那样。女人这一地狱使陀思妥耶夫斯基感兴趣,但只是把她作为引起男人的欲望和男人的个性分裂的一种自然力量。男人是自我封闭的,他没有走出自身,走入另一个女性的存在。女人只是男人清算自己的见证,只是用来解决自己的、男人的、人的问题的。对于陀思妥耶夫斯基来说,人的命运就是个性,就是人身上的个性元素。但这一个性元素主要是男性元素。因此,陀思妥耶夫斯基对男人的心灵有极其强烈的兴趣,而对女人的心灵则兴味索然。依据女人的心灵史无法观察人性的命运,因此,女人只能作为男人的命运(主要是个性的命运)在其中展现的一种自然力量和一种氛围而引起关注。在陀思妥耶夫斯基那里,男人被对女人的欲望所束缚,但这似乎依然是男人自己的事情,是男人的欲望本性的事情;在陀思妥耶夫斯基那里,男人从来不与女性结合在一起。陀思妥耶夫斯基的女性之所以是如此的歇斯底里,如此的狂暴,正是因为她由于不能与男性结合而注定毁灭。陀思妥耶夫斯基确信爱的毫无出路的悲剧。陀思妥耶夫斯基从来没有给我们揭示不分雌雄的人性。他的人总是分裂的男人,没有自己的索菲亚,没有自己的玛利亚。陀思妥耶夫斯基没有充分意识到,人性是不分雌雄的,就像伟大的神秘主义者雅·伯麦和其他人所揭示的那样。在他那里深刻地提出了一个主题——女性是人的命运,但他本人依然切断了与女性的联系,他深刻认识到的只是一个分裂的人,人对于他只是男性,而不是雌雄两性。

在男人精神的悲剧中,女人意味着分裂。性爱、欲望意味着人性完整性的丧失。因此欲望是不纯洁,纯洁是完整,淫荡是破碎。陀思妥耶夫斯基让人经历所有层面的分裂。他那里的爱分裂为两个本原。他那里的人通常爱两个人。双重的爱和爱中的双重性被他以非同寻常的力量表现出来。他揭示了爱的两个本原,两种自然力量,两个深渊,人跌入其中——淫欲的深渊和同情的深渊。在陀思妥耶夫斯基那里,爱总是走到极限,它因疯狂的淫欲,也因疯狂的同情而耗尽。陀思妥耶夫斯基只对揭示这些自然本能的爱的极限感兴趣,对有分寸的爱不感兴趣,因为他进行的是人性的试验,他要把人放在非常的条件下,研究人的深度。在陀思妥耶夫斯基那里,爱总是分裂的,爱的对象是分裂。从没有唯一的、完整的爱。在人自我意志的道路上注定如此。人的本质在这一分裂中受到了损害,人性遭受着失去本身的完整性的威胁。没有界限的性欲的爱和同情的爱不属于任何更高的东西,它们同样可以焚烧人,使人化为灰烬。在同情的深处,陀思妥耶夫斯基发现了独特的性欲。非完整的、分裂的人的欲望转化为疯狂,而疯狂也不能阻止分裂和破碎。人依然如故,依然处于分裂之中。他把自己的分裂带入爱中,而爱在自己两极的对立中走向死亡。没有实现结合,没有形成完整,没有战胜分裂。无论是极端的性欲,还是极端的同情,都没有把相爱的人结合在一起。人依然是孤独的。陷入两种对立的欲望中的人耗尽了自己所有的力量。在陀思妥耶夫斯基那里,爱总是着魔般的,它释放出一种疯狂,使整个周围环境紧张到了白热化地步。疯狂的不仅是相爱的人,还有周围所有的人。韦尔西洛夫对卡捷琳娜·尼古拉耶夫娜疯狂的爱营造了一种疯狂的氛围,它使一切都处于极度紧张之中。连接梅什金、罗果仁、娜斯塔霞·菲里波夫娜和阿格拉雅的爱情线索,也使整个气氛极度紧张。斯塔夫罗金和丽莎的爱掀起了恶魔般的风暴。米卡·卡拉马佐夫、伊万、格鲁申卡和卡捷琳娜·伊万诺夫娜的爱导致犯罪和疯狂。无论何时,无论何处,爱找不到自己的港湾,也带不来快乐的结合。没有爱的霞光。到处揭示着爱的艰难、爱的黑暗的否定因素和爱的痛苦。爱不能战胜分裂,反而加剧分裂。两个女人,就像两种苦难的自然力量,永远为爱进行着无情的斗争,毁灭着自己,也毁灭着别人。

《白痴》中的娜斯塔霞·菲里波夫娜和阿格拉雅,《卡拉马佐夫兄弟》中的格鲁申卡和卡捷琳娜·伊万诺夫娜之间的冲突就是如此。在这些女人的斗争与厮杀中有某种莫名的同情。《群魔》与《少年》中也存在女人情欲斗争与厮杀的气氛,尽管是以不太明显的方式呈现。男人的性格是分裂的,女人的性格是灰暗的,其中有诱惑的深渊,但从来没有神圣的母亲形象,神圣的玛利亚形象。男性本原中的错就在于此。他脱离了女性本原,脱离了大地-母亲,脱离了自己的童贞——也就是自己的纯洁与完整,走上了流浪与分裂之路。男性本原在女性本原面前软弱无力。斯塔夫罗金面对丽莎和跛脚女人是无力的,韦尔西洛夫面对卡捷琳娜·尼古拉耶夫娜是无力的,梅什金面对娜斯塔霞·菲里波夫娜和阿格拉雅是无力的,米卡·卡拉马佐夫面对格鲁申卡和卡捷琳娜·伊万诺夫娜是无力的。男人与女人悲剧性地被分离,相互折磨着对方。男人无力控制女人,他不接受内在于自己的女人的天性,也不去洞察她,只是把她作为自己独特的分裂而感受着她。

双重爱情的主题在陀思妥耶夫斯基的小说中占据重要的位置。《白痴》中的双重爱情的形象尤其值得注意。梅什金既爱娜斯塔霞·菲里波夫娜,也爱阿格拉雅。梅什金——一个纯洁的人,在他身上有着天使的特征。他摆脱了黑暗的情欲的自发力量。但就是他的爱情,也是病态的、分裂的、毫无出路的悲剧性的。对于他,爱的对象分裂为二。这一分裂只是他身上两种本原的冲突。他无力与阿格拉雅结合,也无力与娜斯塔霞·菲里波夫娜结合,按照他自己的天性,他不能胜任婚姻以及婚姻之爱。阿格拉雅的形象俘虏了他,他准备成为她忠实的骑士。不过,如果陀思妥耶夫斯基的其他主人公苦于性欲的过剩,那么他则苦于性欲的缺乏;他甚至连正常的性欲也没有。他的爱是无血无肉的。但他却强烈地表现出爱的另一极,爱的另一个深渊在他面前裂开。他无限怜惜、同情地爱娜斯塔霞·菲里波夫娜,而且他的同情是极端的。在这一同情中有某种可以使人化为灰烬的东西。他在自己的同情中表现出了自我意志,他逾越了允许的界限。同情的深渊吞噬了他,毁灭了他。他试图把产生于短暂的尘世生活的、疯狂的同情用于永恒的上帝的生活。他试图把自己对娜斯塔霞·菲里波夫娜无限的同情强加于上帝。他忘记了这一同情对于个性本身的责任。在他的同情中没有精神的完整性,他因分裂而变得软弱,因为他也以另一种爱爱着阿格拉雅。陀思妥耶夫斯基指出了,在一个纯洁的天使般的人身上,显示着怎样病态的爱,它带来的是死亡,而不是拯救。在梅什金的爱中,没有美好的对唯一的、完整的爱的对象的渴望,对完全的结合的追求。那种毁灭人的无限的同情,只能针对你永远不和他结合的人。梅什金的天性,也是狄奥尼索斯式的天性,但这是独特的、安静的、基督徒式的狄奥尼索斯。梅什金总是处于安静的神魂颠倒中,处于某种天使的疯狂中。也许,梅什金的不幸就在于,他太像天使了,不是一个完整的人、一个彻底的人。因此,梅什金的形象不属于陀思妥耶夫斯基那些反映人的命运的形象。在阿廖沙身上,陀思妥耶夫斯基试图塑造一个正面形象的人,即没有什么人的东西于这样一个人是格格不入的,人的一切自然欲望都是他的本质;塑造一个战胜分裂,走向光明的人。但我不认为陀思妥耶夫斯基的这一形象非常成功。不过,我们不能把注意力停留在梅什金——许多人的东西对于他都是格格不入的——天使般的形象上,不能把他作为人悲剧的出路。梅什金爱的悲剧是永恒的悲剧,他天使般的天性是这一永恒的爱的悲剧的根源之一。陀思妥耶夫斯基赋予梅什金惊人的洞察力。他能够洞悉周围所有人的命运,能够洞察他所爱的女人的灵魂深处。在他那里,领悟经验世界与领悟另一个世界紧密结合起来。但这一洞察天赋是梅什金对于女性世界具有的唯一的天赋；掌握这个世界，与它结合，他是无能为力的。陀思妥耶夫斯基创作的精彩之处是，在任何地方，女性总是能够引起性欲或怜惜，有时，同样一些女性在各种不同的人那里引起各种不同的态度。娜斯塔霞·菲里波夫娜在梅什金那里引起的是无限的同情，在罗果仁那里引起的却是无尽的性欲。索尼娅·马尔梅拉多娃、少年的母亲引起的是怜惜。格鲁申卡引起的是对自己的性欲。在韦尔西洛夫对卡捷琳娜·尼古拉耶夫娜的态度中也有性欲，而他又怜惜地爱自己的妻子。还有，在斯塔夫罗金对待丽莎的态度中也是性欲，只不过是以一种暗淡的、压抑的形式。但无论是性欲的强权，还是同情的强权都不能使他们与爱的对象结合。婚姻之爱的秘密既不是性欲的强权，也不是同情的强权，尽管两种因素往往进入婚姻之爱中。但陀思妥耶夫斯基不懂这一婚姻之爱，不懂两个灵魂结合为一个灵魂、两个肉体结合为一个肉体的秘密。因此，他的爱从一开始就注定要死亡。

陀思妥耶夫斯基最出色的对爱的描写是在《少年》中，是韦尔西洛夫对卡捷琳娜·尼古拉耶夫娜的爱情。韦尔西洛夫的爱情与他的个性分裂联系着。他的爱也是分裂的爱:对卡捷琳娜·尼古拉耶夫娜的情欲之爱和对少年的母亲、他合法的妻子的怜惜之爱。对于他,爱不是走出自己的那个"我"的出路,不是转向自己的另一半并与她结合。这个爱是韦尔西洛夫内在的与自己的清算,是他本身的封闭的命运。韦尔西洛夫的个性对于所有的人是个谜,在他的生活中存在一个秘密。在《少年》中,一如在《群魔》,在其他许多作品中一样,陀思妥耶夫斯基采用的艺术手段是,小说的事件开始的时候,在主人公的生活中已经发生了非常重要、决定着未来走向的事件。韦尔西洛夫生平的重要事件发生在过去、在国外,我们所看到的只是这一事件的后果。女性在他的生活中起着重要的作用。他是个"娘们儿式的预言家",但他无论如何也不能胜任婚姻之爱,正如斯塔夫罗金不能胜任一样。他与斯塔夫罗金是同类,是温和的、更为成年的斯塔夫罗金。我们看到,他的外表是安静的,出奇地安静,像座死火山。但在这个安静的、对几乎所有人都一个模样的面具之下,掩盖着疯狂的欲望。深藏着的、找不到出路的、注定死亡的韦尔西洛夫的爱使得周围的气氛异常紧张,卷起了一场风暴。因韦尔西洛夫隐秘的爱,一切仿佛都处于疯狂之中。陀思妥耶夫斯基的作品总是这样——对人的内心状态几乎没有任何直接的描述，它们全都反映在周围的气氛之中。周围的人在潜意识中都受到了主人公内心生活的强烈影响。只是临近结尾，韦尔西洛夫疯狂的情欲才爆发出来。他完成了一系列疯狂的行动，以此揭示了自己隐秘的生活。小说结尾韦尔西洛夫与卡捷琳娜·尼古拉耶夫娜的见面与表白是最精彩的爱的激情的描述。火山并没有彻底熄灭。构成《少年》整个内在氛围的火山熔岩终于喷发了。"我要杀了你"——韦尔西洛夫对卡捷琳娜·尼古拉耶夫娜说，这显示了他爱情的恶魔性因素。韦尔西洛夫的爱情完全是绝望的和没有出路的。这一爱情从来也不懂得结合的奥秘，它的男性世界脱离了女性世界。这一爱情是绝望的，不是因为没有回应，不，卡捷琳娜·尼古拉耶夫娜爱韦尔西洛夫；它的绝望在于男性世界的封闭，无法走进自己的另一半，在于分裂。斯塔夫罗金这一出色的人物，最终猜透了这一奥秘并死于这一封闭性和分裂性。

陀思妥耶夫斯基深刻考察了性欲这一问题。性欲会转化为淫荡，淫荡不是身体的，而是形而上的现象。自我意志产生分裂。分裂产生淫荡，其中失去了完整性。完整是纯洁，淫荡是破碎。在自身的分裂、破碎、淫荡中，人封闭于自己的"我",失去了与他人结合的能力,人的"我"开始瓦解,他不是爱另一个人,而是爱"爱情"本身。真正的爱永远是指向另一个人的爱,淫荡是指向自己的爱。淫荡是自我肯定,自我肯定导致自我毁灭,因为走向另一个人,与另一个人结合,可以使人性健康;而淫荡是人更深刻的孤独,是死一般的冰冷的孤独。淫荡是虚无的诱惑,是虚无倾向。性欲的本性是火一般的本性。但当性欲转化为淫荡时,火的本性熄灭了,欲望转化为冰一般的冷酷。陀思妥耶夫斯基以惊人的力量揭示了这一点。在斯维德里盖洛夫身上就揭示了人的个性的本体论转变,揭示了因无节制的性欲转化为无节制的淫荡而导致的个性的毁灭。斯维德里盖洛夫已经属于虚幻的虚无王国,在他身上有某种非人的东西。但淫荡总是始于自我意志,始于虚假的自我肯定,始于自我封闭、不希望了解别人。在米卡·卡拉马佐夫的性欲中还保留着火热的本性,还有人热烈的心;在他身上,卡拉马佐夫家族式的淫荡还没有发展到冷酷的本性——冷酷的本性,这是但丁式的地狱之一。在斯塔夫罗金身上性欲失去了自己火热的本性,火熄灭了,冰一般、死一般的冷酷降临了。斯塔夫罗金的悲剧是非同寻常的、独特的、具有天才的个性消耗殆尽的悲剧;它是因没有止境、没有选择、没有形式的无度、无尽的渴望而消耗。在自我意志中,他失去了选择的能力。筋疲力尽的斯塔夫罗金给达莎的信中响起了这些可怕的话语:"我曾到处试验我的力量……在为了自己,也为了展示自己的试验中,正如在我过去的整个的生命中,我的力量是无所不能的……但把这一力量用在哪里——这是我过去所不知的,现在也不知道……我总是,以前也是,希望自己能做些善事并由此感到满足……我尝试了疯狂的淫荡,在其中耗尽了力量;但我不喜欢也不情愿过这种日子……我任何时候也不会失去理智,因而任何时候也无法像他(基里洛夫)那样,对思想相信到那种程度。我甚至连那样去研究思想也不能。"圣母理想与索多玛理想对他同样具有吸引力。但这已经是因自我意志、因分裂而失去自由,是个性的死亡。在斯塔夫罗金的命运中揭示出的是,不加区分地、没有任何限度地(而这一限度是人的形象赖以形成的基础)渴望一切,就等于没有什么不可以渴望的了;无所事事的巨大力量,就等于完全的无能为力。由于没有节制的、不分对象的好色,斯塔夫罗金变成了性爱的彻底的无能,变成了完全没有能力爱女人。分裂使个性的力量遭到损害。唯有选择,唯有指向一定对象的、有选择的爱才能战胜分裂——选择上帝,摒弃魔鬼;选择圣母,摒弃索多玛;选择一个具体女人,摒弃愚蠢的不计其数的其他女人。淫荡是无能选择的后果,是失去自由和意志中心的结果,是由于无力征服存在王国而陷入虚无。淫荡是一条阻力最小的界限。应当以本体论的,而不是以道德论的观点对待淫荡。陀思妥耶夫斯基正是这样。

卡拉马佐夫家族的王国是失去了自身完整性的性欲王国。具有完整的性欲本身是无罪的,它走向爱,是爱无法剔除的因素。但分裂的性欲是淫荡,其中揭示着索多玛理想。在卡拉马佐夫家族的王国里,人的自由被扼杀了,通过基督,它只回到了阿廖沙一个人身上。凭借自己的力量,人无法走出这一引向虚无的自发力量。在费多尔·巴夫洛维奇·卡拉马佐夫身上彻底失去了自由选择的可能性。他完全处于世上众多恶劣的女性因素的控制之中。对于他来说,已经不存在什么"丑八怪",不存在什么"丑女人",对于他,丽萨维塔·斯麦尔佳莎娅只是女人。这里个性化原则彻底被取消,个性被扼杀。但淫荡不是扼杀个性的最初元素,它已经是后果,是对人的个性结构深刻的伤害。它已经是个性堕落的表现,这一堕落是自我意志和自我肯定的果实。按照陀思妥耶夫斯基天才的辩证法,自我意志扼杀自由,自我肯定扼杀个性。为了保持自由,为了保持个性,必须向高于你的"我"的东西妥协。个性与爱,与走向和自己的另一半结合的爱联系在一起。当爱的力量封闭于"我"之中,就会产生淫荡并扼杀个性。裂开的同情的深渊——爱的另一极——也不能拯救个性,也不能摆脱性欲之恶魔,因为在同情中也可以发现疯狂的性欲,而且,同情也不可能是走向另一个人并与之结合的出路。无论是在性欲之中,还是在同情之中,都有永恒的自然因素,没有它们,爱情是不可能的。对所爱之人的性欲也好,同情也好,都是合理的,无罪的。但这些自然力量应该被看得见的形象,上帝之中的另一个自己的形象所照亮,在上帝之中与自己的另一个结合。只有这样才是真正的爱。陀思妥耶夫斯基没有给我们揭示正面的性爱。阿廖沙和丽莎的爱不能令我们满意。陀思妥耶夫斯基那里也没有圣母崇拜。但他对爱的悲剧性质却作了深刻得多的研究,他真正的发现即在于此。

基督教是爱的宗教。陀思妥耶夫斯基首先是把基督教作为爱的宗教而接受的。在佐西马长老的训言中,在他的作品不同地方的宗教思考中,可以感觉到约翰①的基督教精神。在陀思妥耶夫斯基那里,俄罗斯的基督首先是无限的爱的预言家。但正如在男女之爱中陀思妥耶夫斯基揭示出了悲剧式的矛盾,他在人与人的爱之中也揭示出了这一矛盾。陀思妥耶夫斯基有一个卓越的思想,即,对人和人类的爱可以是"没有上帝"的爱,对人和人类的爱并不都是基督的爱。在韦尔西洛夫天才地预言的未来乌托邦中,人们相互依靠,相互爱,是因为失去了上帝和不死这一伟大的思想。韦尔西洛夫对少年说:"亲爱的,我觉得,上帝已经死了,斗争平息了。咒骂、劣迹和喧嚣之后,一切都平静了。像人们希望的那样,人类只剩下**人类自己**了:他们放弃了以前伟大的思想,这滋养温暖他们的伟大力量的源泉正远离他们,就像克劳德·洛兰②的绘画中伟大的召唤人的太阳;但这仿佛已经是人类的末日。人们突然明白了,他们真的只剩下**他们自己**了,因此,一下子感到了一种巨大的孤独。我亲爱的孩子,我从来也不认为,人们是不知感恩和愚蠢的。孤寂的人们马上就会更加紧密、更加相亲相爱地互相依

① 指圣经中的约翰。
② 克劳德·洛兰(1600-1682),法国画家。

偎;在明白了现在只有他们彼此构成一切之后,他们会相互携起手来。如果不死的伟大思想消失了,会有东西替代它的;先前伟大的、对不死的爱,会转向对自然、对世界、对人、对所有小草的爱。在他们逐渐意识到自己的短暂和有限时,他们会不可抑制地热爱起土地,热爱起生命,这已经是一种特别的爱,不是从前的那种了。他们会在自然中看到和发现他们以前不愿看到的现象和秘密,因为是用另一种目光看待自然了,是用一种爱的目光看待所爱的东西。他们早晨醒来,会马上相互亲吻,相互关爱,因为意识到,白天是短暂的;意识到,这就是他们现在拥有的一切。他们会为彼此操劳、工作,每一个人都会为所有的人贡献出自己的所有并仅以此为幸福。每一个孩子会知道和感受到,世上所有的人都是他的父亲和母亲。看着落日,每个人都会想,'哪怕明天是我最后的一天,也没有关系,我死了,他们还活着,他们之后,还有他们的孩子'。'他们还活着,彼此相爱,彼此担忧'这一想法会代替'死后相聚'的想法。呵,他们会抓紧时间相爱,以便平息心中的那巨大的孤寂。他们为了自己,会是骄傲而勇敢的,但为了彼此,又是胆怯的,因为每个人都在为所有的人的生命和幸福担心。他们会彼此温柔地相待,也不会因此而害羞,像现在这样,孩子般地彼此爱抚。相遇的时候,会深情而意味深长地彼此凝视,眼里充满爱和忧郁。"在韦尔西洛夫这些惊人的话语中,描绘了一幅没有了上帝的爱的画面。这是与基督的爱相反的爱,不是因存在的意义,而是因存在的无意义的爱;不是为了肯定永恒的生命,而是为了利用短暂的生命瞬间。这是幻想的乌托邦。这样的爱在不信上帝的人类中永远也不会出现;在不信上帝的人类中有的将会是《群魔》中所描绘的一切。因为乌托邦中呈现的景象从未出现过。但这个乌托邦对揭示陀思妥耶夫斯基关于爱的思想非常重要。不信上帝的人类必定会走向残酷,走向彼此杀戮,走向把人当作简单的工具。对人的爱存在于上帝之中。这个爱发现并肯定每一个人的面容中永恒的生命。这才是真正的爱,基督的爱。真正的爱与不死联系在一起,它不是别的,正是对不死、对永生的肯定。这是陀思妥耶夫斯基核心的思想。真正的爱与个性联系在一起,个性与不死联系在一起。性爱是这样,其他各种人与人之间的爱也是这样。但是,有一种上帝之外的对人的爱;它不懂得人永恒的面容,因为永恒的面容只存在于上帝之中;上帝之外的爱不指向永恒和不死的生命,即生命的意义。这就是没有个性的、共产主义的爱,在其中,人们彼此依偍,为的是,在失去对上帝的信仰、对不死的信仰,亦即对生命的意义的信仰之后,活着不至于如此可怕。这是人类自我意志和自我肯定的最后的界限。在不信上帝的爱中,人与自己的精神世界割裂了,与自己首要的东西割裂了,他出卖了自己的自由与不死。对人——惶惶不安的、可怜的生物,无意义的、必然性的玩物——的怜悯,是所有伟大的**思想**都熄灭、所有的意义被剥夺之后,高尚的人类情感最后的避难所。但这不是基督的怜悯。对于基督的爱来说,每一个人都是基督的兄弟。基督的爱是在每一个人身上都可以看到上帝之子,是在每一个人身上都可以看到上帝形象。人首先应该爱上帝。这是第一诫。第二诫是爱每一个人。爱人之所以是可能的,是因为有上帝——唯一的父存在。我们应该爱每一个人中的上帝形象。如果不存在上帝,爱人就意味着把人当作上帝来崇拜,那么,吞噬人的人神就会伺机把人变为自己的工具。因此,没有对上帝的爱,爱人就是不可能的。伊万·卡拉马佐夫就说过,爱人是不可能的。反基督的爱人是虚假的、欺骗人的爱。人神的思想扼杀人,只有神人的思想肯定人的永恒。不信上帝的、反基督的对人和人类的爱是《宗教大法官》的中心主题。我们将来还会回到这一主题上。陀思妥耶夫斯基不止一次地探讨这一主题——以社会幸福论的名义,以爱人的名义,以人在尘世短暂生命之幸福的名义,否定上帝。每一次他都意识到爱与自由之间结合的必要性。在基督的形象中是爱与自由的结合。当失去了精神自由,失去了圣容,其中不再有不死与永恒时,男女之爱、人与人之爱就会成为不信上帝的爱。真正的爱是对永恒的肯定。

第六章　革命。社会主义

　　陀思妥耶夫斯基是那样一个时代的艺术家和思想家，在这个时代开始了内在的革命、人精神的革命、人民精神的革命，虽然表面上依然是旧有的生活秩序。在亚历山大三世时期，这一生活秩序试图最后一次使人们相信它依然完美无缺。但内在的一切都已经处于狂风暴雨般的运动之中。身处其中的思想家和活动家们本身也没有深刻地意识到正在完成的这一过程的性质。不是他们创造了这个过程，而是这个过程创造了他们。表面上，他们的行动是积极的，但他们的精神状态却是被动的，处于静止的精神之中。而陀思妥耶夫斯基非常清楚发生了什么，并且清楚这将走向何方。他以天才的洞察力嗅出了未来俄罗斯革命,也许是世界革命的思想基础和革命性质。他是预言家一词最无争议的意义上的俄罗斯革命的预言家。俄罗斯革命是按照陀思妥耶夫斯基的预言完成的。他揭示了它的思想基础、它内在的辩证法和它的样式。他是从精神的深处,从内在的过程,而不是从他周围经验的现实的表面事件来理解俄罗斯革命的性质。《群魔》写的不是当时,而是未来。在俄罗斯六七十年代的现实中,既没有斯塔夫罗金,也没有基里洛夫,既没有沙托夫,也没有希加廖夫。这些人出现在我们这里要晚得多,已经是到了二十世纪,这时我们这里已经有了深厚的土壤,并兴起了宗教思潮。借以虚构《群魔》情节的涅恰耶夫事件[1]所显示出的经验性的东西,与《群魔》中所揭示的东西并不相似。陀思妥耶夫斯基揭示的是深层,表现的是最根本的因素,他对表面的东西不感兴趣。而深层与根本的因素必定是在未来才能被发现。陀思妥耶夫斯基整个就是面向未来的,这一未来诞生于他所预感到的激烈的内部运动。他的艺术天才最

---

① 涅恰耶夫(1847-1882),曾经是彼得堡大学的旁听生,参加过1869年春天彼得堡的学生运动。之后赴瑞士,在日内瓦参见了老牌的无政府主义者巴枯宁。1869年9月,涅恰耶夫携带建立反政府秘密组织的计划来到莫斯科,成立了地下组织"人民惩治会"。彼得罗夫农学院学生伊万诺夫因为试图退出该组织而惨遭杀害。史称此事件为"涅恰耶夫事件"。

显著的特点应当被称为预言的天才。他对待革命的态度是极其悖论的。他揭露了在革命中起作用的那种精神的谎言性和非真理性，预言了未来反基督精神、人神精神的生长。但决不能在通常的、庸俗的意义上称他是保守分子或反动分子。他是某种更深刻意义上的精神革命家。对于他来说，不是要回到稳定的、静止的肉体-心灵的日常状态，回到精神革命开始前已经存在了一个世纪的生活方式。陀思妥耶夫斯基具有强烈的启示录的和末世论的思想情绪，以至于根本无法想象什么回归，什么恢复到旧的静止的生活。他是最早的觉察者之一，觉察到世界的一切都加速运动，一切都走向终结。"世界的终结来临了"——他在自己的日记中写道。这样的情绪不可能是一般意义上的保守分子。陀思妥耶夫斯基对革命的敌视，不是普通人的、维护某种旧的生活制度的利益的敌视，而是一个启示录式的人，在基督与反基督的斗争中站到基督一边的人的敌视。但一个未来的人，而不是过去的人，可以是一个走向未来的基督并在时代终结时的最后斗争中站到基督一边的人，也可以是一个走向未来的反基督并在最后斗争中站到反基督一边的人。通常的革命与反革命的斗争发生在表面。在这一斗争中，发生冲突的是各种利益，是那些已经走入过去、退出生活的人与那些替代他们的首要位置、进入生活盛宴的人的利益的冲突。陀思妥耶夫斯基置身于争取尘世生活的首要位置的斗争之外。大写的人，精神的人，通常站在那样的斗争之外，不能把他们划入某个阵营。卡莱尔①或尼采是属于"革命"的阵营还是"反革命"的阵营？从革命平民的观点，从革命宣传的观点来看，也许，他们及陀思妥耶夫斯基都应当是"反革命"的，但这只是因为一切精神都与表面被称为"革命"的东西相对立，只是因为精神的革命通常否定革命精神。陀思妥耶夫斯基正是那样一位末日的启示者。旧世界"革命"或"反革命"的庸俗陈腐的标准不可能适合他。对于他来说，革命是彻底反动的。

陀思妥耶夫斯基发现，转化为自我意志的自由之路，必定走向造反和革命。革命是那些脱离上帝本原的人，把自己的自由理解为那种空洞的、造反的自我意志的人的劫运。革命不是被外部原因或条件所规定，它是被内部所规定。它意味着人对上帝、对世界、对人类根本态度的彻底转变。陀思妥耶夫斯基深入考察了那条引导人走向革命的道路，揭示了

---

① 卡莱尔（1795-1881），英国作家，哲学家。著有《论英雄、英雄崇拜和历史上的英雄业绩》（1841）。

这一道路危险的内在辩证法。这是人学式地研究人性的界限，研究人类生活的道路。陀思妥耶夫斯基在个人的命运中所发现的东西，他在民族的命运中，在社会的命运中同样也发现了。"一切都是允许的吗"这一问题摆在个人面前，也摆在整个社会面前。把单个的个人引向**犯罪**的道路会把整个社会引向**革命**。这是个人和社会命运中类似的经验、相同的时刻。像在自我意志中越过了允许的界限的人失去了自己的自由一样，在自我意志中越过了允许的界限的民族也同样失去自己的自由。自由转化为强权和奴役。"没有上帝"的自由扼杀自由。陀思妥耶夫斯基先知般地预言了在革命中将失去自由这一致命的过程，预言了革命将转化为空前的奴役，并且，他天才般地揭示了它所有的曲折。他不喜欢"革命"，是因为它导致对人的奴役，导致对精神自由的否定，——这是他思想的主旋律。出于对自由的爱，他从思想上反对"革命"，揭露它必定导致奴役的本质。同样，"革命"必定导致否定人们的平等与兄弟友爱，导致空前的不平等。陀思妥耶夫斯基揭露了"革命"的欺骗性质。它从来没有达到它用以诱惑人的东西。在"革命"中，反基督取代了基督，人们不想自由地联合在基督之中，因此，他们不得不联合在反基督之中。［……］

陀思妥耶夫斯基在希加廖夫现象中研究社会主义革命的性质和它不可避免的后果。后来在大法官那里得到进一步发展的原则在这里也已经占了上风；只是没有后者浪漫的忧郁，没有后者独特的伟大形象。如果说天主教同样揭示了那些社会主义的原则，那么，则是以一种无比崇高的、美学上更具魅力的形式来揭示的。在革命的希加廖夫主义中显示出来的还是肤浅的、极其浅显的原则。彼·韦尔霍文斯基这样给斯塔夫罗金描述希加廖夫主义的本质："把山铲平——一个不错的思想，没有什么可笑的。不需要教育；科学也**够**了！即使没有科学，光物质也够用一千年的，但要有顺从……教育的渴望已经是贵族的渴望。哪怕一点点的家庭或爱情什么的，就已经是占有欲之类的愿望了。我们要消灭、整死愿望；我们允许纵酒，允许诽谤，允许告密；我们允许闻所未闻的道德败坏；我们把所有的天才扼杀在摇篮之中。所有的人都是一个分母，完全平等……只有必然的才是必需的——这，就是这里——地球上今后的格言。不过，骚乱一下也是需要的，这个，我们，统治者也要考虑。对于奴隶来说统治者是必须的。完全的顺从，完全的无个性，不过，希加廖夫让人们三十年一次骚乱一下,所有的人马上就开始互相撕咬起来,疯狂到了极点,不过,这仅仅是为了不让人们感到寂寞。寂寞是贵族的感觉。""每一个人属于大家,而大家属于每一个人。所有的人都是奴隶,在奴役中人人平等……首要的事情是降低教育、科学和才智的水平。高水平的科学和才智只有高天赋才能达到,不需要高天赋!"但这个强制的普遍的平等,这个致命的熵(在宇宙中积聚并均等分配热量)的规律的取胜并移植到社会层面,并不意味着民主的胜利。也将不会有任何民主的自由。民主永远不会在革命中取胜。在这一强制的普遍的平等与无个性的土地上掌权的将是专制的少数…… 希加廖夫说:"我的出发点是无限自由,结论是无限专制。但我还要补充一点,除了我这个解决社会问题的公式之外,别无他法。"在这里我们可以感觉到狂热地着魔于一个荒谬的思想,这种着魔导致从本质上转变人的个性,导致取消人的形象。陀思妥耶夫斯基考察了,俄罗斯革命家、俄罗斯男孩儿极度的社会狂想怎样取消了存在,取消了它所有的丰富性,到了虚无的极限。在这一点上,他是有充分、深刻的根据的。社会狂想——绝非是无害的东西,必须让它负起清醒的严峻的责任。这一革命的狂想是俄罗斯灵魂的疾病。陀思妥耶夫斯基解剖它,诊断它,预测它。那些以人类的自我意志和自我肯定而宣称比上帝更怜悯人、更爱人的人,那些放弃上帝创造的世界,把自己的入场券交还给上帝,想要自己建造一个更好的、没有苦难没有恶的世界的人,不可避免地要走向希加廖夫主义的王国。他们仅仅是在这一点上修正了上帝的事业。佐西马长老说:"实在地,他们比我们有更多的幻想。他们希望建立公正的生活。但是,一旦否定了基督,这一幻想必将以血流遍地而告终。因为必然是以血还血,以牙还牙。如果没有基督的约言,那么,甚至地球上只剩下两个人,也必定会相互残杀。"这是怎样惊人而富有洞察力的话语。

彼·韦尔霍文斯基对斯塔夫罗金说:"实质上,我们的学说是否定荣誉。用'有权公开无耻'的说法就可以轻易地吸引俄罗斯人跟你走。"斯塔夫罗金回答说:"有权无耻——是的,这就足以让所有的人都朝我们跑来,那儿一个也不剩!"彼·韦尔霍文斯基同样发现了费季卡·卡托尔施尼克和"纯洁的骗子们"对革命事业的意义。"这些是好人,有时也很有用,但是,要在他们身上花费太多的时间,对他们需要不懈地监督。"彼·韦尔霍文斯基继续思考革命的要素,说道:"最主要的力量——是能把所有的人都粘在一起的胶泥,这个胶泥就是,人们羞于表达个人意见,这就是力量。这个人这样做,那个'讨人喜欢的人'也这样做,于是,没有任何一个人的脑袋里还会剩任何**一丁点儿**个人的思想了。大家都尊敬这种害羞。"这些革命心理要素说明,从一开始,人的个性,个性的品质,个性的责任,个性的绝对意义就从根本上被否定了。革命的道德不是把个性作为一切道德评价和判断的基础。这是没有个性的道德,它否定个性的道德意义,否定个性品质的道德价值,否定道德自治。它允许像对待简单的工具、简单的物质那样对待所有人的个性,为了革命事业的胜利,允许采取一切手段。为了人个性的尊严,为了维护个性的道德价值,陀思妥耶夫斯基起来反抗革命和革命的道德。在革命的自发力量中,个性在道德上从来不是积极的、有责任能力的。革命是迷狂,是疯癫。这迷狂和疯癫毁灭个性,瓦解个性的自由和个性的道德责任,最终导致取消个性,使它屈从于无个性和非人性。革命活动家们自己也不知道是什么样的精神控制着他们,他们看似的积极性,实质上是消极的,他们的精神被他们自己体内的魔鬼所控制。约瑟夫·德·梅斯特尔①在自己天才的著作《沉思法国》

---

① 梅斯特尔(1753–1821),法国政论家,政治活动家,宗教哲学家。

（*Consideration sur la France*）中根据法国革命论述了革命活动家的消极性和他们的降神说。在革命中失去了人的形象。如果人失去了自己的自由，人就成为自然精神的奴隶。人是起来造反了，但他不是自主的，他受一个异己的主宰者的支配，受人的支配，受无个性的支配。这就是革命的秘密。他们的非人性由此可以说明。人，如果掌握着自己的精神自由，掌握着自己的个性品质具有的创造力，就不会受革命的自发力量的控制。没有个性，没有个人的思想，一些人的专制和另一些人的受奴役——这些皆源于此。陀思妥耶夫斯基世界观的特点是，他把个性原则、个性品质和绝对价值与革命对立起来，他揭穿了没有个性、没有人性的集体主义的反基督谎言和社会主义宗教虚假的"共同性"①。

但在革命中取胜的不仅有希加廖夫主义，还有斯麦尔佳科夫主义。伊万·卡拉马佐夫和斯麦尔佳科夫是俄罗斯虚无主义的两种现象，俄罗斯造反的两种形式，同一本质的两个方面。伊万·卡拉马佐夫——是虚无主义造反的高级的哲学上的现象；斯麦尔佳科夫——是虚无主义造

---

① 共同性，也译"聚议性"。以下皆同。

反的低级的奴才的现象。伊万·卡拉马佐夫在高级的智力生活中做了斯麦尔佳科夫在低级生活中所做的事情。斯麦尔佳科夫将会把伊万·卡拉马佐夫的无神论的辩证法付诸实践。斯麦尔佳科夫是伊万·卡拉马佐夫内在的惩罚。在各种人群中，在人民群众中，斯麦尔佳科夫比伊万多；在作为群众运动的人数众多的革命中，斯麦尔佳科夫比伊万多。这是斯麦尔佳科夫在把"一切都是允许的"结论付诸实践。伊万在精神中，在思想中完成了犯罪；斯麦尔佳科夫在实践中完成了犯罪，实现了伊万的思想。伊万在思想中实施了弑父，斯麦尔佳科夫在肉体上、在事实上实施了弑父。无神论的革命不可避免地实施弑父，它否定父亲，割断儿子与父亲的联系；并且以父亲是罪人、恶人的理由为这一罪行辩护。儿子对父亲这种极端的态度就是斯麦尔佳科夫主义。斯麦尔佳科夫在现实中实施了伊万在思想中完成的、在精神中解决的事情之后，他问伊万："你当时不是亲口说，一切都是允许的么，而**现在**为什么你**自己**这样一个劲儿使劲哆嗦？"革命的斯麦尔佳科夫们，在实践中实现了伊万"一切都是允许的"原则之后，有理由问革命的伊万们："**现在**为什么你们**自己**这样一个劲儿使劲哆嗦？"斯麦尔佳科夫痛恨教给他无神论和虚无主义的伊万。斯麦尔佳科夫与伊万的关系象征着革命中的"人民"与"知识分子"的关系。在俄罗斯革命的悲剧中揭示了这一点,证实了陀思妥耶夫斯基深刻的预见。斯麦尔佳科夫元素——伊万的低级面必定在革命中取胜。奴才斯麦尔佳科夫起来了,用事实宣告"一切都是允许的"。在我们的祖国生死攸关的时刻,他也会说:"我恨整个俄罗斯。"革命否定的不仅是个性,还有与过去的联系,与父辈的联系。它信奉的是杀人的宗教,而不是复活的宗教。杀死沙托夫,这是革命的必然结果。正因为如此,陀思妥耶夫斯基是革命的反对者。

关于世界和谐,关于天堂,关于善的最终取胜,可以有三种解决方案:1)没有选择的自由、没有世界悲剧、没有苦难和创造性劳动的和谐、天堂、善的生活。2)以无数的苦难和眼泪为代价换来的、地上历史终结时刻的和谐、天堂、善的生活,人类一代代遭受死亡的厄运,为的就是未来的、终结时的人的幸福。3)人经由自由和预料之中的苦难而到达的和谐、天堂、善的生活;人人都活着①并痛着走进的

---

① 按别氏的思想,具有精神的自由是活着,失去精神的自由则意味着死亡。这里"活着"即是此意。

和谐、天堂、善的生活；亦即上帝的王国的和谐、天堂、善的生活。陀思妥耶夫斯基坚决摒弃前两者，而接受第三种解决世界和谐和天堂问题的方案。这里有陀思妥耶夫斯基关于世界和谐与进步的思想辩证法的复杂性。不总是轻易就能明白，陀思妥耶夫斯基本人到底站在哪一边。在《地下室手记》的主人公和伊万·卡拉马佐夫卓越的思想中，陀思妥耶夫斯基到底接受什么？他对《一个荒唐人的梦》中和韦尔西洛夫描述的图景中的天堂到底是什么态度？对陀思妥耶夫斯基本人的思想生命不能静止地去理解，在更高层面上讲，它是极富动态的和悖论的。在他那里不能寻找简单的"是"或"不是"。陀思妥耶夫斯基在"地下人"和伊万·卡拉马佐夫起来造反、反对未知的世界和谐、反对进步宗教中看到了正面的真理，真理站在他们一边，他本人也是造反者。在其天才的论辩中，他揭示了进步学说的基本矛盾。进步之路引导人类走向未来的和谐、普遍的幸福和所有人都将登上天堂的顶峰而带来的喜乐。但进步也因此给一代又一代人带来死亡，他们以自己的劳作和苦难为这一和谐铺设道路。从道德上能不能接受以这样的代价换来的和谐？道德的和宗教的良心与进步的思想妥协不妥协？在伊万·卡拉马佐夫的话语中回响着陀思妥耶夫斯基自己的声音,回响着他自己富有激情的思想:"说到底,我不接受这个上帝的世界,尽管我知道它存在,还是完全不能容忍它。我不是不接受上帝,我是不接受他创造的世界;我不接受上帝的世界,也不能同意接受。预先声明:我确信,就像个孩子似的确信,痛苦会愈合、会忘却;令人难堪的、滑稽可笑的人类的自相矛盾会消失,就像令人可惜的海市蜃楼,像无力的小孩子的无耻的谎言,像人类'欧几里得的智慧'的原子;最终,在世界的终点,在永恒和谐的时刻,会发生、会出现某种如此珍贵的东西,它足以满足所有的人心,平息所有人的愤恨,赎所有人的罪,补偿所有人流的血;不仅原谅人干的所有事情,而且宣告他们无罪。——哪怕,哪怕所有这些都会出现,但**我呢**,所有这一切还是不能接受,也不想接受。""我受苦受难不是为了用我自己,用我自己的罪恶和苦难为某种未来的和谐施肥。""如果所有的人都必须受苦受难,为的是用苦难换取未来的和谐,那么,在这种情形下,孩子们呢,孩子们怎么办?请告诉我。完全搞不懂,为什么他们也必须受苦,为什么他们也不得不用苦难换取和谐?为什么**他们**也得成为物质,好为某个人的和谐施肥?""我完全拒绝最高的和谐。它不值哪怕只是一个受苦孩子的一滴眼泪,让他的小拳头捶着胸,在一个恶臭的狗窝似的小屋里以其无法补偿的眼泪向'上帝'祈祷。不值得,因为他的眼泪最终是无法补偿的。它们应该得到补偿,否则,就不可能是和谐。"伊万·卡拉马佐夫拒绝成为人类命运大厦的建筑师,如果为此必须折磨哪怕一个极小的建设者。他也拒绝承认善和恶。"干吗要区分善和恶这鬼玩意儿,如果为它要付出如此大的代价?"伊万·卡拉马佐夫把自己进入世界和谐的入场券还给了上帝。陀思妥耶夫斯基是否完全赞同思想者伊万·卡拉马佐夫?也是,也不是。伊万·卡拉马佐夫的辩证法是"欧几里得的智慧"的辩证法,是拒绝承认世界生活意义的、无神论者的辩证法。陀思妥耶夫斯基的思想要远远高于"欧几里得的智慧"的局限性,他相信上帝,相信世界的意义。但在伊万·卡拉马佐夫的造反中有时也揭示真理,这也是陀思妥耶夫斯基本人的真理。如果没有上帝,如果没有救赎者和赎罪者,如果历史进程没有意义——它对于"欧几里得的智慧"来说是遮蔽着的,那么世界就应当被摒弃,那么就应当拒绝未来的和谐,那么进步就是丑陋的思想。伊万·卡拉马佐夫在自己的造反中比一般的"进步论宗教"倡导者、比革命的宗教倡导者走得更远。因为,他不仅否定上帝,而且否定现存的世界。——这其中有天才的预见。一般地,反宗教意识会走向神化这个世界。这个世界被非同寻常地认可,正是因为没有上帝,正是因为除了"这个世界"什么也不存在。如果世界上没有了上帝的**意义**,那么人就认为这一意义在未来的世界和谐中。陀思妥耶夫斯基继续挖掘,他揭示了否定上帝的造反的最后极限,揭示了世界的上帝意义。无神论的"欧几里得的智慧"必定既否定这个世界,也反对未来的世界和谐,必定抛弃最后的宗教——"进步论宗教"。在造反的极限中,与某种正面的真理有某种契合。此后剩下的只有一条路,通向基督的路。造反的极限是无,是世界灭亡。这表明了革命的"进步论宗教"的空想。这就是为什么,陀思妥耶夫斯基一半是站在伊万·卡拉马佐夫一边。通过他的辩证法,他把我们引领到了上帝面前。如果存在"欧几里得的智慧"发现不了的上帝的意义,如果存在救赎者,如果此世的生活是赎罪,如果最终的世界和谐是在上帝的王国,而不是在这个世界的王国,那么世界就可以被接受,历史的进步连同它无数的苦难就可以得到辩护。

自我意志和造反之路导致自我否定,它是自杀。自我意志的革命之路通向"进步论宗教",但最终它不可避免地否定"进步论宗教"。反对历史的造反必定转变为反对历史的最终结果,反对历史的最终目的。为了替未来辩护和接受未来,需要替过去辩护和接受过去。未来和过去具有相同的命运。必须战胜愚蠢的对时间的割裂,而把过去、现在、未来连接在永恒之中,只有这样世界进程才可以得到辩护,只有这样才能认可"婴孩的眼泪"。如果存在灵魂不死,世界进程就可以被接受;如果不存在灵魂不死,那么世界进程就应当被摒弃。这是陀思妥耶夫斯基的基本思想。因此,陀思妥耶夫斯基彻底否定给出了一种"进步论宗教"的第二种解决世界和谐问题的方案,并坚决反对它。但第一种方案他同样不能接受。如果没有自由、不辨善恶、世界进步没有历尽悲剧,世界和谐就一文不值。已经失去的天堂没有归途。人应当经由选择的自由,经由自由地战胜恶而达到世界和谐。强迫的世界和谐不会得到辩护,也不需要这样的世界和谐;这与上帝的儿女的尊严也不相称。《一个荒唐人的梦》中的天堂就表明了这一点。人应当彻底接受自由的苦难之路。陀思妥耶夫斯基已经揭示了这一道路的最终结果。神化世界和神化人都导致死亡和无,也不可避免地走向人神之路。在基督身上,人的自由和神的和谐得以融合。解决世界和谐问题的第三种方案的可能性被揭示出来了,陀思妥耶夫斯基是通过教会解决世界和谐与天堂的问题的。在陀思妥耶夫斯基那里有一个神权政治的乌托邦,它不仅与地上的乌托邦相对立,也与天主教神权政治的乌托邦相对立。教会被用来管理世界。"不是教会变成国家,"佩西神甫①说,"那是罗马和它的梦想。那是魔鬼的第三种诱惑!相反地,是国家变成教会,上升到教会的地位,并将成为整个地球上的教会;是与教皇极权主义、与罗马完全相反的;这才是伟大的正教在地上的使命;是地球从东方闪耀出光辉。""将来一定会这样,一定会这样,哪怕到了千年之后。"教会现在还不是像圣奥古斯丁之后的天主教教导的那样,是王国,上帝的王国。但在教会中王国必定被揭示,这将是教会之中的新发现,陀思妥耶夫斯基向往它,把它作为基督教预言的实现来看待。在作为启示录的民族的俄罗斯民族中,必定揭示这一新的宗教启示;但在这一民族中最终也将显示出无神论的革命的谎言。在陀思妥耶夫斯基转向的新基督教中,必定揭示出非凡的自由和基督的兄弟之爱。陀思妥耶夫斯基把社会之爱与社会之恨相对立。像所有的俄罗斯宗教思想家一样,陀思妥耶夫斯基是"资产阶级"文明的

---

① 《卡拉马佐夫兄弟》中的人物。

反对者。他曾是西欧的敌人,在很大程度上,这一"资产阶级"文明在西欧取得了胜利。在他自己的神权政治乌托邦中,可以找到独特的基督教无政府主义和基督教社会主义的元素,——与无神论无政府主义和无神论社会主义完全对立的东西。他对待国家的态度还没有被深入思考。他的君主主义带有无政府主义的特征。这把我们引向宗教的弥赛亚说,陀思妥耶夫斯基正面的宗教-社会思想与此相联系;也把我们引向俄罗斯宗教民粹主义。

第七章 俄罗斯

陀思妥耶夫斯基骨子里是地道的俄罗斯人和俄罗斯作家。不可能想象他在俄罗斯之外。根据他可以猜透俄罗斯的灵魂。他自己本身就是俄罗斯天性的一个谜。他在自己身上糅合了这一天性所有的矛盾性。根据陀思妥耶夫斯基,西方人可以了解俄罗斯。但陀思妥耶夫斯基不仅仅反映了俄罗斯的精神结构并认识了它,而且他还是俄罗斯思想和俄罗斯民族意识的自觉的代言人。在他身上反映出了我们民族自我意识所有的悖论和所有的疾病。当陀思妥耶夫斯基作为俄罗斯思想的宣扬者,在他身上就可以非常清楚地看到俄罗斯人的恭顺和俄罗斯人的自负,俄罗斯的全人类性与俄罗斯民族的独特性。在他著名的关于普希金的演讲中,陀思妥耶夫斯基谈到俄罗斯人,说道:"恭顺吧,骄傲的人!"不过,他倡导的恭顺,不是一般意义上的恭顺。他认为俄罗斯民族是世界上最恭顺的民族,但他以这一恭顺为骄傲,以这一恭顺为骄傲的俄罗斯人并不罕见。陀思妥耶夫斯基认为俄罗斯民族是"神意的载体"的民族,唯一的"神意的载体"的民族。这种独特的弥赛亚意识不可能被认为是恭顺的意识,这是犹太民族古老的自我感觉和自我意识的复活。陀思妥耶夫斯基对待欧洲的态度也是双重的和矛盾的。我们看到,陀思妥耶夫斯基是欧洲及其伟大的历史遗产真正的热爱者。他说出了关于欧洲的惊人话语,而这些话语从来没有一个西方人说过。在他对欧洲的态度中说明了俄罗斯精神的全人类性,说明了俄罗斯人就像感受自己的祖国一样感受世界上所有伟大事物的能力。但还是他,否定了欧洲民族是基督教的民族,是他给欧洲下了一个致命的判决。他关于其他民族,如法兰西、波兰、犹太民族的评判中,有许多不公正。俄罗斯民族的自我感觉和自我意识总是这样:要么狂热地否定整个俄罗斯,完全摒弃家园和故土;要么狂热地肯定整个俄罗斯的特权地位,而这时,世界上所有其他民族就都属于低等民族。在我们民族的意识中,从来就没有一个

"度"，从来就没有平静的、非狂热的、非歇斯底里的信心和坚定。在我们最伟大的天才陀思妥耶夫斯基身上，也没有这种坚定性，缺乏完全发育成熟的、男性精神的民族意识；在他身上感觉到的是我们民族精神的病态。

俄罗斯的精神结构十分独特，与西方人的精神结构有很大区别。在俄罗斯-东方揭示了一个巨大的世界，它可能是与整个西方世界、整个欧洲民族完全对立的世界。西方敏锐的人们也很好地感觉到了这一点。俄罗斯-东方之谜吸引着他们。俄罗斯有着辽阔的平原，无限的远方。在俄罗斯地貌上，没有十分鲜明的形态和疆界；在俄罗斯大地的构造中，没有多样复杂的高山和盆地；没有可以标示出每一部分形态的分界线。俄罗斯的大自然到处是一马平川，总是通向无限的远方。俄罗斯的精神地理与俄罗斯的自然地理十分吻合。民族的地貌结构、自然地理总是民族的精神结构、精神地理的象征表达。一切外表的东西总是内在的东西的表达，是精神的象征。俄罗斯大地的平坦辽阔、没有界限、没有尽头、没有形态，只是俄罗斯灵魂辽远无边、没有分界，民族天性不受形式限制的表达。所有这些只是俄罗斯人天性的象征。任何一个民族都不是白白生活在这片或那片大自然中，生长于这块儿或那块儿土地。这里有着内在的联系。自然本身、土地本身决定了民族精神的基本取向。俄罗斯的平川,俄罗斯的峡谷,都是俄罗斯精神的象征。在俄罗斯大地的结构中可以感受到,人很难控制这片土地,赋予它形式,并以某种文化征服它。俄罗斯人受制于自己的自然、自己的土地、自己的本能力量。这意味着,在俄罗斯人的精神结构中,形式不能制约内容,精神不能制约肉体。在俄罗斯大地的结构中还可以感受到,俄罗斯人很难形成精神的自我约束。灵魂在无边的旷野上游荡,走向无尽的远方。没有尽头的远方吸引着俄罗斯灵魂。它不可能生活在界限与形式之中,不可能生活在分化的文化之中。这个灵魂渴望终点和极限,因为在自己大地的结构中,在自己的自然中,它不知道什么叫生活的界限和形式,也从没有遇见过有条理的轮廓和分界。就其基本的情绪和渴望讲,这是一个启示录的灵魂。这个灵魂对神秘的和启示录的气息异常敏感,它不会像欧洲人的灵魂那样成为稳固的东西,也不会戴上宗教与文化的枷锁。这个灵魂向所有的远方敞开,渴望历史终结的远方。它很容易挣脱一切根基,在自发力量的风暴中飞驰而去,到达无限的远方。它迷恋在俄罗斯大地无边的旷野上流浪。形式的缺失,约束的无力,使得俄罗斯人没有真正的

自我保存的本能,他轻易地就毁灭自我,燃烧自我,消失在旷野。安·别雷在自己献给俄罗斯的诗歌中有这样精彩的诗句:

> 消失在旷野中,消失了,
> 俄罗斯,我的俄罗斯![1]

俄罗斯灵魂可以达到陶醉于死亡的境界。它很少珍视什么,很少持久地眷恋于什么,它不像西欧人那样,与文化存在着联系,受制于传统和习俗。俄罗斯人在还没有认识当下的文化形态时,可以异常轻易地经受文化危机。俄罗斯人典型的虚无主义就由此而来。他很容易拒绝科学和艺术,拒绝国家和经济,反抗那些既有的联系,而向往未知的王国、未知的远方。俄罗斯灵魂能够担当极端激进的试验,这是过于拘泥于形式,过于条分缕析,过于局限在藩篱之中,过于紧密地与自己种族的传统和习俗捆绑在一起的欧洲灵魂所不能担当的。陀思妥耶夫斯基所进行的这些精神试验只有俄罗斯灵魂可以担当。陀思妥耶夫斯基

---

[1] 引自安·别雷的诗《悲伤》(1908)。

考察了人类灵魂的无限可能性。西欧灵魂的形式和界限、它的文化联系、它的理性的僵化对于这种考察都形成障碍。这就是为什么陀思妥耶夫斯基只可能存在于俄罗斯，只有俄罗斯灵魂可以成为完成陀思妥耶夫斯基的发现的考察材料和对象。

陀思妥耶夫斯基是一位独特的民粹主义者。他信奉和宣扬宗教民粹主义。民粹主义是俄罗斯本土的精神产物。在西方没有民粹主义。这是纯粹的俄罗斯现象。只有在俄罗斯才可以看到"知识分子"和"人民"永恒的对立，才可以看到把"人民"理想化，对他们顶礼膜拜，在"人民"中寻找真理和上帝。民粹主义永远是俄罗斯文化阶层软弱的标志，它缺乏健全的使命意识。俄罗斯是一个巨大的、灰暗的、庄稼汉的王国，它被沙皇统治着，其中，各社会阶层的发展极其微弱，高高在上的文化阶层的人数不多且相对弱小，但俄罗斯却有着过于庞大的保卫国家的机器。俄罗斯这样一种社会结构迥异于欧洲社会，结果导致，我们的高高在上的文化阶层面对人民的自发力量感到自己无能为力——面对茫茫的人民群众的汪洋大海，感到了一种被大海吞灭的危险。而文化阶层却是由于沙皇政权对人民有过分高的文化要求而被支撑着、存在着。在人民的意识中被认为是宗教上合法的沙皇政权,既保护文化阶层远离人民的愚昧,又驱逐文化阶层。于是文化阶层感到自己是在钳夹之中。十九世纪的文化阶层——从那一著名的时期起开始称自己为"知识分子"——的意识是悲剧式的。这一意识是病态的,其中没有一种健康的力量。高高在上的文化阶层,在俄罗斯历史中没有牢固的文化传统,感觉不到自己与分化的社会,与那些强有力的、以自己光荣历史的往昔为骄傲的阶层的联系,这一阶层被置于俄罗斯历史两种隐秘的自发力量——沙皇政权的力量与人民生活的力量——之间。出于精神上的自我保护本能,该阶层开始时而把这一元素理想化,时而把那一元素理想化,时而把两者一起理想化,在它们当中寻找支撑点。面对人民像大海一样的、黑暗的、无底的深渊,文化阶层感到了自己的软弱无助和被这深渊吞没的可怕的危险。于是,文化阶层——在"平民知识分子"加入进来之后开始被称为"知识分子"——向人民的自发力量妥协,开始屈从于这一对它造成威胁的、要吞没它的自发力量。"人民"被"知识分子"想象为一种神秘的、异己的、极具吸引的力量。在人民中隐藏着真正的生活的秘密,存在着某种特殊的真理,存在着被文化阶层丢失的上帝。"知识分子"感觉到自己不是俄罗斯生活的有机阶层，失去了整体性，失去了自己的根。整体性保存在"人民"中，"人民"过着有机的生活，他们知道某种直接的生活的真理。文化阶层在人民面前无力承认自己的文化使命，无力承认自己为人民自发力量的黑夜送来光明的责任。他们开始怀疑自己的光辉，不相信自己的真理，质疑文化的绝对价值。出现在我们文化阶层的这样一种对待文化的态度不可能实现真正的文化使命。在这里，文化的真理遭到宗教的、道德的和社会的怀疑。他们认为，文化产生于非真理，为它付出了太昂贵的代价；文化意味着与人民生活的断裂、意味着破坏有机的整体性；文化在"人民"面前是有罪的，它远离人民，漠视人民。这一罪孽感在整个十九世纪折磨着俄罗斯知识分子，损害着文化的创造力。在俄罗斯"知识分子"中完全没有意识到文化的绝对价值和创造这些价值的绝对意义。文化的价值遭到了道德的质疑。这对于俄罗斯民粹主义是十分典型的。他们认为，真理不应该在文化中，在它客观的成就中，而是要在人民中，在有机的自发的生活中寻找；宗教文化、精神文化不是宗教生活，有机的、自发的生活习俗才是宗教生活。这就是我给俄罗斯民粹主义的总体评价，其中不考虑它的各种倾向性和它们的细微差别。事实上，我们这里民粹主义首先分为宗教的和唯物主义的，但即使是在唯物主义的民粹主义中——这是我们的文化阶层的蜕化——也显露出宗教的民粹主义的精神特征。俄罗斯无神论的社会主义-民粹主义者与斯拉夫主义-民粹主义者有着相似的特点：同样把人民理想化，同样怀疑文化的价值。在我们的极"左"和极"右"派中，有时有着惊人相似的特点，隐藏着同样的敌视文化的"极端反动"的自发力量，在对立的两极表现出同样的我们民族精神的疾病，即，同样的未被揭示和未发育的个性原则、个性的文化、个性责任的文化、个人人格的文化；同样的精神上不能自律，没有耐性，不是在自身而是在自身之外寻找真理。俄罗斯历史中骑士精神的缺乏给我们的道德文化带来致命的后果。俄罗斯的"集体主义"和俄罗斯的"共同性"被奉为俄罗斯人民伟大的优点，是它使俄罗斯人民远远高于欧洲人民。但事实上，这意味着个性、个性精神在俄罗斯人民身上还没有完全苏醒，意味着个性还处在人民生活本性的自发力量的重压之下。这就是为什么民粹主义的意识能够感到真理和上帝不在个性之中，而在人民之中。

什么是民粹主义意识的"人民"？这一隐秘的力量是

什么？首先，"人民"这一概念本身至今还是模糊不清、含糊其辞的。民粹主义意识的"人民"在主要形式上，不是我们今天所理解的是一个整体的组织，不是所有阶级、所有社会阶层、所有宗族都包括在其中的一个组织，其中既有知识分子和贵族，也有农民，既有商人和市民，也有工人。"人民"一词在民粹主义意识那里不是这一本体论的和唯一合理的含义，它首先具有社会-阶级的含义。他们的"人民"主要是农民和工人，处在社会最底层，靠体力劳作为生。因此，贵族，工厂主或商人，学者，作家或艺术家——不是"人民"，不是"人民"的有机部分，这些人被认为是"资产阶级"或"知识分子"而被置于"人民"的对立面。在我们"左"的革命的唯物主义的民粹主义中，最终占上风的就是这样一种社会-阶级的"人民"概念。但奇怪的是，在宗教的民粹主义中，在斯拉夫主义中，同样是这一社会-阶级的"人民"概念，而这是与斯拉夫主义意识的本质倾向尖锐对立的。对于斯拉夫主义也好，对于陀思妥耶夫斯基也好，"人民"首先是平民、农民、庄稼汉。对于他们来说，文化阶层脱离了"人民"并成为"人民"和人民真理的对立面。真理在庄稼汉中，而不在贵族中，不在知识分子中。庄稼汉保持着真正的信仰。具有较高文化的阶层已经被剥夺了感觉自己是人民的有机部分、在自己的深处发现人民的本性的权利。如果我是贵族或商人,如果我是学者或作家、工程师或医生,那么,我就不能感觉我是"人民",我应当觉得"人民"是与自己对立的隐秘的力量,在它面前,应当把它当作最高真理的拥有者垂首膜拜。这样,内在地对待"人民和人民的东西"就成为不可能,因为,这依然是超验的态度。"人民"首先是"非-我",是在我对面的,是我顶礼膜拜的,在它身上蕴含着我身上所没有的真理,在它面前我是有罪的。但这是奴隶的意识,其中没有精神自由、没有个人精神价值的意识。陀思妥耶夫斯基这荒谬的"民粹主义"与他让韦尔西洛夫说出的关于贵族的精彩的话语相矛盾:"我不能不尊敬我的贵族身份。几个世纪以来我们创造了任何地方还不曾有过的高级的文化类型,这是整个世界还没有的类型——这是为所有人忧虑的全宇宙文化类型,这是俄罗斯的类型,但因为它是被俄罗斯人民的高文化阶层所创造,所以我也拥有一份属于它的光荣。它在自身中蕴含着俄罗斯的未来。也许我们总共就一千人——或多些,或少些,但整个俄罗斯现在活着,就是为了孕育这一千个人。"

那些最伟大的俄罗斯天才在自己精神生活和文化创

造的峰顶,感到"高处不胜寒"了,承受不了高处的感觉和高山上的精神自由了,他们害怕孤独,狂奔下去,投到低处人民生活的怀抱,并期望从与这一自发力量的结合中获得更高的真理。这些卓越的俄罗斯人没有源于高山的激情。他们害怕孤独,害怕被抛弃,害怕寒冷,从而在人民集体的生活中寻找温暖。这一点,俄罗斯的天才陀思妥耶夫斯基在本质上是不同于欧洲的天才尼采的。无论是托尔斯泰还是陀思妥耶夫斯基都"高处不胜寒",奔下山来,这股黑色的、巨大的、神秘的人民的自发力量吸引着他们。他们更指望在人民中间找到真理,而不是在高山上。这就是我们民族意识的第一批表达者——斯拉夫主义者。他们站在欧洲文化的顶峰,而自身是文化上的俄罗斯人。他们懂得,文化只能是民族的,而在这一点上,他们倒是比我们的"西欧派"更似西方人。但他们在庄稼汉的王国面前低下了头,坠落到它神秘的深渊。他们在自己身上找不到捍卫自己的真理,并把它作为民族的、社会的真理予以深刻揭示的力量,于是误入歧途,把"人民"理解为平民,理解为文化阶层的对立面。而这给我们民族的自我意识带来致命的后果。我们"左"的反宗教的民粹主义掌握了社会-阶级的"人民"概念这一致命的果实。"知识分子"和"人民"之间的鸿沟加深并合法化了。**民族**的意识变得不可能了，只有**民粹**的意识成为可能。同时，"人民"就是民族，就是一个神秘机体，这样一种观念奠定了斯拉夫主义的基础。但斯拉夫主义者也成为这一疾病——我们文化阶层的疾病的受害者。也正是这一疾病击溃了陀思妥耶夫斯基的意识。马克思主义从理论上把"人民"分解为阶级的概念，这给民粹主义意识带来沉重的打击。

陀思妥耶夫斯基的民粹主义是独特的民粹主义，是宗教民粹主义。但斯拉夫主义者也信奉宗教民粹主义。科舍廖夫①说，俄罗斯人只有与东正教在一起才是好人，如果没有了东正教，就是坏蛋。斯拉夫主义者相信，俄罗斯民族是真正的基督教民族，世界上唯一的基督教民族。但陀思妥耶夫斯基对俄罗斯民族的宗教信仰属于另一个时代。斯拉夫主义者依然感觉自己是牢固地扎根于土地，依然感觉自己脚下的土地是坚实的。他们是日常生活的人，只知道日常生活的舒适。在他们身上依然是很强烈的俄罗斯

---

① А. И. 科舍廖夫(1806-1883)，俄国政论家，社会活动家，斯拉夫主义者，1856 年在莫斯科出版的《俄罗斯对话》杂志的主编。

地主的自满,这些地主在自己家园的安乐巢中长大,一生都是这些安乐巢的主人。在他们身上找不到任何对灾难性的、未知的、启示录的未来的预感。陀思妥耶夫斯基则完全属于悲观世界观的时代,属于信奉《启示录》的时代。他的弥赛亚的人民意识是普世的、全世界的,面向整个世界的命运。斯拉夫主义者与陀思妥耶夫斯基相比还是“乡下人”。陀思妥耶夫斯基对待欧洲的态度完全不同于斯拉夫主义者,它无可比拟地更为复杂、更为紧张。对待历史的态度也改变了。陀思妥耶夫斯基已经不再倾向于把彼得一世以前的罗斯极端理想化。他赋予彼得堡,赋予俄罗斯历史上的彼得时代以重大意义。他是这一时代的作家。他关注彼得堡人、彼得时代的俄罗斯人的命运,关注这一时期割断了与故土的联系、精神上四处流浪的俄罗斯人复杂的、悲剧式的经验和感受。这一点他追随了普希金。被普希金天才地描绘的彼得堡的幻影深深地吸引着陀思妥耶夫斯基。他与莫斯科的地主和农民的日常生活完全格格不入。他完全沉迷于研究俄罗斯历史上彼得时期的俄罗斯“知识分子”。他整个地处于对未来大灾难的预感之中。他是已经开始了内在革命的时代的作家。陀思妥耶夫斯基不是传统意义上的斯拉夫主义者,正像康斯坦丁·

列昂季耶夫不是斯拉夫主义者一样。这是些新型的人。在斯拉夫主义者身上没有陀思妥耶夫斯基这样激烈的动荡不安。

在《作家日记》中我们发现一些对斯拉夫主义者否定的,甚至不总是公正的评价:"斯拉夫主义者罕见地认不出自己人,对现代的现实什么也不明白。"陀思妥耶夫斯基维护西欧派,而与斯拉夫派相对立。"似乎在西欧派身上没有斯拉夫派对俄罗斯精神和人民性那样的嗅觉?""我们只想指出一些斯拉夫主义不切实际的因素,这些因素有时使它到了完全不认识自己人,到了完全与现实不一致的地步。所以,无论怎样,西欧派毕竟比斯拉夫派更现实,尽管它有自己的错误;它毕竟继续往前走,毕竟在自己的方向上向前运动;然而,斯拉夫派经常是原地不动,甚至还把这视为自己伟大的光荣。西欧派勇敢地给自己提出了最后的问题,并不惜疼痛地去解决它;经由自我意识,它毕竟回到了人民的土地上,并承认与人民本原的结合,承认只有在土地之中才能获救。我们从自己的立场出发指出了这一事实,并坚信这样一个不容置疑的事实:即在现阶段几乎普遍的、有意识或无意识地转向'土地'的现象中,斯拉夫派只有极小的影响或根本没有发生影响。"陀思妥耶夫斯基赞赏西欧派的经历,赞赏他们更为复杂的意识和意志的动态进程。激怒他的是,斯拉夫派老爷们把自己置身于痛苦的生活过程、文学运动之外,从高处俯视所有的人。对陀思妥耶夫斯基来说,"俄罗斯男孩儿"、无神论者、社会主义者和无政府主义者都是俄罗斯精神现象。我们的"西欧派"文学也是俄罗斯精神现象。他站在现实主义,生活的悲剧的现实主义一边,反对斯拉夫派的理想主义。陀思妥耶夫斯基懂得在俄罗斯进行的这场精神运动。他凭着自己卓越的预见意识揭示了这场运动的性质,指出了它能够达到的可怕的极限。他是站在精神的尝试、必不可少的精神体验的观点上来看待这场运动的。斯拉夫派在它那个时代、它自己的第二代已经停止了理解所有运动,害怕一切尝试。这是完全不同的对待生活的态度。陀思妥耶夫斯基的"土地"要比斯拉夫派的"土地"深厚得多。他在大地最深处的岩层——只有在地震和断裂之后才可以看到的岩层——看到了俄罗斯的"土地"。这不是日常生活的土地,这是本体论的土地,是在日常生活的深处了解人民的精神。

陀思妥耶夫斯基对待欧洲的态度令人惊异。在这一态度中韦尔西洛夫的话尤其值得注意,在这些话里陀思妥耶夫斯基放进了自己关于欧洲最温情的思想。他自己的许多思想都是通过韦尔西洛夫之口来表达的。俄罗斯人——是世界人、全人类人①，而且是世界上最自由的人。"他们(欧洲人)是不自由的，而我们是自由的。那时在欧洲只有我一个人连同我俄罗斯式的悲伤是自由的……任何一个法国人都能够不仅仅属于自己的法国，甚至也属于全人类，但只是有一个条件，就是，他应当依然是最纯粹的法国人。对于英国人和德国人也是同样。只有俄罗斯人甚至就在我们这个时代，也就是说，比将来得出普遍结论之前要早得多的时代，就已经能够在他是最纯粹的欧洲人的同时，又是最纯粹的俄罗斯人。这就是我们民族与其他民族最本质的区别。这一点，在我们这里是这样——在任何地方都是如此。我在法国——就是法国人，我和德国人在一起——我就是德国人，和古希腊人在一起——就是希腊人，而同时，又是最纯粹的俄罗斯人；同时，我是真正的俄罗斯人，最属于俄罗斯的人，因为我说出了俄罗斯最重

---

① 俄语为：всечеловек。这里别氏是指下面"我在法国——就是法国人，我和德国人在一起——我就是德国人，和古希腊人在一起——就是希腊人，而同时，又是最纯粹的俄罗斯人"的说法，即俄罗斯人可以和许多民族的人融合，同时又具有自己独特的民族性，是属于全世界、全人类的人。

要的思想。""对于俄罗斯人来说,欧洲就像俄罗斯一样珍贵:她的每一块石头,都是那么亲切和珍贵。欧洲像俄罗斯一样也是我们的祖国。啊,还有,爱俄罗斯没有比我爱她更多的了,但我永远也不能因为威尼斯、罗马、巴黎、它们的科学和艺术财富、它们整个的历史对我比俄罗斯更亲切而责怪我自己。啊,俄罗斯人是多么珍视这些古老的、别国的石头,这些古老的上帝之国的奇迹,这些神圣的奇迹的碎片;甚至我们俄罗斯人比欧洲人自己更珍视它们……一个俄罗斯存在着,不是为了自己,而是为了思想;有一个意味深长的事实,即,已经将近一百年了,俄罗斯牢固地存在着,不是为了自己,仅仅是为了一个欧洲。"任何一个斯拉夫主义者都不可能说出这样的话。在伊万·卡拉马佐夫那里重复了同样的情形。"我想去欧洲一趟;我知道,我去看的只是一块墓地罢了,但是是最珍贵的墓地,就是这样。那里安息着令我感觉亲切的死者,他们上面的每一块石头都述说着那逝去的沸腾的生活,述说着对自己的功勋、自己的真理、自己的奋斗、自己的科学的热烈的信仰;我预先就知道,我会匍匐在地,热吻每一块石头,在它们上面流下热泪——可就在那时整个的心却会确信,这一切早已成为墓地,仅仅是坟墓而已。"在《作家日记》中同样重复道:"欧洲——这是一片危险而神圣的土地。欧洲,啊,你们知道吗,先生们,——这欧洲本身,这'神圣'的奇迹之国度,对于我们,这些斯拉夫派的幻想家——按你们的说法我们是欧洲的宿敌——是多么珍贵。你们知道吗,这些'奇迹'对我们是多么珍贵,我们是多么热爱和崇敬它们,我们比热爱和崇敬我们自己的同胞兄弟更热爱和崇敬那些留下了它们的伟大的民族和他们所创造的所有伟大、美好、卓越的东西。你们知道吗,对于我们如此珍贵和亲爱的国度的命运使我们怎样痛苦和不安,使我们怎样热泪横流、撕心裂肺吗? 那越来越浓的笼罩了它的天陲的氤氲使我们怎样担惊而忧虑? 你们,先生们——我们的欧洲人和西欧派,从来也没有如此热爱欧洲,像我们,这些斯拉夫派的幻想家——按你们的说法我们是欧洲的宿敌——一样地热爱欧洲。"无论斯拉夫派还是西欧派都不曾这样说。这儿有一位康·列昂季耶夫,他既不是斯拉夫派也不是西欧派,关于欧洲的过去能够说出类似的话。陀思妥耶夫斯基和康·列昂季耶夫这样类型的俄罗斯宗教思想家不否定伟大的西欧文化。他们比现代欧洲人更景仰这一文化。他们否定现代欧洲文明,否定它的"资产阶级"和小市民精神,揭露它对过去欧洲文化的伟大传统和遗训的背叛。

俄罗斯与欧洲的对立,对于许多俄罗斯作家和空想家来说,只是两种精神、两种文化类型的对立,只是与吞没精神的现代文明趋势进行的精神斗争的形式。其实,所谓的斯拉夫主义、东方主义是特殊的意识的偏差。我们知道,有两种精神在世界上不断地斗争,由于对基督教文化根基的背叛,小市民精神开始取胜。唯物主义精神战胜了宗教精神,对地上幸福的追求遮蔽了天空。这就是现代文明的趋势。它首先在欧洲民族那里明显地表现出来。我们的"落伍"拯救了我们。于是,出现了一种诱惑:认为,这一现代文明的世界趋势没有控制俄罗斯和俄罗斯人民,我们是另一种精神,认为它只是西方、欧洲民族的现象。这样,俄罗斯思想和俄罗斯文学的宗教倾向都被涂上了一层斯拉夫主义、东方主义色彩。这是一层保护色。德国在十九世纪初,在伟大的富于创造的德国唯心主义和浪漫主义运动的上升期,也经历了类似的情绪和类似的自我意识。唯心主义的精神,浪漫主义的情绪,拥有更高的精神趣味,这些被确信为德国精神、德国情绪、德国趣味,与"西方",与法国、英国的精神倾向相对立,这伴随着德国弥赛亚意识的极度高涨和紧张。但随即德国就走上了唯物主义的道路,背叛了自己崇高的精神遗训。两种精神的斗争、宗教文明和反宗教文明两种文化类型的斗争永远是西欧本身内部的斗争，它是在整个欧洲大地上进行的。十九世纪的法国的浪漫主义者，法国的象征主义者，法国的天主教徒，如巴贝尔·多雷维尔①，维里耶·德·利尔-亚当②，海斯曼斯③，莱昂·布鲁瓦④，他们都以自己整个的存在，以自己整个苦难的生活命运，反抗着在那个世纪占统治地位的精神，亦即十九世纪的欧洲和法国的文明，这一文明使他们之痛心，不亚于使斯拉夫派、陀思妥耶夫斯基和康·列昂季耶夫痛心疾首。于是，他们回到中世纪，是把中世纪作为自己的精神家园而回到那里。整个尼采现象连同他对悲剧、对狄奥尼索斯文化的热烈向往，是对正在取胜的欧洲文明的极端的和病态的抗议。这一主题是世界性的，它不可能被理解为俄罗斯与欧洲、东方与西方对立的主题。这是两种精神、两种文化类型既在欧洲内部，也在俄罗斯内部，既在西方，也在东方对立

---

① 巴贝尔·多雷维尔(1808-1889)，法国浪漫主义作家，文学批评家。后半生在极度贫困中度过。被称为浪漫主义最后的残片。

② 维里耶·德·利尔－亚当(1838-1889)，法国浪漫主义作家。被称为迟到的浪漫主义者。一生赤贫。

③ 海斯曼斯(1848-1907)，法国象征主义诗人。皈依天主教后，他成为神秘主义者。

④ 莱昂·布鲁瓦(1846-1917)，法国天主教神秘小说家。

的主题。那些卓越的俄罗斯人,伟大的和具有独创精神的思想家和作家在这一主题中比西方人——与其文化历史联系得更为紧密——感到了某种更为尖锐的东西,甚至,赫尔岑在欧洲比1840年代的欧洲人自己更好地感觉到了某种东西。但由此并不能得出结论,这一现代文明的世界趋势、这一反宗教的精神不会在俄罗斯取胜,精神在我们这里不会化为乌有。马克思主义者来到了俄罗斯,并取得了**巨大成就**①。在俄罗斯也发生了两种精神、两种文化类型,或准确地说,衰落的精神与精神的衰落、真正的文化与文明的斗争。在俄罗斯取胜的同样不是精神和文化。精神和文化,我不仅把它们放在一起,而且视为同一,因为,文化就其本质讲永远是精神的;不是精神的东西,只能是文明;文化永远与神圣的传统,与祖先崇拜联系在一起。陀思妥耶夫斯基比所有人更好、更敏锐地觉察到了未来的两重性和它反基督精神的生长。他揭示了这种精神在俄罗斯,首先是在俄罗斯的运动。而康·列昂季耶夫在晚年感到绝望,因为,在俄罗斯也将不会出现一种与创造了现代欧洲文明相反的文化,一种与往昔繁荣的欧洲文化类似的新型的充满

---

① 原文的字号大一号。

活力的文化。他感到绝望，因为他看到，他所憎恨的世界雷同化、一律化的进程也在俄罗斯取胜，于是他说出了这样的骇人之语：也许，俄罗斯将面临的唯一的宗教弥赛亚——是从反基督的深渊中所诞生的宗教弥赛亚。我们的宗教民粹主义思想自我瓦解了，俄罗斯的历史进程给它带来致命的打击。俄罗斯的弥赛亚思想也是悲剧的命运。

"所有伟大的民族如果想存在得长久，它就应当相信，在它身上，只在它一个民族身上蕴含着拯救世界的真理，相信它是为了那一目标而存在，即领导各个民族，使它们在自己这里成为一个整体，引导它们步调一致地走向自己预定的最终目标。"在《作家日记》中陀思妥耶夫斯基这样表述自己对弥赛亚民族意识的要求。在这样的弥赛亚意识中从一开始就没有民族特权、民族割据主义。弥赛亚的民族意识是普世的全宇宙的意识。弥赛亚民族的使命是献身于拯救所有民族、拯救整个世界的事业。陀思妥耶夫斯基为俄罗斯民族，"神意的载体"的民族，提出了这样的普遍拯救的任务。弥赛亚说不是民族主义。弥赛亚说的要求比民族主义的要求多得无可比拟。但其中没有民族特权的自我肯定。斯拉夫主义的意识在很大程度上是民族主义。他们相信俄罗斯民族是基督教文化的高级形态。但他们却不主张俄罗斯民族应当拯救所有民族和整个世界、揭示全宇宙的真理。陀思妥耶夫斯基在普希金百科全书式的天才中发现了俄罗斯民族精神的全人类性。"普希金身上敏锐地感觉整个世界和完全再现、几乎是完美体现不同民族的才能"使他震惊。"这种才能是完全俄罗斯民族式的才能，并且只有普希金能够与所有民族来分享他的才能。"与斯拉夫主义相反，他说："我们对欧洲的向往——甚至是带有极端性的完全迷恋——**根据我们自己的理由**不仅是合理的和明智的，而且也是人民的意愿，完全符合人民精神的向往，而且最终毫无疑问，具有更高的目的。""俄罗斯灵魂，俄罗斯人民的天才，也许是所有民族中最能胜任将全人类联合、兄弟般爱的思想融合在自己身上的民族。"陀思妥耶夫斯基以其天才敏锐地发现，俄罗斯人骚动不安的反叛式的流浪、他们的精神朝圣是深刻的民族现象，是俄罗斯民族的精神现象。"在阿乐哥①身上普希金已经寻得并天才地注意到了在俄罗斯大地上不幸的流浪者，具有历史意义的俄罗斯流浪者。"陀思妥耶夫斯基所有的

---

① 普希金的叙事诗《高加索的俘虏》中的人物。

创作都献给了这些流浪者未来的命运,他们是陀思妥耶夫斯基最关注的人。扎根于土地的人,在大地中坚实地成长起来的人,稳定的日常生活的人,不能引起陀思妥耶夫斯基的兴趣。"俄罗斯的流浪者需要的正是全世界的幸福,只有这样他们才可以安心:他们是不会轻易妥协的。"俄罗斯民族的全人类精神就这样在俄罗斯式的流浪现象中,在俄罗斯式的叛逆中被揭示出来。陀思妥耶夫斯基的思想在这里也是二律背反的,而这一二律背反产生于思想的动态过程,他不愿意把任何事物看作是静止的、稳定的。俄罗斯的流浪者脱离了人民的土地,他们的罪孽就在于此,他的创造性生活无果实的原因也在于此。但俄罗斯的流浪者——陀思妥耶夫斯基认为这是俄罗斯兄弟之爱的产物,并戏称为"gentilhome russe et citoyen du monde"①——是俄罗斯深刻的现象,并且是只有在俄罗斯才可以遇到的现象,是我们的民族精神现象之一。较为单一的斯拉夫思想不会在自身融汇"俄罗斯流浪者"这样二律背反的思想。陀思妥耶夫斯基热爱俄罗斯流浪者,极其关心他们的命运。他认为脱离了"人民"的俄罗斯"知识分子"是民族现

---

① 法语:俄罗斯的贵族和世界公民。

象。理解这一态度对理解陀思妥耶夫斯基的世界观非常重要。因此,陀思妥耶夫斯基的宗教民粹主义是两种悖论思想非常复杂的结合。他号召尊崇"人民的真理",寻找"人民的真理并在人民之中寻找"。他时而把"人民"作为一个伟大的神秘的整体,从而把它理解为一个神秘的机体、民族的灵魂,时而把"人民"理解为主要是"普通"人、庄稼汉。这说明了我们的民粹主义意识通常具有的懵懂与混沌。但也可以别样理解俄罗斯流浪者的使命。他们可以在自身深处发现和认识人民的天性,并且,正因为他们显示出了这一深度,所以他们是人民,因为每一个俄罗斯人的深度都是人民的深度。"人民性"不是外在于"我",不是在庄稼汉身上,而是内在于"我",在"我"个体存在的深层,在这一存在中"我"已经不是封闭的单一体。这将是唯一正确的对待"人民"和"人民性"的态度,一种内在的态度。"我"之所以不是"人民",脱离了"人民",是因为"我"处于表面,而不在深处。为了成为"人民","我"不需要成为什么庄稼汉、什么百姓,"我"只需要回到自身深处。这一点也适合于教会意识。在深处揭示的"人民的真理"是什么? 陀思妥耶夫斯基没有从庄稼汉、从百姓那里借用它,它在经验上对于陀思妥耶夫斯基是异己的。这一真理在陀思妥耶夫斯基的精神深处得到揭示。陀思妥耶夫斯基也是"人民",比俄罗斯所有农民更人民。"俄罗斯人的使命无可争议地是全欧洲性的和全世界性的。成为真正的俄罗斯人,成为完全的俄罗斯人,也许只意味着成为所有人的兄弟,成为**全人类人**。呵,我们整个的斯拉夫主义和西欧主义之争只是我们这里一个伟大的误会,尽管这是历史的和必不可少的。对于真正的俄罗斯人来说,欧洲就如同俄罗斯本身一样珍贵;整个伟大的雅利安民族的命运,就如同整个故土的命运一样珍贵,因为我们的命运就是全世界的命运。"这样理解俄罗斯的使命和俄罗斯思想,陀思妥耶夫斯基更接近的是弗·索洛维约夫,而不是斯拉夫主义者或后来的俄罗斯民族主义者。但在陀思妥耶夫斯基的弥赛亚意识中可以发现所有弥赛亚意识的矛盾和危险性。

弥赛亚思想是古犹太民族带到世界上来的,**救世主**应当曾出现在这个上帝拣选的民族中。除了犹太人的弥赛亚说之外不存在任何弥赛亚说。犹太人的弥赛亚说被基督的出现所证实。基督出现之后,在基督教世界里民族性的弥赛亚意识已经成为不可能。整个基督教世界人类都是上帝的选民。各民族有自己的救星,自己的使命。但救星意识不是弥赛亚意识。犹太人的弥赛亚说是建立在宗教的和民族的极其接近与认同的基础上。弥赛亚意识不是民族主义意识,而是普世的意识,民族主义意识总是割据主义的。犹太民族不是众多民族中的一个民族,而是唯一的上帝的民族,其使命是进行拯救世界的事业,在地上建立上帝的国。基督教世界中的弥赛亚意识永远是基督教的重新犹太化,是回到古犹太人的全宇宙宗教与其民族的宗教之间的认同。俄罗斯民族的"俄罗斯是第三罗马"这一古罗斯主张,无可置疑地是犹太教元素在基督教土壤里的生长。在波兰的弥赛亚说中可以发现这一犹太教的更为清晰的形态。从"第三罗马"思想走来的俄罗斯弥赛亚意识,过了整个十九世纪,在伟大的俄罗斯思想家和作家那里达到了自己的鼎盛时期,到了二十世纪,俄罗斯弥赛亚思想显示出了其悲剧性命运。沙皇的俄罗斯很少像第三罗马,在这里,按照陀思妥耶夫斯基的话说,"教会瘫痪了",完全丧失尊严地听命于恺撒。俄罗斯的弥赛亚主义者开始向往**未来王国**,因为他们没有自己的王国,于是期望在俄罗斯出现一个新王国,基督的千年王国。果然,沙皇的俄罗斯倾覆了,发生了革命,俄罗斯教会与俄罗斯国家之间牢固的铁链断开了。俄罗斯人民进行了一场实现地上新王国的实验。但代替第三罗马实现的是第三国际。实现第三国际的人的意识也是一种他们自己的弥赛亚意识。他们发觉自己是东方之光的拥有者,应当照亮处于"资产阶级"黑暗之中的西方民族。这就是俄罗斯弥赛亚意识的命运。这种弥赛亚意识,不仅费洛菲伊修士①那里有,巴枯宁②那里也有。但这表明,在这一弥赛亚意识的根基之中融入了宗教谎言,宗教与人民关系的谎言。这一弥赛亚意识的基础是"人民崇拜"。

在沙托夫的形象中表现了俄罗斯弥赛亚思想的矛盾、诱惑和罪孽。但陀思妥耶夫斯基本人是否完全摆脱了沙托夫?当然,他不是沙托夫,但他爱沙托夫,并且沙托夫的某些东西就在他本人身上。陀思妥耶夫斯基所有的人物都是他个人灵魂的一部分,是他的道路的片段。沙托夫对斯塔夫罗金讲:"您知道吗,现在整个地球上唯有哪个民族是'神意的载体',它在未来以新上帝的名义更新世界、拯救世界?唯有谁被赐予新生活和新话语的钥匙?""任何一

① 费洛菲伊,普斯科夫的叶利扎罗夫修道院院长,于1510–1511年向瓦西里三世提出"莫斯科是第三罗马"的理论学说。
② 巴枯宁(1814–1876),无政府主义奠基人之一。

个民族只有在拥有自己独特的上帝,毫不妥协地排除世界上所有其他的上帝时,才是一个民族。"这是回到了异教的割据主义上。但接着沙托夫又彻底转到了普世的犹太教。"如果一个伟大的民族不相信唯有它拥有真理,不相信唯有它有能力有使命使一切复活并拯救自己的真理,那么它立即就会变成人种学的材料,而不是一个伟大的民族……但真理只有一个,众多民族中只有一个民族可以拥有上帝的真理,尽管其他民族也拥有自己独特的和伟大的上帝。唯一的'神意的载体'的民族是俄罗斯民族。"于是斯塔夫罗金向沙托夫提出一个致命的问题:"您本人是否信仰上帝呢?"沙托夫狂暴地嚷道:"我信仰俄罗斯,我信仰它的东正教…… 我信仰基督的圣体…… 我相信基督再临将发生在俄罗斯……""那上帝呢? 上帝呢?"斯塔夫罗金坚持问道。"我…… 我会信仰上帝的。"在这精彩的对话中,陀思妥耶夫斯基揭露了宗教民粹主义、宗教的人民崇拜的谎言,揭露了民粹主义弥赛亚意识的危险性。许多俄罗斯人信仰人民先于信仰上帝,信仰人民多于信仰上帝,并希望通过人民走向上帝。崇拜人民的诱惑是俄罗斯的诱惑。在俄罗斯的意识中宗教与人民是如此之混淆,以至于很难将它们区分开来。在俄罗斯的东正教中这种混淆有时到达了将宗教与人民视为同一种东西的地步。俄罗斯人民信仰俄罗斯的基督。这里,基督是人民的上帝,是俄罗斯农民的上帝,这个基督在自己的形象中带着俄罗斯的特征。这同样是俄罗斯东正教中的异教倾向。民族宗教的封闭性和特权性,与西方基督教的疏远,对待西方基督教极端的否定态度,尤其是对资本主义世界的否定态度,所有这一切都处于与基督教的全宇宙精神的鲜明对立之中。每一个民族,正如每一个个性,以自己的方式反映和表达基督教。俄罗斯民族的基督教也应当是自己独特的基督教,有自己独特的个性特征。这与基督教的全宇宙性一点也不矛盾,因为基督教的全世界联合是具体的而不是抽象的联合。但在俄罗斯的基督教中存在着这样的危险:人民的自发力量战胜普遍的逻各斯,女性本原战胜男性本原,精神战胜灵魂。这种危险性在陀思妥耶夫斯基身上同样可以感觉到。他经常宣扬俄罗斯的而不是全世界的上帝。陀思妥耶夫斯基的褊狭是他的宗教信仰中的犹太教特征。沙托夫形象的出色在于,在他身上融合了革命家和"黑帮分子"两股力量,他显示了这两种精神的亲缘性。俄罗斯的革命家和俄罗斯的"黑帮分子"经常是无法分辨,他们之间有着惊人的相似。两者同样地受惑于"人民崇拜"。人民的自发力量折磨着他们的理智,损害和瓦解着他们的个性。革命家和"黑帮分子"——都着了魔似的。陀思妥耶夫斯基发现了这一点,因为他在自己身上既感觉到了革命的元素,也感觉到了"黑帮分子"的元素。陀思妥耶夫斯基在俄罗斯人民身上发现了我们的民粹派作家所没有发现的惊心动魄的、无比强烈的性欲①的自发力量。在俄罗斯人民内部产生出鞭身教派这一非常民族的、典型的俄罗斯的现象不是偶然的。其中混杂了俄罗斯东正教、自古以来的俄罗斯异教和人民的狄奥尼索斯精神。俄罗斯的宗教信仰,当它采取了迷狂的形式时,几乎总是显示出鞭身教派的倾向。人民的自发力量比逻各斯的普世光辉更强大。

在俄罗斯人民中,应有的男性本原与女性本原之间、精神与灵魂之间的关系遭到破坏。这也是我们宗教和民族意识所有疾病的根源。安·别雷的小说《银鸽》以其惊人的直觉的穿透力展示了俄罗斯人民的可怕的自发力量。俄罗斯不是西方,但也不是东方。她是东-西方,是东方的与西方的元素的碰撞与相互作用。俄罗斯的复杂性与神秘性就在于此。

---

① 指作者在上文中阐述的其形而上的意义。

陀思妥耶夫斯基具有预言的天才。这一天才被历史所证实。在纪念陀思妥耶夫斯基逝世四十周年的今天,我们更强烈地感觉到了这一点。但主要是关于俄罗斯和俄罗斯民族负面的而不是正面的预言得到了证实。《群魔》是一部预言式小说。这一点现在大家都很清楚。但充满了《作家日记》的陀思妥耶夫斯基的许多正面的预言没有得到证实。那些关于俄罗斯的君士坦丁堡,关于贤明的沙皇,关于俄罗斯民族是世界上特殊的唯一的基督教民族的章节,现在读来令人痛苦。有一点陀思妥耶夫斯基犯了根本性的错误,于是成了一个蹩脚的预言家。陀思妥耶夫斯基认为知识分子被传染了无神论和社会主义,但他却相信人民依然信仰基督的真理。这是民粹主义意识的谬见。陀思妥耶夫斯基的宗教民粹主义削弱了他的天赋。俄罗斯革命反驳了俄罗斯的宗教民粹主义,揭露了民粹主义意识的错觉和欺骗性。实际情况是,"人民"背叛了基督教,而"知识分子"开始回到基督教。现在最主要的是,应当摆脱民族宗教生活中一切阶级的观点。斯拉夫主义者和陀思妥耶夫斯基都没有完全摆脱这一点。应当回到个性,在个性的精神深处寻求拯救。这一点与陀思妥耶夫斯基本人精神的基本倾向更为一致。斯拉夫主义终结了,西方主义终结了。任何形式的俄罗斯民粹主义都已经成为不可能。我们已经步入存在的一个新维度。我们应当建立一个新的、精神上更为强有力的宗教和民族意识。陀思妥耶夫斯基已经为建立这一新的意识做了许多事情,但我们就是要在他的身上研究我们的诱惑和我们的罪孽。在通往新生活、通往精神复活的路上,俄罗斯民族将面临的是从纯朴的恭顺走向忏悔,走向严格的精神自律。只有这样,精神的力量才会回到俄罗斯民族身上。要放弃弥赛亚的追求,就需要牢固俄罗斯的民族使命;要战胜民粹主义,就需要坚固个性并还以精神-文化使命的尊严。

第八章 大法官。神人和人神

《宗教大法官的传说》是陀思妥耶夫斯基创作的顶峰，是他的思想辩证法的桂冠。应该在其中来寻找陀思妥耶夫斯基正面的宗教世界观。这里集中了所有的线索，并解决一个主要主题，人类精神自由的主题。这一主题在《传说》中被隐性地探讨着。令人惊异的是，这一对基督从未有过的有力的赞美的传说却是通过无神论者伊万·卡拉马佐夫之口讲述的。《传说》是一个谜。无论是从讲述《传说》者一方，还是从作者本人一方讲，依然有许多未完全明了的东西。为解答人类自由之谜，人们已经做了太多的事情。但这一关于自由的《传说》也必定是献给自由的。光明在黑暗中闪亮，在造反的无神论者伊万·卡拉马佐夫的灵魂深处谱写了一曲基督的颂歌。人的命运不可避免地不是把他引向大法官，就是引向基督。必须作出抉择。没有第三条道路。即使有，第三条路也只是过渡地带，而不是最后的极限。在大法官的秩序中，自我意志导致取消和否定精神自由。自由只能在基督身上获得。陀思妥耶夫斯基采用的艺术手法也令人惊异。基督始终是沉默的，他留在暗影之中。正面的宗教思想找不到自己的话语表达。自由的真理非语言所能表达，易于表达的只是强权的思想。自由的真理只在与之对立的大法官的思想中得以揭示；它通过大法官的反驳话语而熠熠闪耀。基督和**他的真理**的隐性表达使其艺术表现力尤为强烈。始终是大法官在论辩，在说服。在他对世界的安排中充满了强有力的逻辑、强有力的意志，为的是实现预设的蓝图。但基督的不反驳，他温顺的沉默，比大法官所有的论辩更具有说服力和感染力。

在《传说》中是两种世界本原的对立与冲突——自由与强权，信仰**生活的意义**与不信仰**意义**，上帝的对人的爱与非上帝的对人的怜悯，基督与反基督。陀思妥耶夫斯基选取的是有着纯洁面貌的敌视基督的思想。他塑造了一个崇高的宗教大法官的形象。这是"一个热爱人类，饱受伟大的怜悯之苦,受尽其折磨"的人。他——一个无神论者,摆脱了卑下的物质享受的欲望。这是一个思想的人。他有一个秘密。这个秘密就是,不信上帝,不信世界的意义,但因了这一意义人的苦难才是值得的。失去了信仰,大法官感到,巨大的人群无力承担被基督所揭示的自由的重负。自由之路是艰难、痛苦、悲剧之路。它需要英雄主义。那样微不足道的、可怜的存在,人,担当不了自由。大法官不信仰上帝,也不信仰人。这是同一信仰的两面。失去了对上帝的信仰,就不可能再信仰人。基督教要求,不仅信仰上帝,而且信仰人。基督教是神人类宗教。大法官首先否定神人类思想——神的本原与人的本原在自由中靠近并融合的思想。人经受不住他的精神力量、精神自由、崇高的生活使命的巨大考验。这一对人的力量的考验是对人的莫大的尊敬,是他的崇高的精神禀赋的天职。人被要求得很多,因为他负有某种伟大的使命。但人摒弃了基督的自由,摒弃了识别善恶。"干吗要区分善和恶这鬼玩意儿,如果为它要付出如此大的代价?"人不能忍受自己的和别人的苦难,而没有苦难,自由就是不可能的,也不可能识别善恶。人面临的是二者必取其一的抉择——要么选择自由,要么选择幸福、平安、安居乐业;要么选择伴随着苦难的自由，要么选择没有自由的幸福。绝大多数人走第二条道路。第一条路是不多的被拣选的人的路。人拒绝伟大的思想——上帝、不死和自由，而被虚假的非上帝的对人的爱、虚假的怜悯、建立普遍的上帝缺失的地上生活的渴望所控制。大法官为了人、为了婴孩而反对上帝；但是大法官同样不信仰人，就像他不信仰上帝一样，但他却是以人的名义而反对上帝的。这一点尤其深刻。通常是那些不相信人有自己注定的、崇高的、神性的生活的人，完全献身于建设地上的幸福。造反的、自我有限的"欧几里得的智慧"试图建设一个比上帝造的世界更好的世界。上帝造的世界是充满苦难的世界。**他**赋予了人难以承受的自由的重负和责任。"欧几里得的智慧"将建设一个不再有苦难和责任，但也没有自由的世界。"欧几里得的智慧"必然走向大法官的秩序，即按照必然性原则建设的蚂蚁窝，必然走向消灭精神自由。这一主题早在《作家日记》，以及《群魔》的希加廖夫和彼·韦尔霍文斯基那里就已经提出，而现在在《宗教大法官的传说》中加以解决。如果世界生活没有更高的意义，如果没有上帝和不死，那么只有按照希加廖夫和大法官的秩序来安排地上的人类。反抗上帝必然导致取消自由。这一因素也是天主教宗教裁判所和强制的主义的基础,不信仰精神自由,不信仰上帝和人,不信仰神人和神人类。幸福论的观点必然敌视自由。

人类精神的自由不能与人们的幸福混为一谈。自由——是贵族式的。它只为不多的被拣选的人而存在。大法官责难基督,是他加于人所不能承受的自由的重负;他这样做,似乎他并不爱他们。出于对人的爱,应当剥夺他们的自由。"**你**不掌管住人们的自由,反而给他们增加更多的自由。或许**你**忘了,安宁,甚至死亡,对于人比自由地选择善与恶更珍贵?对于人没有什么比良心的自由更为诱人的了,但也没有什么比它更为痛苦的了。你不提供使人类良心一劳永逸地得到安慰的坚实基础,却拿了那些不同寻常、捉摸不定、含糊不清的东西来,拿了那些人们担当不了的东西来,因此,你这样做,似乎你根本就不爱他们。"为了人们的幸福必须安慰他们的良心,也就是从他们那里拿走选择的自由。只有少数人能承受自由的重负,跟随**那人**①,他希望人自由地爱。

大法官替不计其数的、就像大海里的沙子似的芸芸众

---

① 指耶稣。

生着想,他们经受不了自由的考验。大法官说:"人寻找的与其说是上帝,不如说是奇迹。"这话表明了大法官关于人性的庸俗见解和对人的不信任。他继续指责基督:"**你**没有从十字架上走下来,因为你不想用奇迹降服人,你希望的是自由的信仰,而不是因奇迹发生而信仰;你希望的是自由的爱,而不是强权之下的俘虏的奴隶般的惊叹;惊叹只因他被强权惊吓得永远胆战心惊。但在这方面**你**对人们的估计也过高了,因为他们是奴隶,尽管他们生来就是造反之徒。""**你**这样尊敬他(人),你这样做,就好像不再怜悯他了,因为你要求于他的太多了。你要是少尊敬他一些,少要求他一些,那倒更像爱他,因为那样的话,他的担子会轻一些。他是软弱而低贱的。"大法官宣扬的是基督宗教的贵族派头。"**你**可以骄傲地指出那些自由的孩子,自由之爱的孩子,自由而庄严地以**你**的名而牺牲的孩子。但请记住,他们总共只有几千人,而且他们还全都是神一样强大,可是其余的那些人该怎么办? 其余的软弱的人,他们不能承受强大的人所承受的东西,但他们有什么错? 那颗软弱的心灵无力承受如此可怕的赐予,可有什么错? 难道**你**来真的就是为了拣选,为拣选的人而来?"于是大法官要捍卫软弱的人类,以爱人的名义剥夺了给他们带来苦难的自由的天赋。"我们如此温和地对待人们的软弱无能，满怀爱怜地减轻他们的负担，难道我们还不够爱人类吗?"大法官告诉基督那些社会主义者经常告诉基督徒的话:"每一个人都充分兼得自由和地上的面包是不可思议的，因为人们永远永远也不善于给自己好好分配。他们也深信，他们永远不可能成为自由的人，因为他们是软弱的，不道德的，渺小的，又是造反之徒。你许诺给他们天上的面包，但在软弱的、永远道德败坏的、永远吝啬的一群人的眼里，它能与地上的面包相比么? 就算为了天上的面包，有几千人以至几万人跟随你，那么几百万以至上亿没有能力为了天上的面包而放弃地上的面包的，又该怎么办? 或许只有几万伟大而强有力的人是你所珍视的，而其余千百万、不计其数的、像大海里的沙子似的芸芸众生，那些虽软弱但却爱你的人就只能充当伟大而强有力的人的材料么? 不，我们也珍视弱者。""恰恰是以地上的面包的名义，大地精灵会起来反对你，与你厮杀，战胜你，所有人都会跟他走……在你的圣殿的废墟上将耸立一座新的大厦，重新建起可怕的巴别之塔。"无神论社会主义总是宣扬基督教不会使人们幸福，不给他们安宁，不让他们吃饱肚子。所以无神论社会主义宣扬千百万人信仰的地上的面包的宗教，而反对只有为数不多的人信仰的天上的面包的宗教。**但之所以基督教没有使人们幸福，没有让他们吃饱肚子，是因为它不认可对人类精神自由、自由的良心的强迫，是因为它追求人的自由并期待着以人的自由来完成基督的约言。**如果人类不想完成它，背叛它，这不是基督教的错。这是人的错，而不是神人的错。对于无神论的和唯物主义的社会主义来说，不存在自由这一悲剧性问题。社会主义等待着自己的实现，以便使人类摆脱生命肌体这一物质性的奴役。社会主义想要战胜自由，为了人们的幸福、温饱、安宁而熄灭生命的非理性因素。"当人们拒绝自己的自由时，他们将成为自由的人。""我们给他们安宁、恭顺的幸福，天生弱者的幸福。呵，我们将战胜他们，最终，他们将不再骄傲，是你抬高了他们，并教会了他们以此为骄傲……我们强迫他们劳作，但是，我们要把他们劳作之余的闲暇生活安排得像孩子的游戏一样，有孩子般的歌声，有众人的合唱，有欢快的舞蹈。呵，我们还允许他们犯罪，因为他们是软弱无力的。"大法官许诺使人"摆脱巨大的忧烦，摆脱眼前必须由自己自由地解决问题所带来的可怕的痛苦。这样，所有人，亿万人，都将是幸福的"。"大法官离开了那些骄傲的人，为了这些恭顺的人的幸福回到他们那里去了。"

为了替自己辩护，他指出有"千百万不知何为罪孽的幸福的婴孩"。他责难基督骄傲。这一情节在陀思妥耶夫斯基那里多次重复。在《少年》中人们这样议论韦尔西洛夫："这是一个非常骄傲的人。而许多骄傲的人都是信上帝的，尤其是一些鄙视人的人。这里原因很明显：他们选择了上帝，为的是不在人面前卑躬屈膝。而拜倒在上帝面前并不是什么屈辱的事儿。"信仰上帝是精神骄傲的标志，不信上帝是精神贫乏的标志。伊万·卡拉马佐夫明白上帝思想的惊人高度。"真是奇怪，那样一种思想——上帝必不可少的思想——能够钻到那样野蛮、凶恶的动物（人就是这样的动物）的脑袋里。它是那样神圣，那样令人感动，那样富于智慧，那样让人有尊严。"如果存在人崇高的本性和实现崇高目的的使命，那么就存在上帝，就存在对上帝的信仰。如果不存在上帝，也就不存在人崇高的本性，那么，就只剩下以奴役为基础的社会的蚂蚁窝。陀思妥耶夫斯基在《传说》中揭示了一幅社会乌托邦的图景，它在希加廖夫那里，在所有梦想着社会未来的和谐的地方不断重复。

　　基督在旷野里拒绝的三种诱惑"预言了人类整个未来的历史，同时，显示了地上人类社会中所有无法解决的历

史矛盾的三种形态"。基督以人类精神自由的名义拒绝了
这些诱惑。基督不希望人类的精神成为面包、奇迹和地上
王国的奴隶。大法官以人们幸福和安宁的名义接受了这
三种诱惑,拒绝了自由。他首先接受石头变面包的诱惑。
"你拒绝了唯一的、绝对地属于**你**的旗帜——地上的面包
的旗帜,它可以使一切人无可争辩地崇拜**你**;而且你是以
自由的名义和天上的面包的名义拒绝的……"接受三种诱
惑就会彻底安慰地上的人。"你就会满足人们在地上想找
的所有东西,即,向谁膜拜? 把良心交给谁? 最后,以何种
形式联合,从而使所有人进入一个没有纷争的、普遍和谐
一致的蚂蚁窝? 因为全世界联合的愿望是第三个也是最
后一个使人们痛苦的问题。"大法官的秩序解决如何安排
地上人生活的所有问题。

大法官的秘密在于,他不是和基督在一起,而是和**他**
在一起。"我们认同的不是**你**,而是**他**,这就是我们的秘
密。"大法官的精神——以反基督替代基督的精神,在历史
上曾以各种面貌出现。天主教,在自己罗马教皇的神权政
治体系中,把教会变为国家,对于陀思妥耶夫斯基来说,它
就是大法官精神的面容之一。这种精神在拜占庭的正教

中,在各种君主专制中,在各种帝国主义中都可以找到。但知道自己的界限在哪里的国家,从来不是大法官精神的表达者,也没有强暴精神自由。基督教在自己的历史命运中常常遭受诱惑而否定精神自由。对于信仰基督教的人来说,没有什么比保持对基督教自由的忠诚更困难的了;对人来说,确实没有什么比自由更折磨人,更难以忍受的了。因此,人寻找各种方式弃绝自由,从自己身上卸下这副重担:不仅通过否定基督教的方式来否定自由,而且在基督教内部也发生着对自由的否定。在基督教历史上曾起过重大作用的权威人物的理论就否认基督自由的秘密——被钉在十字架上的基督的秘密。基督教自由的秘密是各各他的秘密,是十字架的秘密。被钉在十字架上的真理不强加于任何一个人,不强迫任何人去接受它,只能够自由地揭示和接受它。被钉在十字架上的真理追求人类精神的自由。被钉者没有像不信他的人曾请求的那样,像我们这个时代的人请求的那样,从十字架上走下,因为他"希望的是自由的爱,而不是强权之下的俘虏的奴隶般的惊叹;惊叹只因他被强权惊吓得永远胆战心惊"。上帝的真理,以身体受尽侮辱、心灵受尽折磨的方式,以被这个世界的强力钉在十字架上的方式在此世显现,以此来确认精神的自由。上帝的真理，以自己强大的力量使世人震惊而取胜，以自己的力量获取人们的心灵，因而用不着再去**要求人们**自由地接受自己。因此，各各他的奥秘就是自由的奥秘。上帝的儿子必定被这个世界的强力钉在十字架上，人类精神的自由因此得到确认。信仰的行动是自由的行动，是自由地显现看不见的世界。基督，上帝的儿子，位于父亲右边，被世人看到，只是为了自由信仰的行动。信仰精神自由的人，看到的是为了圣名的**蒙难者**的复活；不信的人——因看得见的世界而惊讶或沮丧的人，只能看到木匠耶稣可耻的死刑，只能看到自以为代表上帝真理者的失败和死亡。基督教全部的秘密就隐藏于此。在基督教历史上，每当人们企图把追求精神自由的**蒙难者**的真理变为权威的真理、压制精神的真理，就是背叛了基督教最初的奥秘。宗教生活中的权威思想与各各他的奥秘、与蒙难者的奥秘相对立，它企图把蒙难者化为奴役这个世界的力量。在这条道路上，教会总是接受国家这一形式，接受恺撒的剑。于是，教会组织具有了律法的特征，教会生活服从于强制性的律法规定，教会的教条体系具有理性的特征，并使基督的真理服从于逻辑的强制性的教规。这是否意味着，他们想让基督从十字架上走下来，好让人们对**他**

确信无疑。可是在丧失理智的十字架上,在蒙难者真理的秘密中,没有任何律法的和逻辑的说服和强迫。将基督的真理律法化和理性化,就是从自由之路走向奴役之路。陀思妥耶夫斯基依然相信蒙难者的真理,各各他宗教,亦即自由的宗教。然而,基督教的历史命运却是这样:这一信仰的声音对于基督教仿佛是一种新话语。陀思妥耶夫斯基的基督教是新[①]基督教,尽管他依然相信基督教素有的真理。陀思妥耶夫斯基对基督教自由的理解仿佛已经走出了历史上的东正教的藩篱。与天主教意识相比,他当然更易于被纯粹的东正教意识接受,但就是保守的东正教也害怕陀思妥耶夫斯基的精神革命,害怕他精神的无限自由。正像所有伟大的天才一样,陀思妥耶夫斯基是站在峰顶。中间层的宗教意识只是在平面上揭示自己。宗教意识具有的"共同性"是意识的品质,"共同性"与数量、与集体性没有任何共同之处,它可以是在几个人那里比在几百万人那里更多。宗教天才可以比人民集体(指这个词汇的数量意义)表现出更多"共同性"品质。情况总是这样。陀思妥耶夫斯基在自己的基督教意识上是孤独的,在他的对

---

① 原文的字号大一号。

面是一个庞大的量,但在他身上却具有共同性的品质。在对自由的理解上他与霍米亚科夫①有亲缘关系。霍米亚科夫同样高耸于官方东正教意识之上。霍米亚科夫和陀思妥耶夫斯基的东正教不同于都主教费拉列特②和隐修士费奥凡的东正教。

大法官精神同样可以表现在极"左"派和极"右"派中。大法官的思想被革命者——彼·韦尔霍文斯基和希加廖夫——重复着。希加廖夫主张,"作为解决问题的最终形式,把人类分为不平等的两部分。十分之一拥有个性自由以及对其余十分之九的无限权力。这些十分之九的人应当失去个性,仿佛变成一群牲畜,并在绝对服从的情况下,经过一系列再生达到原始的无罪,就像在原始的天堂,尽管还要工作"。希加廖夫像大法官一样是"爱人类的幻想家"。在革命家希加廖夫那里,也像在大法官那里一样,"奴隶应当是平等的;如果没有专制,就既没有自由,也没有平等,但在牲畜中应当有平等"。平等只有在专制下才

---

① 霍米亚科夫(1804-1860),俄国最杰出的斯拉夫主义哲学家。提出了并阐释了教会的"共同性"原则。

② 费拉列特(1782-1867),1826-1867年间任莫斯科都主教。主持《圣经》的俄文翻译工作,起草1861年农奴解放宣言,著有《基督教教义详细手册》等。

是可能的。所以,当社会渴望平等的时候,它必然走向专制。渴望平等,渴望平等的幸福和平等的温饱,必定带来最大的不平等,带来少数人对多数人的专制统治。陀思妥耶夫斯基极其深刻地意识到并指出了这一点。在《宗教大法官的传说》中,陀思妥耶夫斯基尤其指的不是天主教。天主教的神权政治统治连同它的危险倾向毕竟是在过去。未来的大法官的王国不是与天主教联系着,而是与无神论联系着。但如果没有**真理**和**意义**,那么剩下的就只有一个崇高的动机了——怜悯人群,希望在他们尘世生活的短暂瞬间里能给予他们无意义的幸福。

大法官充满了对人的怜悯。就其特点来说,他是民主主义者。他被披着善的外衣的恶所诱惑。这是反基督诱惑的特性。反基督——不是老朽的、粗糙的、一下子就看得清的恶,它是新生的、精细的、有魅力的恶。它总是穿着善的外衣。在反基督的恶中总是有与基督的善相似的东西,总是隐藏着混淆和偷换的危险。善的形象开始分裂。基督的形象不再被清晰地领会,而与反基督的形象混淆在一起。于是,出现了一些具有双重思想的人。梅列日科夫斯基所有的创作都反映了基督与反基督形象的这一混淆和经常性的偷换。而陀思妥耶夫斯基预见了人类精神这一状态的到来,并预言般地给我们展示出来。当人在自己的发展道路上达到了极端分裂的时候,反基督的诱惑就出现了。那时精神的土壤开始变得松动,失去了旧有的习惯了的准则,新的准则还没有产生。《宗教大法官的传说》和陀思妥耶夫斯基的其他著作,还有弗·索洛维约夫的《反基督的故事》中对反基督精神的描述有着惊-人的吻合。在弗·索洛维约夫那里,反基督是爱人类者和社会主义者;他接受三种诱惑,并希望建立起地上天堂,使人们得到幸福;这与希加廖夫、大法官相似。在英国天主教作家本森①出色的小说《世界独裁者》中也有类似的反基督精神形象。本森的小说让我们看到,不是所有的天主教徒都受大法官精神的诱惑。本森有着与陀思妥耶夫斯基、弗·索洛维约夫一样的预感和预见。

陀思妥耶夫斯基的辩证法在对立的神人与人神、基督与反基督的基础上继续发展。人的命运处于神人与人神、基督与反基督两极的冲突之中。人神思想的发现归功于陀思妥耶夫斯基。这一思想在基里洛夫的形象中表现得尤其尖锐。在这里我们彻底陷入了《启示录》的氛围中,在

---

① 罗伯特·本森(Robert Benson,1871—1914),英国作家。

这里提出了人类命运的最后问题。基里洛夫呓语般地说："将有新人出现,幸福的,骄傲的。谁对生或死无所谓,他就将是新人。谁战胜了痛苦与恐惧,谁自己就是上帝。而那个上帝将不复存在。""上帝是一种恐惧的痛苦和死亡的痛苦。谁战胜了痛苦与恐惧,他自己就成为上帝;那时就有新生活,那时就有新人,一切都是新的。""人将成为上帝,肉体上也将发生变化。世界会改变,行为会改变,还有思想,还有一切情感都会改变。""谁敢于自杀,谁就是上帝。现在每一个人都可以做到使上帝不复存在,一切都不复存在。"基里洛夫相信的不是未来的永恒,而是此世的永恒的生活,当"时间突然停止,就是永恒"。时间"将在头脑里消失"。那个名字叫"人神"的人将"结束世界"。"神人?"——斯塔夫罗金追问道。"人神,"基里洛夫回答,"这是有区别的。"人神类的共同道路通向希加廖夫和大法官的思想体系。人神类的个人主义之路通向基里洛夫的精神试验。基里洛夫想成为人的拯救者,让人永生。为此,他成为其自我意志行动的牺牲品——实施了自杀。但基里洛夫的死不是十字架上的死,不是能带来拯救的各各他的死。他的死与基督的死完全对立。基督完成了圣父的意志,基里洛夫则是完成了自己的意志,宣告了自我意志。

是"这个世界"把基督钉到了十字架上,基里洛夫是自己杀死了自己。基督揭示了在另一个世界的永生,基里洛夫想确信此世的永生。基督之路经过各各他通向复活,战胜死亡;基里洛夫之路止于死亡,没有复活。在人神之路上死亡获胜了。唯一的不死的人神是**神人**。人想成为与**神人**相对的人,成为另一极的**他**,并与**他**一样。在基里洛夫身上,陀思妥耶夫斯基揭示了人神的最后极限,揭示了人神思想的内在死亡。与大法官一样,基里洛夫是那样纯洁的禁欲主义者,这一实验发生在完全纯洁的氛围之中。但在陀思妥耶夫斯基那里,人整个的道路是通往人神的分裂之路,昭示了人神对于人之形象的内在毁灭性。

陀思妥耶夫斯基正面的宗教思想,他独特的对基督教的理解,首先应该在《宗教大法官的传说》中去寻找。在这里,陀思妥耶夫斯基比在佐西马和阿廖沙的形象中,比在《作家日记》的训诫中,更为天才、更为集中地体现出他的思想。隐蔽的基督形象与尼采的查拉图斯特拉有着亲缘关系。同样的痛苦的自由精神,同样的令人目眩的高处,同样的精神贵族气质。这是还未曾有过的,陀思妥耶夫斯基独创的对基督特征的理解。像这样把基督形象阐释为自由精神,哪怕是个别人的点到之笔也从未有过。这一精神自由之所以可能,是因为基督拒绝奴役世界的一切权力。权力意志既剥夺强权者的自由,也剥夺强权者所奴役的人的自由。基督只懂得爱的权力,这是与自由相关的唯一的权力。基督的宗教是自由和爱的宗教,是上帝与人之间自由地爱的宗教。这与人们努力在世界上推行基督教的方式是多么不同!无论是保守的天主教,还是保守的东正教,必定会遭遇承认陀思妥耶夫斯基为自己人的困境。在他身上存在的是预言的因子,是对基督教的新发现。他已经走出了历史上的基督教的藩篱。他在《作家日记》中宣扬的正面的思想,没有表达出他的宗教-社会思想的全部深度和新发现。在那里表现出的只是他普通的、中等水平的意识。要彻底理解他的宗教思想,只能在启示录的意识领域内来理解。陀思妥耶夫斯基的基督教不是历史上的基督教,而是启示录基督教。他提出了一个启示录主题。这一主题不能在历史上的基督教的框架内加以解决。借以阐释陀思妥耶夫斯基正面宗教思想的佐西马和阿廖沙形象尤其在艺术上不能被认为是成功。反而,伊万·卡拉马佐夫的形象更震撼人,更有说服力,光明透过黑暗照亮了他。陀思妥耶夫斯基在小说的开始部分就使佐西马隐去不是偶然的。他无法使他出场于整部小说。不过,毕竟他在佐西马身上得以表达了自己的新基督教的特征。佐西马不是传统的长老形象，他不像奥普塔修道院的阿穆罗西①长老。奥普塔的长老们不承认他是自己人。佐西马已经走过了陀思妥耶夫斯基正引领人走过的悲剧之路。他十分清楚人身上的卡拉马佐夫天性。他已经能够回答人的新的痛苦，这是传统的长老形象所不能回答的。他已经面向复活的喜悦。奥普塔修道院的长老也许不会说这样的话："兄弟们，不要害怕人们的罪孽，爱人吧，也爱有罪的人，因为这是类似于上帝的爱，是地上最高的爱。爱上帝所有的造物吧，它的整体，它的每一粒沙子。爱上帝的每一片树叶，每一缕霞光；爱动物，爱植物，爱一切吧。你如果爱万物，就会了解万物之中上帝的秘密。""要乐于常匍匐在地，吻它。一面吻大地，一面无休无止地爱。爱一切人，一切物，寻找那种欣喜若狂的感觉。用你欣喜的眼泪浸湿大地，并且热爱你的眼泪，不要因为这样狂喜而羞愧。它们是珍贵的，因为这是上帝伟大的恩赐——不是赐予许多人，只赐予被拣选的人。"这

---

① 阿穆罗西(1812-1891)，奥普塔修道院著名的长老。以其先知，智慧，对人的爱，精神力量，医治疾病而闻名于整个俄罗斯。陀思妥耶夫斯基、索洛维约夫、列昂季耶夫、果戈理、托尔斯泰、斯特拉霍夫等十九世纪的著名人士都曾造访过奥普塔修道院，与他有密切的交往。也有人认为《卡拉马佐夫兄弟》中的佐西马长老就是其生活的写照。但这里别氏认为两者并不相同。

种狂喜与阿穆罗西长老完全格格不入,他那里没有对神秘的大地的热情,没有对自然的新的感悟带来的欣喜。在这里倒是可以找到与宗教天才、超脱于官方圣徒之外的阿西西的圣方济各相吻合的特征。但翁布里亚的土地与俄罗斯的土地有巨大区别,那片土地上盛开着各种鲜花。即使生长于翁布里亚土地上的最杰出的圣徒之花也各不相同。佐西马只是陀思妥耶夫斯基先知般的预感的表达,他还没有在自己的艺术上找到完全相应的表达。人走过了自己的悲剧之路之后,新圣徒才可以出现。佐西马出现在"地下人"、拉斯柯尔尼科夫、斯塔夫罗金、基里洛夫、韦尔西洛夫之后,出现在卡拉马佐夫王国之后。但是,就在卡拉马佐夫王国的深渊之中必定出现新人,诞生新的思想。

在《卡拉马佐夫兄弟》的《加利利的迦拿》一章中描述了这一新思想的诞生。这一章散发着新的约翰基督教气息。约翰基督教之光在阿廖沙的心灵被阴郁的黑暗所笼罩之时,重新照亮了他。在他经历了死亡和腐臭的无限痛苦之后,耀眼的复活宗教的真理之光在他的眼前照亮。他被邀参加娶亲筵席①。他已经看不到棺材里的佐西马长老,也感觉不到

---

① 这里是指阿廖沙似梦似醒地听佩西神甫读《圣经》的"迦拿的娶亲筵"一节时的"梦"。

腐臭的气味。"他走到他面前来了,这位干瘪瘦小的老人,满脸细小的皱纹,愉快而安详地笑着。棺材已经没有了,他仍旧穿着昨天坐着与聚在他那里的客人谈话时穿的衣服。他的面容没有遮拦,眼睛闪着光。这么说来,他也来喝喜酒了,他也被邀请来赴加利利的迦拿的喜筵了。"并且老人对他说:"我们喝的是新酒,新的、巨大的欢乐之酒。"在阿廖沙心灵中复活战胜了死亡和腐臭。他经历了一次新生。"他那满怀喜悦的心灵渴望着自由、空旷和广阔。""大地的寂静仿佛与天空的寂静融合。地上的秘密仿佛与群星的秘密相通……阿廖沙站在那里,看着,突然直挺挺地扑倒在地上。他不知道为什么要拥抱大地,他自己也不明白为什么他这样不可抑制地想亲吻大地,吻个遍。他哭泣着、抽搐着吻它,流下了许多泪水,而且疯狂地发誓要爱它,永远地爱它……但他时时刻刻明显而具体地感到有某种坚定的、无可动摇的东西,就像苍穹一般深深印入了他的心灵。似乎有某种思想主宰了他的头脑,——而且将会终身地、永生永世地主宰。他倒地时是软弱的少年,站起时已经成为一生坚定的战士,在这欣喜的一刻,他忽然意识到而且感觉到了这一点。"在陀思妥耶夫斯基那里人的徘徊之路就这样结束了。由于脱离自然、脱离土地,人被抛向了地狱。在这条路的尽头,人正在回归大地,回归自然生活,重新建立起与整个伟大宇宙的联系。但对于人来说,人走过的自我意志和造反之路,不是向大地的自然回归。回归之可能,只有经由基督,经由加利利的迦拿。经由基督,人回到神秘的大地,回到自己的家园,回到上帝的自然的伊甸园。但这已经是改观了的大地、改观了的自然。过去的大地,《旧约》的自然,对于认识了自我意志和分裂的人来说隐去了。不是回到失去了的天堂。人应当走向新的天堂。在佐西马的敌人费拉庞特神甫身上反映了旧的、黑暗的、僵化迷信的基督教与新的光明的基督教的冲突。费拉庞特是东正教的退化、坏死,是东正教陷入的黑暗。佐西马是东正教的新生,东正教新的精神现象。把**圣灵**与"神灵"混淆,使费拉庞特的意识最终陷入黑暗。他对佐西马充满了恶感。阿廖沙接受佐西马的基督教,而不接受费拉庞特的基督教,因此,他代表着一种新精神。佐西马说:"就是那些割断与基督教的联系、反对基督教的人,实质上,他们自己就是那个基督面容本身的本质。事情就是这样。"这些对于费拉庞特来说骇人听闻的话表明,哪怕是在拉斯柯尔尼科夫、斯塔夫罗金、基里洛夫、伊万·卡拉马佐夫身上,上帝的形象也没有彻底死亡,他们依然可以回到基督那里。经由阿廖沙他们正回到基督——自己的精神家园。

陀思妥耶夫斯基是一位深刻的基督教作家。我不知道还有谁比他更是基督教作家了。关于陀思妥耶夫斯基的基督教的争论，通常都是在其表面上，而不是在其深处进行。沙托夫对斯塔夫罗金说："不是您告诉我，假使能从数学上向您证明，**真理在基督之外**，您也宁愿同意与基督站在一起，而不与真理站在一起？"斯塔夫罗金的话，也可以被陀思妥耶夫斯基本人说出，而且，也许，会被不止一次地重复。他一生都对基督抱有一种独特的、唯一的态度。他属于这样一类人，即宁愿为了基督而弃绝真理，也不为了真理而弃绝基督。对于他来说，不存在基督之外的真理。他的基督感是极其热烈而隐秘的。陀思妥耶夫斯基的基督教的深刻性，首先应当在他对人及人类命运的态度中去寻找。那样一种对人的态度只有在基督教意识中才是可能的。但这一态度是陀思妥耶夫斯基在基督教内部的创造。陀思妥耶夫斯基在创作中所揭示的对人的态度比佐西马的训诫和《作家日记》中的训诫更深刻，他揭示了某种世界文学中还不曾有过的东西；是他得出了基督教人类中心主义的最后结论。宗教最终走到了人精神的深处；精神深度回到了人身上。但这并不是德国的意识、德国的神秘主义和德国的唯心主义；在德国意识中，在精神深度之中人的形象消失了，消失在神性之中。在陀思妥耶夫斯基那里，就是在最深处也依然保留着人的形象。这一点使他成为一位独特的基督徒。陀思妥耶夫斯基的基督教形而上学首先应当在《宗教大法官的传说》中寻找，其无限的深度依然没有被完全猜透。《传说》是关于基督教自由的真正发现。

陀思妥耶夫斯基是独特的俄罗斯东正教神权政治思想——来自东方的宗教之光——的预言家。这一神权政治思想体系的个别思想早期散落在《作家日记》的各处，而在《宗教大法官的传说》中已初步形成。一些人认为神权政治思想是陀思妥耶夫斯基思想中最本质的思想。我们未必能够同意这一说法。在陀思妥耶夫斯基的神权政治思想中没有什么特别独创的东西，并且有许多与他的最基本的和真正独创的思想相矛盾的地方。神权政治思想的实质是《旧约》的和犹太教的思想，它后来反映在罗马精神中。它与《旧约》的上帝意识相联系。神权政治不可能不是强权的。自由神权政治（弗·索洛维约夫的表述）是

contradictio in adjecto①。历史上所有的神权政治,前基督教的和基督教的,都是强权的,永远是两种存在构想、两种秩序——天上的和地上的,精神的和物质的,教会的和国家的——的混合。神权政治思想必然与基督的自由相冲突,它否认自由。陀思妥耶夫斯基在《宗教大法官的传说》中给予荒谬的、虚假的地上天堂的神权政治思想以最后的、最有力的打击。只有拒绝谋求地上权力,基督的自由才是可能的。神权政治必然垂涎地上统治。在陀思妥耶夫斯基本人的神权政治思想中混合了各种异质的元素,旧的和新的。其中依然是荒谬的、犹太-罗马式的把教会变为此世王国的追求,依然是圣奥古斯丁的致命思想,这一思想必定导致走向大法官王国。与这一虚假的神权政治思想相联系,在陀思妥耶夫斯基那里还存在一种具有欺骗性的对待国家的态度:一种没有充分认识到国家——不是神权的,而是世俗的;在宗教上不是从外部,而是从内部,不是超验地,而是内在地被证实的国家——的独立意义的态度。神权政治不可避免地走向强权,必然否定精神自由、良心自由;但在对待国家的态度上,它自身也具有一种

① 拉丁语:定义中的矛盾。

无政府主义倾向。这一具有欺骗性的无政府主义,这种不愿看到国家的独立的宗教意义的倾向,在陀思妥耶夫斯基那里也存在。这是俄罗斯特征,这也许表明了俄罗斯的某种疾病。在俄罗斯的启示录情绪中反映了我们精神的独特性,我们对未来的敏感性与这种情绪相联系。但在俄罗斯的启示录情绪中也存在着某种不健康的东西、男性精神的不足。与陀思妥耶夫斯基的预言相反,俄罗斯民族的启示录情绪没有使她摆脱反基督的恶的诱惑。不仅是"知识分子",还有"人民"很容易就走向三种诱惑而否定原初的精神自由。陀思妥耶夫斯基是俄罗斯启示录宗教潮流的精神源泉,所有新型的基督教都与之相联系。他还发现了对俄罗斯的启示录思想潮流的新的诱惑,预见了一种精细的、很难察觉的恶的出现。但他本人也不总是能摆脱这些诱惑。陀思妥耶夫斯基说出的关于人、关于人类自由和人类命运的真理,是他永恒的闪耀着光辉的真理。

第九章　陀思妥耶夫斯基和我们

　　十九世纪我们的精神与智力的历史以陀思妥耶夫斯基现象为一个分界。陀思妥耶夫斯基现象意味着，在俄罗斯诞生了新的灵魂。在四十年代的斯拉夫主义和浪漫主义与二十世纪初的精神潮流之间有一个精神上的转折，这就是陀思妥耶夫斯基的创作。内在的悲剧性把我们与四十年代分开。我们走进了另一些精神维度，它们是那个较为安静和幸福的时代的人们所未知的世界。我们不仅属于另一个历史时代，也属于另一个精神时代。我们的世界观成为一种悲剧的世界观。这是陀思妥耶夫斯基接种给

我们的。基里耶夫斯基①们、霍米亚科夫们、阿克萨科夫②
们,陀思妥耶夫斯基与他们,还有我们与他们,都具有一些
共同的信仰和思想,但他们还都没有那样一种悲剧的世界
观,这一世界观后来甚至侵蚀了那些相对平和、坚定的人,
比如特鲁别兹科伊公爵③。四十年代的人们还生活在日常
的节奏之中,他们还能感觉到自己脚下坚实的土地,还具
有那样一种情怀,即,人们还信奉着充满幻想的、浪漫的理
想主义。在他们的精神结构中还没有形成断裂。奥多耶
夫斯基④和斯坦凯维奇⑤,与斯拉夫主义者一样,很少与陀
思妥耶夫斯基时代的人们有相似之处。甚至相互敌视、争
吵的斯拉夫主义者和西方主义者也比那个时代的人们与
陀思妥耶夫斯基开辟的时代之后的人们之间更容易相互
理解。一个人可以信仰上帝,另一个人可以不信仰上帝;
一个人可以是俄罗斯热爱者,另一个人可以是欧洲热爱

---

① 基里耶夫斯基(1806-1856),俄国宗教哲学家,文学批评家,政论作
家,斯拉夫主义创始人之一。

② 阿克萨科夫(1817-1860),俄国政论家,批评家,斯拉夫思想家。

③ E. H. 特鲁别兹科伊(1862-1905),俄国哲学家。

④ 奥多耶夫斯基(1803-1869),公爵,俄国作家,社会活动家,被西欧誉
为“俄罗斯的霍夫曼”。

⑤ H. B. 斯坦凯维奇(1813-1840),俄罗斯十九世纪的“西欧派”,“斯坦
凯维奇小组”创始人。

者,可是,这个或那个终究属于同一种心灵结构,有着同样的心灵组织。陀思妥耶夫斯基之后,那些追随他的精神的人们,心灵结构改变了。经历了陀思妥耶夫斯基之后的灵魂,开始转向未知的、可怕的未来。这些灵魂渗透着启示录的情绪,完成着从心灵的中间地带向心灵的边际地带、向两极的过渡。这些灵魂经历着四十年代的人们所不知道的分裂;他们还更为和谐,虽然懂得悲伤和痛苦,但还不曾遭遇过双重人——他们那里还没有出现魔鬼,他们还没有思考反基督的问题。四十年代的人们,还有六十年代的人们,还没有生活在启示录的氛围之中,他们还没有达到最后与极限,也不曾思考所有事物的终结问题,"启示录"一词是在心理学意义上来理解,同时,是被那些排斥它的宗教教条意义的人所接受的。没有人能够否认,在陀思妥耶夫斯基那里,一切都陷入启示录的氛围之中,如果愿意实事求是地描述这一氛围的话。就是在这一氛围中,陀思妥耶夫斯基说出了俄罗斯精神某种根本性特征。

四十年代的人们是富于理想主义情绪的人道主义者。就是在斯拉夫主义者的东正教中,也可以感觉到非常强烈的人道主义气息。当然,霍米亚科夫在自己卓越的教会思想体系中,是一位基督教人道主义者。陀思妥耶夫斯基指出了唯心主义的人道主义和唯物主义的人道主义的危机。正是在这一点上他不仅具有俄罗斯意义,也具有世界性意义。从此,对待人的问题的态度从根本上改变了。如果说人道主义认为,人是三维的存在,那么对于陀思妥耶夫斯基来说,人已经是四维的存在。正是在这新的一维中发现了非理性本原,它们推翻了人道主义的真理。在人身上打开了新的世界,于是所有的对未来的展望都改观了。人道主义未能洞察人性的整个深度,不仅肤浅的唯物主义人道主义,而且较为深刻的唯心主义人道主义,甚至基督教人道主义都未能洞察这一深度。在人道主义中,有太多的自满和乐观。现实生活的现实主义,正如陀思妥耶夫斯基爱说的,人性的现实,更多的是悲剧性,其中包含着比人道主义意识所能想象的要巨大得多、要多得多的矛盾。陀思妥耶夫斯基之后,已经不可能再是原有词义上的理想主义者了,已经不可能再是"席勒们"了。我们注定成为悲剧式的现实主义者形象。这一悲剧式的现实主义是陀思妥耶夫斯基之后来临的时代的精神的典型特征。这赋予此后一代代人难以担当的沉重的责任。关于生与死的问题,关于个人命运与社会命运的问题,这些"该死的问题"成为太活生生的、太现实的问题。一切都变得过于严肃。如果二十世纪初反映精神探索和精神潮流的一代文学没有能够站在应有的精神高度，如果有时其中道德性格的缺陷让人震惊，正是因为，一切都变得过于严肃，过于现实（在其本体论的词义上）。对四十年代的作家和思想家还没有提出如此严酷的要求。

二十世纪初俄罗斯出现了新的唯心主义和宗教思潮，它们与俄罗斯激进知识分子的实证论与唯物主义的传统思想分道扬镳，这时，他们都站到了陀思妥耶夫斯基的旗帜下，罗赞诺夫①，梅列日科夫斯基，《新路》杂志圈子，新基督教信奉者，布尔加柯夫②，新唯心主义者，列·舍斯托夫③，安·别雷④，维·伊万诺夫⑤——所有这些人都与陀

---

① 罗赞诺夫（1856-1919），俄罗斯宗教哲学家，文学批评家，政论家。其《陀思妥耶夫斯基的大法官》一书享有盛誉。

② 布尔加柯夫（1871-1944），俄罗斯著名宗教哲学家，神学家，政治经济学教授。与别尔嘉耶夫等一起，是二十世纪初俄罗斯精神更新运动的代表人物。作有《作为（一种）哲学的伊万·卡拉马佐夫》。

③ 列·舍斯托夫（1866-1938），俄罗斯存在主义哲学家，文学批评家。与别尔嘉耶夫等一起，是二十世纪初俄罗斯精神更新运动的代表人物之一。著有《陀思妥耶夫斯基与尼采：悲剧的哲学》。

④ 安·别雷（1880-1934），俄罗斯著名象征主义诗人，哲学家，语言学家，象征主义理论家。

⑤ 维·伊万诺夫（1866-1949），俄罗斯象征主义诗人，哲学家，语言学家，翻译家。著有《陀思妥耶夫斯基：悲剧·神话·神秘主义》。

思妥耶夫斯基有着紧密的联系,他们都是在他的精神中孕育诞生的,解决着他所提出的主题。陀思妥耶夫斯基首先发现了具有新精神的人,发现了一个对前辈们来说被遮蔽的、巨大的新世界。在俄罗斯思想和俄罗斯文学中开始了一个"陀思妥耶夫斯基主义"的时代。陀思妥耶夫斯基的影响比托尔斯泰的影响更为强大和深刻,尽管也许托尔斯泰的影响表面看更抢眼。托尔斯泰比陀思妥耶夫斯基要容易接纳得多,也比陀思妥耶夫斯基可以更快地成为人们的导师。他比起陀思妥耶夫斯基更是一位道德说教者。但俄罗斯最为复杂的、精细的整个形而上学思想是沿着陀思妥耶夫斯基铺设的轨道发展的,一切思想皆由他而来。我们可以建立起两种心灵结构、两种类型的灵魂,一种是能很好地领会托尔斯泰的精神,一种是能很好地领会陀思妥耶夫斯基的精神。而且,那些非常热爱托尔斯泰的精神财富和托尔斯泰道路的人,是很难理解陀思妥耶夫斯基的人。托尔斯泰类型的人经常表现出,不仅不理解陀思妥耶夫斯基,而且真正地厌恶陀思妥耶夫斯基。更亲近和谐的托尔斯泰的一元论和纯理性主义的灵魂,不能理解悲剧的、矛盾的陀思妥耶夫斯基。陀思妥耶夫斯基的精神使他们惊恐,对于他们来说,他不是基督教的,甚至是反基督教的。而正是那位赎罪思想本身对他比对任何人都更格格不入的托尔斯泰,正是那位完全失去了内在的对基督的感情的托尔斯泰,被认为是真正的基督徒,忠实于《福音书》的遗训。具有一种独特的对基督的感情和对基督的爱,整个地献身于赎罪的秘密的陀思妥耶夫斯基,则被认为是黑暗的、可怕的、敞开了撒旦深渊的非基督教的作家。这里,争论几乎不可能,因为这是两种选择的意志、两种对存在的基本感觉的冲突。但无论怎样,就创造性的宗教思想讲,托尔斯泰一无建树,而陀思妥耶夫斯基异乎寻常地硕果累累。所有这些沙托夫们、基里洛夫们、彼·韦尔霍文斯基们、斯塔夫罗金们、伊万·卡拉马佐夫们都已经出现在了二十世纪,而在陀思妥耶夫斯基本人的时代,他们还不是真实的实际存在,只是一种预见、一种预言。在第一次、小规模的俄罗斯革命中,在第二次、大规模的俄罗斯革命中,那些在七十年代还被遮蔽的、未显露的陀思妥耶夫斯基作品中的情节都展开了,显露出了俄罗斯革命,非政治性的俄罗斯革命的所有宗教极限。俄罗斯革命使我们觉得陀思妥耶夫斯基离我们是如此之近。当其他大部分俄罗斯作家成为革命前时代的作家时,陀思妥耶夫斯基应当被认为是革命时代的作家。他一生写的都是作为精神现象的革命。陀思妥耶夫斯基是一种精神现象,这一现象预示着俄罗斯正飞向深渊。在他本人身上也有一个吸引和诱惑的深渊。从他那里开始了一个"该死的问题"的时代,一个更深刻的"心理学"时代,一个地下的、造反的、割断与稳定的日常生活的一切联系的个人主义时代和被他预见的与此对立的另一极——造反的、没有个性的集体主义时代。所有这一切都在革命潮流内部本身得以揭示,在其中到处可以碰到沙托夫和彼·韦尔霍文斯基,斯塔夫罗金和基里洛夫,伊万·卡拉马佐夫和韦尔西洛夫。陀思妥耶夫斯基预见并塑造了极好的原型。陀思妥耶夫斯基的"心理学"从来没有停留在心灵-肉体生命的表面。在狭义的、准确的意义上讲,托尔斯泰是比陀思妥耶夫斯基要出色得多的心理学家。陀思妥耶夫斯基是通灵者,他的"心理学"总是深入到人的精神生活而不是心灵生活的深处,深入到上帝和魔鬼相遇的地方。我们早已步入那样一个时代——不是对"心理学"问题感兴趣,而是对上帝和魔鬼问题、对终极的问题感兴趣的时代。我们的社会和我们的革命的命运都以上帝和魔鬼问题的解决为标志。陀思妥耶夫斯基不仅开创了一个"心理学"的时代——这是陀思妥耶夫斯基表面的特征,他还带我们走出心理主义的没有出路的怪圈,引导我们的意识走向最后的问题。列·舍斯托夫想要论证陀思妥耶夫斯基是一位独特的"地下人"心理学家也是错误的。陀思妥耶夫斯基的"地下人"心理学只是人的精神道路上的一个瞬间。他没有把我们留在没有出路的"地下人"心理学怪圈中,而是引领我们走出这一怪圈。

　　陀思妥耶夫斯基不只是一位伟大的艺术家,伟大的艺术心理学家,不应当仅从这方面寻找他所创造的形象的独特性。陀思妥耶夫斯基是伟大的思想家。这一点我试图在我的整部书中加以揭示。他是最伟大的俄罗斯形而上学者,并且我们所有的形而上学思想都来源于陀思妥耶夫斯基。他生活在激烈的火一般的思想氛围中。他用这些思想感染人们,吸引着那个圈子的人们。陀思妥耶夫斯基的思想是必不可少的面包,没有它们就不能存活。不解决上帝和魔鬼的问题、不死的问题、自由的问题、恶的问题、人和人类命运的问题,就不能存活。这不是奢侈,而是必须。如果不存在不死,就不值得生。陀思妥耶夫斯基的思想不是抽象的,而是具体的。在他那里,思想是活生生的生命。陀思妥耶夫斯基的形而上学不是抽象的,而是具体的。陀思妥耶夫斯基教会了我们思想的这个具体的、活生生的必需的特征,我们是陀思妥耶夫斯基的精神孩子。但愿我们能以那种"精神"提出和解决那些"形而上的"问题,他曾以那样一种精神提出并解决它们。陀思妥耶夫斯基的"形而上学"比弗·索洛维约夫的"形而上学"对我们更亲近。也许,"形而上学"所能蕴含的唯一意义,就是它在陀思妥耶夫斯基那里所具有的意义。弗·索洛维约夫过于沉迷于驳倒他所沉迷的形而上学,而没能达到真理的具体性。他对于陀思妥耶夫斯基来说是亲近的,在某一点上与陀氏发生了隐秘的碰撞,也许,最有可能是他的《反基督的故事》,但他与陀氏是一个并列的现象,他不是从陀思妥耶夫斯基的精神中诞生的。在陀思妥耶夫斯基具有创造性的想象力中诞生了 B. 罗赞诺夫,罗赞诺夫也许是最近十年中最杰出的俄罗斯作家。甚至罗赞诺夫迷人的风格也来自于陀思妥耶夫斯基的一些人物的风格。在罗赞诺夫那里同样是陀思妥耶夫斯基那种形而上学的具体性和必要的鲜活性。他解决的是陀思妥耶夫斯基的主题。但罗赞诺夫现象也说明了隐藏在陀思妥耶夫斯基精神中的危险性。有时罗赞诺夫的话语就是充满天才的、激情的费奥多尔·巴甫洛维奇·卡拉马佐夫本人高谈阔论的那些话语的哲学化表达。罗赞诺夫完全缺乏任何精神的自我约束,这表明,陀思妥耶夫斯基的影响也许正在使人变得衰弱无力。梅列日科夫斯基的思想体系也诞生于陀思妥耶夫斯基精神,梅列日科夫斯基的思想体系已经孕育在《加利利的迦拿》一章和陀氏关于神人与人神的思想中。但陀思妥耶夫斯基没有帮助梅列日科夫斯基找到区分基督与反基督的尺度。他①本人就陷于双重思想之中。这也提出一个问题,陀思妥耶夫斯基能不能成为导师?

陀思妥耶夫斯基教会了我们许多,为我们揭示了许多。我们现在正消化吸收着他的精神遗产。但他不是严格意义上的生活的老师。不能走陀思妥耶夫斯基的生活道路,不能按照陀思妥耶夫斯基的生活方式生活。很难从他身上获取生活之路的知识和技能。对于俄罗斯人来说,在"陀思妥耶夫斯基主义"中不仅隐藏了伟大的精神财富,而且也隐藏了巨大的精神危险。在俄罗斯灵魂中存在着自焚的渴望,存在着危险的对死亡的狂喜和迷恋。其中精神的自我保存的本能很弱。我们决不能提倡悲剧,不能把悲剧作为必由之路来宣扬,不能传授经历分裂和黑暗的经验。可以感受陀思妥耶

---

① 指梅列日科夫斯基。

夫斯基给我们揭示的人的悲剧，并以此感受丰富我们自己，但把它作为生活的必经之路而教导人们去经历这一悲剧，是万万不可的。可以产生悲剧的迷狂的狄奥尼索斯天性，应当被作为一种原始的客观存在、一种存在的本原、一种人之命运得以完成的环境来接受。但不能提倡狄奥尼索斯天性，不能赋予它以正常的特征。把陀思妥耶夫斯基视为正常来谈论是十分困难和危险的。这一点在我讨论陀思妥耶夫斯基的恶的问题时就已经指出了。确立一种应有的对待陀思妥耶夫斯基的态度相当重要。陀思妥耶夫斯基的创作不仅说明，俄罗斯民族中蕴含着最伟大的精神可能性，也同样说明，这一民族是一个精神病态的民族。这一精神上极具天赋的民族，非常难于约束自己的精神，比西方民族要困难得多。陀思妥耶夫斯基没有指出精神的自我约束之路、心灵自然力量的成型之路、培养女性化的民族心灵的男性精神之路。俄罗斯人没有足够坚强的意志，这应当被认为是我们民族的缺陷。培养道德性格，培养男性精神品质，这是我们主要的生活任务。陀思妥耶夫斯基是否有助于这一事业？陀思妥耶夫斯基是否有助于培养我们真正的精神自主，使我们摆脱一切奴役？我力图证明，自由的激情是陀思妥耶夫斯基真正的激情。但他并没有教会人们怎样获取自己的精神自由，怎样获取道德的和精神的自主,怎样使自己和自己的民族摆脱低级的自发力量的控制;他不是"自由"这门课的老师,虽然他教导自由是生活的根基。狄奥尼索斯悲剧、分裂、深渊仿佛成了人唯一的道路;通向光明之路必须经由黑暗。陀思妥耶夫斯基的伟大在于,他指出了怎样在黑暗之中燃起光明。但俄罗斯灵魂倾向于沉浸在自发力量的黑暗之中,并且如果可以的话,会听任在其中待到地老天荒。它很难走出这一自发力量的黑暗,很难控制自己激烈的自然本性。俄罗斯人还具有独特的个性感和个人命运感,但又无力保持自己的个性不被狄奥尼索斯式的激情所瓦解,无力使个性成为一种坚固的形式。陀思妥耶夫斯基完成了俄罗斯精神和人类精神的伟大发现。但当精神被心灵混乱无序的自发力量所控制时,他没有表现出那种成熟的男性精神以约束它,使它服从于一个更高的目标。在俄罗斯,精神依然在心灵的自发力量中游荡。这也反映在陀思妥耶夫斯基身上。在我们民族精神最伟大的现象——陀思妥耶夫斯基之后,我们依然没有健康的、成熟的民族意识,我们依然没有完成费希特及拥有其精神的人们为德意志民族所完成的事情。这以一种致命的形式反映在俄罗斯革命的进程中。陀思妥耶夫斯基具有致命的双重性。一方面,他赋予个性本原以独特的意义,是"个性原则宗教"狂,这是他最有力的一面。另一方面,"共同性"
与集体主义在他那里又起着巨大的作用。陀思妥耶夫斯基
的宗教民粹主义是一种集体主义的诱惑,它与个人责任原
则、个人精神原则并行。俄罗斯人的宗教"共同性"思想常
常是一种虚假的幻想、想象,它把俄罗斯人民理想化,把人民
集体理想化为精神的载体。但俄罗斯人民最需要的是个人
责任的思想、自我约束的思想、个人精神自主的思想。只有
在这方面进行精神革命才能使俄罗斯人民健康起来。陀思
妥耶夫斯基只有一半是面向这一任务的,有助于它的实现;
另一半,受惑于俄罗斯的民粹主义和俄罗斯集体主义,亦即
妨碍着这一任务的实现。

在陀思妥耶夫斯基创造性的形象中,俄罗斯不喜欢中间
地带文化的特征找到了自己的表达。陀思妥耶夫斯基本人
是俄罗斯文化的伟大现象,是它的顶峰。但他也意味着世界
文化的危机。诞生于陀思妥耶夫斯基精神的那些思潮,都处
于文化危机之中,处于对近代文化成就的不满中。这一危
机、这一不满必定在文化的顶峰中被异常尖锐地感觉到。文
化最伟大的、全部的价值在于它是中间地带,它的成就没有
终极和极限。文化不能达到、不能实现存在本体。文化不是
本体,它只是象征,只是符号。文化的危机,是文化象征主义

的危机,后者正是在象征主义者那里已经到达了它力量的最大极限。我们可以假设一个悖论:象征主义是克服象征意义的渴望,是把象征性文化转化为本体性文化,其中,达到的不是终极现实的象征,而是终极现实本身。结果,这些文化的"现实主义者"——他们天真地待在文化的象征意义里,却没有意识到这一象征意义,并相信所有文化成就的现实性——却不是象征主义者,不是象征意义的克服者。文化的危机还意味着,渴望从中间地带走向某个一切问题都得以解决的终结。在文化危机中有某种启示录的目的。它在尼采那儿存在,在更高意义上讲,在陀思妥耶夫斯基那儿也存在。但启示录情绪,向往终结,怀疑和敌视一切中间地带文化的态度,是俄罗斯人的典型特征。须在俄罗斯精神气质的这些特征中寻找我们的精神特质的根源和我们精神疾病的根源。否定中间地带文化,是俄罗斯人身上危险的特点,这也是虚无主义的特点。如果文化危机发生在世界文化的顶峰上,比如陀思妥耶夫斯基那里,那么,这一危机就具有了与在另一处发生的危机——在俄罗斯民众那里发生的危机(他们还不具有真正的文化,处于前文化和半文化之中)——完全不同的意义:这时,陀思妥耶夫斯基在具有较高的、精致的文化人那里唤醒的是本体意识,唤醒的是从创造象征性文化价值转向创造真正的存在的渴望;而在具有较低文化的俄罗斯民众那里,他可以使对文化的爱好和对文化的虚无主义态度两种情况并行不悖。启示录主义与虚无主义在我们这里总是以一种奇怪的方式相遇。它们本来是可以更为准确和明晰地区分开来的。俄罗斯人非常乐意从自己身上扯去一切文化外衣,在赤裸中表现存在本体。但存在本体并没有因此而出现,文化的价值反而被击碎。因此,我们尤其需要建立一种意识:文化是通向存在本体之路,神性生活本身是最高的精神文化。在对待文化的态度上,托尔斯泰的影响对于俄罗斯是致命的,陀思妥耶夫斯基的影响是双重的。这就是伟大的俄罗斯作家的命运。但毕竟应当明白,陀思妥耶夫斯基是文化的危机,而不像托尔斯泰那样是文化的敌人。陀思妥耶夫斯基的启示录向往是与承认历史、历史遗产、历史价值和历史继承性紧密联系在一起的。在这一点上,我们尤其应当感到我们是陀思妥耶夫斯基精神的继承人。

但如果陀思妥耶夫斯基不能够担当精神训练和精神道路的导师,如果"陀思妥耶夫斯基主义",就像我们的心理主义那样,应当在我们身上被克服的话,那么,有一点他仍然是导师,即他教导经由基督发现黑暗之中的光明,发现最堕落的人身上的上帝的形象；教导爱人，并尊重人的自由。陀思妥耶夫斯基引领我们穿越黑暗，但他的最后一个词语不是黑暗。陀思妥耶夫斯基的创作给我们留下的印象完全不是阴郁的、没有出路的悲观主义。在他那里，黑暗本身携带着光明，基督之光将战胜世界，照亮所有的黑暗。陀思妥耶夫斯基的基督教本身，不是阴郁的基督教。这是——白昼的、约翰的基督教。正是陀思妥耶夫斯基给未来的基督教、给永恒的福音——自由与爱的宗教之庆典带来了许多新的东西。在基督教中，有许多东西死掉了，它产生了许多死尸的毒素，毒害着生命的精神源泉。基督教的许多东西，已经不像活的机质，而像矿石。出现了尸体般的僵化。我们僵死的嘴说着僵死的话，话语中，精神已经飞离而去。精神是自由的呼吸，但它不想在宗教上已经死亡、死尸般僵化的灵魂中呼吸。灵魂应当被融化开，应当经受第二次火的洗礼，以便让精神在其中重新开始自由地呼吸。反基督精神在世界的胜利，信仰的丧失，唯物主义的生长——所有这一切都是基督教内部、宗教生活内部**正在来临**的死亡和僵化的再度后果。日益成为僵化的经院哲学的基督教，成为死气沉沉的、拘泥于形式的说教的基督教，陷入教权主义的蜕化的基督教不可能成为复兴的力量。在基督教内部应该进行一次精神的更新与复兴。如果基督教是永恒的宗教，它就应当成为正在来临的新时代的宗教。基督教应当开始一场创造性运动。这样的运动已经久违了。陀思妥耶夫斯基融化了僵死的灵魂，将带它们经历一场火的洗礼。他为精神创造性地复兴，为其中必将诞生新的和永恒的、活生生的基督教的宗教运动扫清了道路。陀思妥耶夫斯基比托尔斯泰更堪称宗教改革家。托尔斯泰粉碎基督教的一切遗产和价值，并试图发明自己的宗教。如果他的功绩可以被承认的话，那么，这些功绩是否定性的和批判性的。陀思妥耶夫斯基没有发明新的宗教，他依然信仰永恒的**真理**、永恒的基督教传统。但他在基督教中唤醒了一种新的精神，唤起了不毁坏、不取消任何东西的创造性运动。他甚至准备承认一切旧有的公式，但在其中注入新的精神。他面向未来，面向基督教以极其独特的旧有的方式存在的时代。他使人们重新想起在基督教的历史上只成了一个僵死的符号的《启示录》。陀思妥耶夫斯基的创作在更高的意义上是基督教复兴的富有成效的成果。它们是一种预言现象，指出了伟大的精神的可能性。但在这些伟大的创作中深深地烙上了俄罗斯性格的双重性，其中给出了俄罗斯巨大的可能性，也给出了俄罗斯巨大的危险性。因此，我们应当从精神层面研究陀思妥耶夫斯基的遗产,从内部认清和净化他所呈现的经验。

现在已经进入灾难性历史进程的西欧转向了陀思妥耶夫斯基,并能够更好地理解他。由于命运的支配,西欧走出了资产阶级的自满状态,在世界战争的灾难之际西欧曾指望永久地栖息其中。欧洲社会长期以来固守在存在的表层,并自满于表面的生活方式,它希望就这样世世代代地居于大地表面。但就在那里,在"资产阶级"已经很巩固的欧洲却看到了地下的火山岩层,不可避免地暴露出了欧洲民族的精神深渊。到处都会发生由表层向深渊的运动,尽管在此之前曾发生过向地面、向外的运动,比如战争和革命。就在这灾难和震荡中,听到了精神深渊的呼唤,西欧民族带着一种深刻的理解和巨大的内在需求走向了这位既是俄罗斯的也是世界的天才,他是人精神深渊的发现者,他预见了不可避免的世界灾难。陀思妥耶夫斯基最伟大的价值还在于,他以自己的存在向世界宣告了俄罗斯民族的存在,并将在各民族接受**末日审判**的时候为自己的同胞作证。

附　录

大法官

一

在陀思妥耶夫斯基的《宗教大法官的传说》中,似乎在说他不喜欢天主教,揭露了历史上的基督教的反基督倾向和天主教的人学谎言。但这一著名的《传说》的主题要宽泛得多,它几乎是包罗万象的,其中包含了整个历史的哲学,浓缩了关于人类命运最深刻的预言。从《大法官》中可以总结出社会生活的宗教哲学,从中我们可以获得永恒的训诫。在《大法官》中显露着新的宗教真理,一种新的宗教意识开始了。这不是东正教的真理与天主教的纷争,这是世界历史的两个源头、两种形而上力量的无可比拟的更为深刻的矛盾。大法官出现了,将来还会以各种形象出现在历史上。大法官精神活在天主教中,活在过去的历史教会中,活在俄罗斯的专制制度中,活在所有强力的、极权的国家中;而且,现在这一精神进入了实证主义……中,它们宣称要取代宗教,建造巴别塔。哪里有对人的监护——这监护似乎是要关心人的幸福和富足,而与之相伴的是对人的轻视和不信仰人高贵的出身和神圣的使命——哪里就有大法官精神。哪里宁要幸福而不要自由,哪里短暂的东西高于永恒的东西,哪里爱人类与爱上帝相对立,哪里就有大法官。哪里确认,真理对人的幸福来说是不需要的,不懂得生活的意义也能很好地生活,哪里就有大法官。哪里人类受魔鬼的三种诱惑——石头变成面包、奇迹显现、此世王国的权威,哪里就有大法官。大法官精神——此世的产物、历史上的恶的本原的化身——根本的、形而上的恶的化身,隐藏在各种常常是矛盾对立的形象中,出现在各种情形中:在否定人的良心自由、烧死异教徒、权威高于自由的旧教会中;在实证主义中——这是一种人类自我神化的、将神圣的自由出卖给幸福的宗教;在屈服于恺撒及其利剑的国家组织的自发力量中;在将国家奉若神明、否弃人的自由、将人当作可鄙的动物而轻视人的各种国家专制制度的形式中——在某种程度上它是以安排地上人的生活,以地上人群的平等和温饱的名义而弃绝永恒与自由。

这是大法官对被他关进监狱的基督最初说的话:"你没有权利为你先前说的话补充任何东西。你为什么来妨碍我们?你来妨碍了我们,这一点你自己知道。"

历史上,每当在人类生活中出现了基督,说出不合时宜的关于自由的话,提醒关于人的永恒使命,每当他的精神光顾人间,他总是、永远是与那些掌管着人的生活的人相遇,总是、永远是听到这些同样的话语。以天主教的形象出现的大法官说:"你把一切都交给了教皇,因此,现在一切都归教皇掌管,因而,你最好不要来,哪怕是短暂的打扰也不要。"国家负责着现在所有交由它的政权掌管的一切,因此它愤怒地拒绝基督的自由。被大法官精神所鼓舞的历史力量"改变了基督的事业",进行着自己的事业,覆盖了他的名。我们时代的人们也厌恶而愤恨地对待各种使人想起人崇高的自由和永恒使命的提示。基督的精神,不仅对于旧有的大厦——古老的国家组织与教会组织——的维护者是难以忍受的,同样,对于新大厦——社会实证的巴别塔——的建设者也是难以忍受的。隐藏在这座人类大厦下的大法官,有时隐蔽地、有时公开地带着敌意反对基督的自由,反对基督对永恒的召唤。人们想要建设的是,没有天空的大地、没有上帝的人类、没有意义的生活、没有永恒的短暂,因此,人们不喜欢那些提醒人类的终极使命、提醒绝对的自由、提醒意义与永恒的人。具有这种精神的人妨碍建设人类幸福、安宁之大厦。自由的、真理的话语不需要,需要的是有用的、有助于建设地上事业的话语。

我想象了那样一幅图景:人们已经在运输建造此世王国的最后一批砖瓦。石头已经变成了面包,人类的发明家实现了奇迹,在社会成为了地上的神的国家里人们得到了幸福。而这时突然来了这么一个人,他的话将终止地上建设的无谓忙乱:人们会因他的话而记起还有另外一个世界,会重新热爱起自己的自由甚于爱幸福,重又为生活的意义而苦恼,渴望永恒胜过渴望短暂王国,而不再期望建成这座大厦。那么,人们会杀死、消灭这个疯人,以人类善的名义,以人类福祉的名义,以安排和安慰人类的名义干掉这个疯人。受地上王国诱惑的人们,维护失去意义的世界生活的人们,不需要客观的真理,不需要永恒的真理,他们需要的仅仅是好处,只需要掌握可以使石头变成面包、技术人员可以凭借它实现奇迹的规律;自由也不需要,需要的是幸福和满足;爱也不需要,因为可以用强力把人们联系在一起,可以强迫他们适应社会性。而妨碍建设大厦的自由言论也是不允许的,如果不使用物质的力量,就使用精神的力量使这些话语失去效力,即使是仅仅听到这些人的话就已经相当糟了:他们试图说出人高贵的出身①和神圣的使命。

　　大法官使用了一切伎俩,因而他唯一不变的精神不仅表现为维护旧的利益、维护国家堡垒——它安排了从未有过的人类生活——的保守主义的形象,同样表现为建立新的利益、新的堡垒——其中所有人都将被安排一个幸福的生活——的革命主义的形象。我们要说:应当发出真理与自由的声音,哪怕因此整个人类幸福的大厦会崩塌,所有旧的和新的人类生活的基础、整个地上王国会倾斜;哪怕整个经验世界会因此飞落深渊,分崩离析。我们这样说是以人绝对尊严的名义,是因为我们信仰世界的意义,信仰永恒,是因为我们不想用谎言和欺骗维护这个世界。而且,人类永远永远不会灭亡,不会因为真理与自由的话语而崩溃;这话语只会拯救人类和世界,只有这些话语才会引导人类走向永恒的、完全的、自由的、富有意义的生活。

---

　　① 意指人是上帝之子,自由之子。

巴别塔会倒塌,人类黑暗的大厦会倾斜,地上有组织的生活会瓦解,经验世界的海市蜃楼会消失,不过但愿如此吧。人永恒的自由、绝对的尊严、人与永恒的联系,高于一切安排好的生活,高于一切安慰,高于一切福祉,高于一切与人不相称的无力的可怜的幸福。无论怎样,世界生活最后的悲剧都不可避免,应当自由地骄傲地朝它走去。无论怎样的实证主义都不能掩盖世界的意义,也不能掩盖世界的彻底解放。

陀思妥耶夫斯基是怎样理解大法官的重要特征的呢?以人们**幸福**的名义拒绝**自由**,以**人类**的名义拒绝**上帝**。大法官以此来诱惑人们,迫使他们拒绝自由,阻止他们向往永恒。而基督珍视人的自由、人的自由的爱胜于一切,基督不仅爱人,而且尊重人,确认人的尊严,承认人有能力达到永恒,他想让人得到的不仅是幸福,而且是与人相称的、与人高贵的禀赋和绝对的使命相符的幸福。这一切都是大法官精神所痛恨的——它轻视人,否定人高贵的禀赋,否认人有能力走向永恒并与神汇合,试图剥夺人的自由,把他们安排于舒适的大厦中,强加给他们可怜的有损于人的尊严的幸福。

大法官还对基督——那个奇迹般地闯入了他安排好

的王国里的人,那个提醒人有比幸福与安排好的生活更高的东西的人说:"还是在一千五百年前你就比一切都更珍视他们信仰的自由。不正是你那时就经常这样讲:'我要使你们都成为自由的。'不过你现在已经看到了这些'自由'的人们……是的,我们为此事业付出了昂贵的代价,——但我们终于完成了这项事业,以你的名义。我们被这个自由折磨了十五个世纪,但现在结束了,而且彻底结束了……要知道,现在,正是现在,这些人比任何时候都更确信,他们是完全自由的,而且正是他们自己把他们的自由交给了我们,顺从地把它放到我们的脚下。不过,我们所做的这一切,是你所希望的那个,你所希望的那个自由么?"大法官"为自己,为自己的人建立了一个功勋:他们终于**战胜了自由**,这样做,**为的是让人们都成为幸福的**""因为只有到了现在才有可能第一次思考一下人们的幸福。人天生就是造反者;难道造反者会成为幸福的人么? 有人曾警告过你,——你没有少受到警告和指示,但你没有听从警告。你拒绝了唯--可以使人获得幸福的途径,但幸运的是,你离去时把事业交给我们。你答应过,你留下了话,明确说你给了我们系绳和解绳的权利,因此,现在你当然想都别想从我们这里拿走这一权利。你为什么又来妨碍我们呢?"

这就是天主教的说法,它已经偏离了基督之路,以权威取代自由,以宗教裁判所的折磨取代爱,以强力来拯救可鄙的"造反者"。但在历史上的其他教会中也产生了大法官精神,他们也"战胜了自由,为的是让人们都成为幸福的",他们拯救"造反者",而不顾及他们的自由和尊严,走上了"可以使人得到幸福"却是基督所拒绝的道路。这么做的还有国家——国家就是用来监管人类造反之徒的,它以安排人的生活的名义剥夺人的自由,以类似动物的幸福的名义对人施加强制。大法官之后的人类实证主义的宗教——希冀"没有上帝"地建造巴别塔而忘记了宗教自由和宗教意义,走的也是这条道儿。这是剥夺人的最高的尊严,按照新的方法安排人类生活;剥夺人的自由,给以强制的幸福。在新兴的宗教与衰落的、被地上王国所诱惑的天主教之间,有着许多共同之处,其中存活着同一精神。这一反对上帝并在上帝之外安排人类的新宗教,相信"自由……现在结束了,而且彻底结束了"。而那些愿意被安排好、愿意得到幸福的人们,"比任何时候都更加确信,他们得到了完全的自由"。人们忘记了自己的出身和自己的使命,抛弃了天国和永恒的理想,认为"只有到了现在才有可能第一次思考一下人们的幸福"。

就是现在,所有那些提醒人想起生命的宗教意义,想起个性的绝对尊严,想起彻底的自由的人们会听到些什么回应呢? 会有人对他们愤怒地说,他们妨碍了关心"人们的幸福",他们用那些无益的提示和抽象的概念阻碍了完成人类福祉的大厦;会有人仇恨地说,人类已经"彻底自由了",解放了……摆脱了最高意义,摆脱了最高尊严,摆脱了永恒;自由了,终于摆脱了沉重的、需要负责任的自由。在我们今天所有十足的实证主义者身上都有一个小小的大法官,而在一些社会民主主义信徒的话语中响起的也是熟悉的小小的大法官的声音,他的精神以各种形式活在所有地上王国的建设、地上幸福的幻想中,活在所有地上堡垒的捍卫者身上。

大法官还说:"**你不掌管住人们的自由,反而给他们增加更多的自由! 或许你**忘了,安宁,甚至死亡,对于人比自由地选择善与恶更珍贵? 对于人没有什么比良心的自由更为诱人的了,但也没有什么比它更为痛苦的了。你不提供使人类良心一劳永逸地得到安慰的坚实基础,**却拿了那些不同寻常、捉摸不定、含糊不清的东西来,拿了那些人们担当不了的东西来,因此,你这样做,似乎你根本就不爱他**

们，——这是谁：这是那个来到这里，为了他们而献出了**自己的生命的人！你**不掌管住人们的自由，反而使它加倍，使人之精神王国永远备受自由之苦。**你希望人自由地爱，希望被你吸引、成为你的俘虏的人自由地追随你。**"

大法官想卸去人自由的重负，终极的、宗教的自由选择的重负，用安宁诱惑人。他许给人以幸福，但这首先是鄙视人，因为他不相信他们有能力担负起自由的重负，不相信他们配得上永恒。大法官指责基督，说他"这样做，似乎并不爱"人，爱人的是他——大法官，因为他安排他们的生活，他为了他们这些软弱无力的可怜的人而否弃了所有"不同寻常、捉摸不定、含糊不清的东西"。实证主义和无神论的现代宗教，人类自我神化的宗教，也否弃了一切"不同寻常、捉摸不定、含糊不清的东西"，也以自己对人的爱为骄傲，并理所当然地拒绝爱那些人——他们提醒人们想起那些"不同寻常的东西"，最高的自由，超人的东西。纯粹的人的宗教，地上的、有限的人的福祉的宗教，是大法官的诱惑，是背叛行为，是拒绝自己的自由和自己的使命。人们相信，当他们承认自己是必然性的产物的时候，他们就会成为自由的。大法官用以诱惑人的，正是魔鬼在旷野中诱惑基督而被基督以自由的名义、上帝的国的名义、天上的面包的名义拒绝了的那三种诱惑。

"一个可怕的、智慧的精灵，一个**自我毁灭和虚无**的精灵，一个伟大的精灵，曾在旷野里和**你**说话，书中①是这样告诉我们的，他好像'引诱'你了。是这样吗？难道还能说出什么比他在那三个问题里向你宣告而被你拒绝的、在书中称为'诱惑'的更具真理性的东西吗？不过，如果说哪一天地上曾有过真正伟大的奇迹，那么，这就是在那一天，在这三个诱惑提出的那一天……**因为人类整个进一步的历史仿佛都综合在这三个问题之中了，它们预言了人类整个未来的历史，同时，显示了整个地上人类社会中所有无法解决的历史矛盾的三种形态**。那时候这一点还不明朗，因为未来是不可知的，但现在，过了十五个世纪，我们看到，一切都在这三个问题中被猜中，被预言，被证实，一切都如此准确，以至于不能给它们再添加什么或再减去什么。"大法官对出现在他面前的基督这样说。

整个基督教世界的历史就是基督——自由，意义，人的最高本性和永生的始原——与魔鬼的三种诱惑不断斗争的历史。但现在，已经过去了不是十五个世纪，而是二

---

① 指《圣经》。下同。

十个世纪,一切都依然不那么明朗,因此《大法官的传说》依然是一本预言式的书。在索洛维约夫那里,反基督依然在用先前的三个诱惑来诱惑着人们:他要实现石头变面包的幻想,给人们以平均的温饱;要创造征服人们的奇迹,要建立一个全宇宙的地上王国。

二

第一个诱惑

"你想进入人世,空着手走来,却带着某种自由的约言,但人们由于平庸无知和天生粗野不驯,他们根本连理解它都不能,他们害怕它,恐惧它,——因为对于人和人类社会来说,从来没有什么比自由更难以忍受的了!你看见这炽热的、不毛之地的旷野上的石头了么?你只要把它们变成面包,人类马上就会像一群感恩温顺的牲畜一样跟着**你跑**,尽管永远是胆战心惊,害怕**你**收回你的手,不再有**你的面包**。但你不想剥夺人的自由而拒绝了这个建议,因为**你这样想**,如果顺从是用面包换来的,那还算什么自由?你反驳说,人活着,不仅仅是光靠面包。但你知道吗,**恰恰是**

以地上的面包的名义，大地精灵会起来反对你，与你厮杀，战胜你，所有人都会跟他走，喊着：'谁能和这野兽相比，他从天上给我们取来了火！'……在你的圣殿的废墟上将耸立一座新的大厦，重新建起可怕的巴别之塔。尽管这塔像以前一样也建造不成，但你终究可以避免人造这座新塔，而使人的痛苦缩短千年，——因为人们为这座塔吃尽千年的苦头后，还是要回到我们这里来的！那时他们会重新寻找藏在地下陵墓里的我们，找到以后就对我们哭喊：'给我们食物吃吧，因为那些答应给我们天上火的人们，并没有给我们呀。'到那时就将由我们修完他们的高塔。因为谁能给食物，谁才能修完它，而能给食物的只有我们，以你的名义，或者假称以你的名义！哎，他们没有我们是永远永远不能喂饱自己的。在他们还有自由的时候，任何科学也不能给他们面包，结果是，他们一定会把自己的自由送到我们脚下，并对我们说：'你们尽管奴役我们吧，只要给我们食物。'最终他们自己会明白，每一个人都充分兼得自由和地上的面包是不可思议的，因为人们永远永远也不善于给自己好好分配！他们也深信，他们永远都不可能成为自由的人，因为他们是软弱的、不道德的、渺小的，又是造反之徒。你许诺给他们天上的面包，但在软弱的，永远道德败坏的、永远吝啬的一群人的眼里，它能与地上的面包相比么？就算为了天上的面包，有几千人以至几万人跟随你，那么几百万以至上亿没有能力为了天上的面包而放弃地上的面包的人，又该怎么办？**或许只有几万伟大而强有力的人是你所珍视的，而其余千百万、不计其数的、像大海里的沙子似的芸芸众生，那些虽软弱但却爱你的人就只能充当伟大而强有力的人的材料么？不，我们也珍视弱者。**他们没有道德，他们叛逆，但是最终他们会成为恭顺的人。他们会对我们惊叹，把我们看成神，因为作为他们的领袖，我们竟甘愿承担下来他们所畏惧的自由而统治着他们，——因为他们到后来会觉得做自由人真是太可怕了！"这是关于地上人类命运最深刻、最有预见性的话语。"在第一个问题中（第一个诱惑中）包含了此世伟大的秘密。""你拒绝了唯一的、绝对地属于**你**的旗帜——地上的面包的旗帜，它可以使一切人无可争辩地崇拜**你**；而且你是以自由的名义和天上的面包的名义拒绝的。你瞧，你以后又做了什么。一切又是以自由的名义！我告诉你，人没有什么比这件心事更折磨他的了，即要找到一个什么人，好赶快把这个不幸的存在与生俱来的自由之礼物托付给他。但能掌握自由的只有那个能安慰他们良心的人。"

"恰恰是以地上的面包的名义,大地精灵会起来反对你,与你厮杀,战胜你。"追随者已经起来造反了,并宣称没有上帝,宣称地上的人类应当成为上帝。呵,当然,在社会主义中也存在许多真理,因为在资本主义和资产阶级社会中存在太多的谎言。大法官的话极富蛊惑性,他伪装成民主主义者,弱者和被压迫者的朋友,所有人的热爱者。他指责基督的贵族派头,只想拯救被拣选的人,少数强者。"或许你只珍视几万伟大而强有力的人,而其余千百万、不计其数的、像大海里的沙子似的芸芸众生,那些虽软弱但却爱你的人就只能充当伟大而强有力的人的材料么? 不,我们也珍视弱者。"这一处非常重要。大法官是如此鄙视人,如此不相信人崇高的本性,而认为只有少数人有能力走上生命最高意义的道路争取永恒,爱天上的面包胜于一切,不为地上的面包所诱惑。人的宗教就是这样鄙视人,希望用地上的面包熄灭对天上的面包的思念的社会宗教就是这样鄙视人。谎言的民主主义这样说教,不要让任何人登上那至高的山峰,最好让所有的人都处于低洼的平原,让所有人都变成地上平等的一样的庸才。大法官精神怀疑人有登上高峰的权利、有不断成长的权利,却以谎言的、地上的而非天上的爱的名义,以同情人的名义,号召人们和自己的兄弟分享自己的贫穷，分享贫穷而非富足。精神的富足是被禁止的。禁止思考永恒，称之为利己主义，而只宣扬对短暂事物的关心。成为卑微的、贫乏的吧，拒绝自己的自由吧，那时你们就可以得到地上的面包，那时你们就会得到安慰，那时所有人都将是幸福的。老的保守的大法官们这样教导，新的先进的大法官们也这样教导。于是人类被诱惑了，赶紧把自由之礼物交给了那个可以安慰他们的良心、可以喂饱他们的人。"那时我们就可以完成他们的高塔了。"试问，这里的"我们"是谁？

呵，当然，这不是社会宗教的小学生，人类这种生物，尽管把自己神化，不过还是软弱无力的。陀思妥耶夫斯基猜中的和大法官说出的伟大秘密在于，人类自我神化的道路，以地上的面包取代天上的面包的道路，彻底脱离上帝的道路，必定走向所有的人都成为神和巨人，必定走向人又重新拜倒在新神的脚下，一个神化的人，一个王。大法官——这是一种精神的象征，它不是完全体现在芸芸众生中，而是完全体现在一个新上帝、新的地上的王身上；这是那个不幸的人，他拿走了千百万小孩的自由，使他们成为幸福的人。"他们会对我们惊叹，把我们看成神，因为作为他们的领袖，我们竟甘愿承担下来他们所畏惧的自由而统治着他们。"这个"我们"现在正以神秘的辩证法转化成了"我",转化为"唯一",在他身上完全体现出大法官的反基督精神。这就是试图反对上帝,在上帝之外拯救人,反对天国,在天国之外建设大地,确认爱人类而不爱上帝,确认民主而否定人类的最高使命和永恒的权利,为了使人幸福而剥夺人的自由的必然出现的后果。实证主义是在理论意识上走这条道儿,其实质是不喜欢自由,不喜欢"问题人士",企图强制人趋向益处,无论是在意识中还是在生活中建立起强制的安宁。在过去,把自己神化的国家,以权威取代自由的教会,走的都是这条道儿。强制性,对自由的仇恨——这就是大法官的精神实质。宣扬对所有人的爱,对人的软弱的宽容——这就是大法官的诱惑。我们将依然站在基督真理一边:只有在上帝那里,只有以天上的父的名义,真正的对人的爱才是可能的,因为这爱与承认人崇高的本性和崇高的使命联系在一起,与尊重人的个性和个性无限的权利联系在一起。对于大法官来说,只存在动物似的人群,其弱点常常被魔鬼的目的所利用。对于我们来说,存在的是人的个性,本质上自由的个性,存在的是"共同性",即所有人的个性在神人里的结合。

第二个诱惑

"有三种力量,地上唯有这三种力量能永世战胜并俘获这些软弱无力的造反者的良心,使他们得到幸福,——这三种力量就是:奇迹、神秘和权威。你把这三者全拒绝了。你树立了一个榜样。可怕的、绝顶聪明的魔鬼让你站到大殿顶上,对你说:'如果你想知道,你是不是**上帝的儿子**,你可以跳下去,因为经上记载,天使会用手托着,带**他**飞走,因此不会**摔**下来,那时就会知道,你是不是**上帝的儿子**,那时你就会证明,**你对于你的父**的信仰是多么坚定。'①但是**你**听完以后,拒绝了这个建议,没有听他的话,没有跳下去。呵,当然,**你**是这样骄傲而庄严,像上帝一样。可是这些人,这些软弱的造反之徒——他们也是神么?""当人们对**你**讥笑、嘲弄,对**你**叫喊'从十字架上走下来,我们就会信仰这是**你**'的时候,**你**没有从十字架上走下来。你所以没有下来,同样是因为你不愿意用奇迹降服人,你希望的是自由的信仰,而不是因奇迹发生而信仰;你希望的是

---

① 这里引用的《圣经》上的这段话与我们读到的和合本《圣经》中的文字有出入。见《圣经·马太福音》(和合本)4:5-6。

自由的爱,而不是强权之下的俘虏的奴隶般的惊叹;惊叹只因他被强权惊吓得永远胆战心惊。但在这方面**你**对人们的估计也过高了,因为他们是奴隶,尽管他们生来就是造反之徒。"这里还是同样的指责:基督想使人们成为自由的,他只需要他们自由的爱,他谴责一切强制性,他不需要人们的强制幸福,他尊重人,把他们作为自己的天父的孩子们。基督不需要来自奇迹的信仰,来自强制的信仰,建立在表面的事实上,建立在压制人的权威上的信仰。上帝的儿子以**被钉在**十字架上的形象出现在世人面前,而不是作为王和掌权者,是一个受尽侮辱与折磨的形象,以此让人自由地认识自己的上帝并爱他。奇迹应当源于信仰,源于与上帝自由的结合,源于爱。信仰中自由的良心高于一切。世界历史的意义在于人自由地选择上帝。大法官步旷野诱惑之后尘,用表面的奇迹进行诱惑,这些奇迹可以降服人,可以给人以强迫式的幸福,但这已经剥夺了人的上帝之子的尊严和神性生活的使命,用权威取代自由的爱,用强迫式的奇迹诱惑自己的受难者。大法官用以催眠人的神秘是对人的愚弄和蒙昧。充当这一精神的大厦之根基的奇迹和神秘,是欺妄、谎言、招摇撞骗和暴力。以所有人的名义,以虚假的民主主义的名义,大法官再一次起来反对基督。他说,基督的复活只是给少数被拣选的人准备的:"你可以骄傲地指出有那些自由的孩子,自由之爱的孩子,自由而庄严地为了你的名而牺牲的孩子。但请记住,他们总共只有几千人,而且他们还全都是神一样强大,可是其余的那些人该怎么办? 其余的软弱的人,他们不能承受强大的人所承受的东西,但他们有什么错? 那颗软弱的心灵无力承受如此可怕的赐予,可有什么错? 难道你来真的就是为了拣选,并只为拣选的人而来? 我们如此温和地对待人们的软弱无能,满怀爱怜地减轻他们的负担,宽容他们软弱的本性,甚至允许因软弱的本性犯下的罪恶,难道我们还不够爱人类吗? 为什么你现在来妨碍我们呢?"大法官再一次扮演人类的保护者、人类的热爱者、民主人士,再一次指责基督对人不够爱,指责他的贵族派头,指责他过高地评价了人的力量。用强制的幸福进行诱惑,宣扬建立在奇迹之上的信仰,建立在权威之上的爱,建立在神秘之上的安宁与恭顺。所有这些,我们从国家那里听到过——它是拯救者和奴役者的权威和暴力;从历史教会那里听到过——它误入歧途,接受了大法官的神秘;我们还从人类的实证主义宗教那里听到过——它彻底杀死了上帝和自由。巴别塔的建造者不相信人类自由的拯救,不相信自由的爱，否弃可以产生奇迹的信仰，因此强制性地去拯救人类，以幸福，未来所有人的幸福来安慰他们。现代不可知论也维护"神秘"，以隐藏世界生活的意义来对人实施催眠和暴力。于是，人们以普遍的、人类共有的软弱无能的名义起来反对上帝。基督无限地尊重个性，把它抬高到一个超人的高度，但是，那些把人神化、过分神化人的人实质上却是贬低个性，不相信它自由的使命。实证主义者们否定奇迹，否定那个源于信仰的奇迹，但却又想自己制造表面的奇迹，并以它们来诱惑人类，从而在这些能使人获得幸福的奇迹的基础上建立起自己的权威。

一切对良心自由之绝对价值的否定，一切按照实证的动机对神秘的自由的承认，都是大法官的"奇迹、神秘和权威"的诱惑。人的个性应当被自由地拯救，应当以自由的爱选择上帝，在上帝的爱和自由中人类才可以得救——对这一真理的否定，是第二种诱惑。那些神秘主义教派，那些害怕新鲜空气的人——是第二种诱惑。所有这些强制式的拯救者，这些既宣扬权威的宗教，又宣扬人的宗教的人，同样既不相信人的力量，又不尊重人，因此他们的爱是虚假的。对人的信仰，信仰他的尊严，信仰自由的神秘的意义，就是信仰上帝——人的力量、人的尊严、人的自由的源泉。我们所期望的不是幸福的、安宁的、被安排好的，但失去自己的尊严、背叛自己的使命的人类，而是自由的神人类。我们所期望的不是可以用来信仰的奇迹，而是可以创造奇迹的信仰；不是权威，而是自由；不是压迫我们，加重我们的无知的神秘，而是对这一神秘的洞见，对生命的领悟。强制式的、权威的学说是不信仰的产物，它不信仰上帝在生命中的自然威力，因而创造一种人为的威力，以使人畏惧。表面的、强制式的教会的权威是 contradictio in adjecto，因为，教会思想本身是以圣灵在人类共同体中的有机显现为基础，是以人自由地投身于这一精神为基础的。

第三个诱惑

第三种诱惑——这是一个最为强大的诱惑，在人类历史中随处可见。"我们认同的不是**你**，而是**他**，这就是我们的秘密！我们早就不认同你，而认同他了，已经有八个世纪了。整整八个世纪以前，我们就从他那里接受了**你**愤然拒绝的东西，那个他指给**你**看整个地上王国时愿意给予**你**的最后的礼物：我们从他那里接受了罗马和恺撒的剑，并宣布只有自己是地上的王，唯一的王，虽然我们至今还没有能彻底完成我们的事业。"第三种诱惑——地上王国的诱惑、恺撒的剑、帝国的梦想，诱惑了教权专制①的天主教和君权专制②的东正教。第三种诱惑的极端的、可怕的体现是罗马国家，神化的恺撒，极权的至高无上的国家，极权的恺撒主义。只有前基督教意识能够容许出现罗马和恺撒的剑，只有在基督之前可以形成东方的专制国家，能够在专制国家中给人以神的荣耀。而基督拒绝地上王国、极权国家的诱惑，认为崇拜地上王国就是对天上王国的背叛。但在历史上，基督教适应了异教徒的国家，几乎把从罗马继承下来的国家奉若神明，此后，教会不再被国家政权驱赶，而变得越来越占优势。康斯坦丁大帝对基督教会的功绩对于基督教本身来说却是致命的。教会自己开始支持罗马国家，开始渗透了国家的强制精神，开始利用异教国家这一工具，着手建立全宇宙的地上王国、此世王国，因此也就认同了"他"。拜占庭，第二罗马，体现了极权国家、神圣恺撒的思想。而在第三罗马——俄罗斯，这一思想更是得到了神奇的表达，开了亵渎神灵、侮辱圣训的先

① 教权专制指罗马教皇和天主教会不仅控制精神领域，也控制世俗领域。
② 君权专制即政教合一，国家管理教会。这一管理可以直接派代表或通过任命，通过教会权力的世俗化而实现。在俄罗斯，政教合一从彼得时代开始。

河。罗马国家体制这一强有力的元素经过天主教转变为现代社会,其同样渴望建立全世界的地上王国,尽管恺撒的剑是掌握在人民手中,尽管不再神化恺撒这个人。第三种诱惑是人的政权之路——无论是一个人的政权,还是许多人或所有人的政权,都是一回事儿,是神化国家之路——它是地上彻底的联合和安排。第三种诱惑在人类历史的许多世纪里的强势显示出基督教在掌握生死、决定世界历史道路上的局限性和短暂性。在国家问题中,正像在良心自由和面包问题中一样,人类听不到基督的声音,听到的是**他**,旷野里的诱惑者的声音。"如果接受强大的精灵的第三个建议,**你**就会满足人们在地上想找的所有东西,即,向谁膜拜?把良心交给谁?最后,以何种形式联合,从而使所有人进入一个没有纷争的、普遍和谐一致的蚂蚁窝?因为全世界联合的愿望是第三个也是最后一个使人们痛苦的问题。整个人类永远渴望全世界按照必然性被安置好。"基督拒绝了全世界联合为地上极权的自我神化的国家,拒绝了在上帝之外的世界联合。怎样才能实现"在上帝之中的全世界联合",怎样才能实现宗教的共同性,怎样才能实现在基督之中的全宇宙的历史道路,而不只是个人的拯救,——这是新宗教意识的基本问题,是神

权政治的问题,是地上的神权战胜人的政权、战胜以一个
人——恺撒或教皇为代表和以所有的人——人民为代表
的人的神化问题,战胜第三种诱惑——这就是人类未来历
史的宗教意义:不崇拜地上的面包,不把自己的良心交给
地上的权威,不联合为全世界的极权的地上的国家,不处
于"恺撒的"人的统治之下,无论谁都不消失在这权力的象
征之中。大法官说:"如果接受了世界和恺撒的红袍,就会
建立起世界性的王国,并给全世界以安宁。"但基督宣扬天
上王国,拒绝脱离天空的大地,拒绝脱离上帝的人类。基
督宣扬的不是"全世界的安宁",而是为世界最后的解放和
拯救,为揭示世界的意义而进行的世界性斗争。于是,所
有举起了"恺撒之剑"的人就起来反对基督了。

大法官的传说——是人们写的所有东西当中最无政
府主义和最革命的。对国家制度、对帝国主义还从未有过
如此严酷、如此毁灭性的审判的声音,对地上王国的反基
督本性还从未有过如此有力的揭露,也从未有过对自由的
如此颂扬,对自由的神圣性、对基督精神的自由属性也从
未有过如此的发现。但这是在宗教基础上的无政府主义,
而非"神秘主义的无政府主义",是神权政治的无政府主
义;这是具有创造性的宗教精神,而不是革命无政府主义

的破坏和分裂。这是对一切人的政权的否定,对一切神化人的意志的否定,对一切以神权的名义对地上进行安排、把地和天连接起来的否定。不过,依然未明了的是:《大法官》的作者怎么会捍卫专制制度,被拜占庭的国家制度所诱惑。

三

终于,大法官达到了那样一个高度,或者说是滑到了撒旦式的激情的深渊。当他描绘自己的未来王国和自己在其中的作用的时候,某种超人的、非现世的、前世的声音回响在他的话语之中:"……但那一群牲畜会重新聚拢过来,重新顺从听命,而这一次是永远顺从了。那时我们将给予他们平安而温顺的幸福,天生弱者的幸福。呵,我们会最终说服他们不再骄傲,因为**你**曾抬高了他们,因而使他们学会了骄傲;我们将向他们证明,他们是软弱无力的,他们只是可怜的孩子,但**孩子的幸福却比一切幸福更甜蜜**。"就让那些现代幸福的建设者,那些建设没有天空的大地、没有意义的生活、没有上帝的人类的人听听这些可怕的话语不寒而栗吧。而这里是恶之精神的预言:"是的,我们要强迫他们劳作,但是,我们要把他们劳作之余的闲暇生活安排得像孩子的游戏一样,有孩子般的歌声,有众人的合唱,有欢快的舞蹈。呵,我们还允许他们犯罪,因为他们是软弱无力的。而他们将会像孩子一样爱我们,因为我们允许他们犯罪。我们会告诉他们,任何罪都可以赎,只要这些罪是我们允许的:我们之所以允许他们犯罪,是因为我们爱他们,至于因这些罪应受的惩罚,好吧,就由我们承担吧。"在这些话中可以感觉到虚无的恶魔的精神。就让那些被未来的幸福的人的"孩子般的歌声""欢快的舞蹈"诱惑了的人听听这些话语瑟瑟发抖吧。这个承担起罪行应受的惩罚的"我们"是谁? 已经不是人们,也不是在人们中被拣选的人;"我们"——这只是一种表达方式,"我们"——这就是"他",大法官精神,在旷野中引诱基督的魔鬼,历史终结之时的魔鬼。"他们良心上最痛苦的秘密——一切一切,他们都会告诉我们,由我们来解决一切问题,而他们会欣然信任我们的决定,因为这可以使他们摆脱巨大的忧烦,摆脱眼前必须由自己自由地解决问题所带来的可怕的痛苦。这样,**所有人,亿万人,都将是幸福的**,除了几十万管理他们的人。因为,只有我们,我们这些保守着秘密的人,只有我们将是不幸的。这样,幸福的将会是千百万婴孩,痛苦的只是几十万人——他们承受了因分辨善恶而受到的诅咒。他们默默地死去,他们默默地熄灭,为了**你**的名;并且在死后,他们拥有的只有死亡。但我们也保守着这个秘密,为了他们的幸福,我们也用天国、用永恒作为奖赏来诱惑他们。**因为假使在另一个世界真有什么,那么当然也绝不是给像他们这样的人准备的。**"这个"几十万痛苦的人"——只是一种艺术形象,这些受苦人,"承受了因分辨善恶而受到的诅咒"的人最后的形而上的数字总共也就是一个人,这就是——"谎言之父",旷野上的诱惑者,大法官的形而上的精神。大法官本来就不想让人成为与"另一个世界"相称的人。在最后这些话语里似乎暴露了他的秘密,这就是——**彻底的虚无**之秘密,否定永恒,不信仰世界的意义,不信仰上帝。那些跟随基督的人,那些洞见了世界生活的意义的人懂得"几十万痛苦的人"的秘密,但这一秘密对于"千百万幸福的婴孩"却是关闭的。

呵,当然,无论是在实证主义中,还是在新开创的缺失世界意义的地上人类的宗教中,都还没有大法官所描绘的那幅图景,但这条路已经是**他的**路了。人们已经开始希望"摆脱巨大的忧烦,摆脱眼前必须由自己自由地解决问题所带来的可怕的痛苦"。实证主义已经摆脱了这些痛苦，已经拒绝了人自己自由地解决问题，这是大法官的狡猾之一。在社会民主的末日论中重新诞生的地上的极权国家，——他的另一个狡猾，是"所有的人都将是幸福的"。但这个前世的、形而上的恶——虚无和奴役的因子处于历史的流动性状态之中。大法官精神还没有最终地极端地体现出来，他隐藏着，需要揭开他的各类面具。现在被大法官精神诱惑的人们，还不是"幸福的婴孩"，还没有"顺从"。这些人比所有的人都骄傲，比所有人都具有造反性，只把自己、人类自己奉若神明。但奉人类若神明，人的自我神化，以一种可怕的方式按着神秘主义辩证法之逻辑，必将走向奉一个超人为神。被大法官所谓的婴孩的幸福所俘获的人们将成为奴隶般可怜的人，并将感觉到一种对彻底顺从的需求。在被这些革命的和看似解放人的思想所催眠了的大众脸上已经闪烁着类似的东西。变成了一群牲畜的人类将安静下来，不再自傲，最终顺从大法官，于是，独裁政治也将建立起来。

　　大法官精神准备在末日审判时为自己辩护。"我那时将站出来指给你看那**不知何为罪孽的千百万幸福的婴孩**。为了他们的幸福而承担了他们的罪恶的我们，将站在**你**面前说:'审判我们吧,如果你能,你敢。'要知道,我并不惧怕你。要知道,我也曾在旷野中,我也曾食蝗虫和草根,我也曾用**你祝福人们的自由**来祝福人们,我也曾加入到你的选民的行列,希望加入到强有力人的行列里'充个数'。但我醒悟了,不想为疯狂的事业献身,我回来了,回到了那些**改变你的事业的人的行列中。我离开了那些骄傲的人,为了这些恭顺的人的幸福回到他们那里去了。**我给你说的一切都会应验,我们的王国一定会建立起来。"以"千百万人的幸福"的名义,他拒绝了永恒;为了恭顺的人的幸福,所有人的幸福,他宁愿放弃在选民中"充数"、为天国而战的高尚的目的。这一辩护与大法官的精神是一脉相承的。他们已经指责我们忘记了千百万人的"幸福",忘记了安排地上的"所有人"。他们以"离开、不愿献身疯狂的事业"为骄傲。但被大法官所诱惑的人们在陀思妥耶夫斯基的描述中却并非如大法官本人那样高大而有力,并不是具有理想而富有悲剧性的类型。所有这些现代人不曾在旷野中,也不祝福人们自由。我们的时代没有塑造出撒旦,在其中也找不到某种形象的大法官——就他们的某种特点,或是感人的受苦受难者,或是为伟大的悲伤而痛苦着,或是人类的热爱者。但是,小小的大法官却充满了我们的世界。

"谁知道呢,也许这一位该诅咒的老人,如此固执地,如此按照自己的方式热爱人类的人,现在就站在许多那样独特的老人的行列中,而且不是偶然在那里,而是有某种约定,有某种早已建立的秘密联盟,为了保守秘密,为了不使那些不幸的和软弱的人知道,为了使他们成为幸福的人。"

以人们幸福的名义,以替他们建造大厦的名义,保守秘密,隐藏生活的意义——这就是各种现代文化所显露出的深刻用意。老的、保守的国家强力政权的拥护者和新的、革命的国家强力政权的拥护者,旧教会的权威的不可知论者和新教会的实证主义的不可知论者,旧的巴别塔的维护者和新的巴别塔的建设者,他们同样都是想对人们掩盖宇宙意义的真理,因为他们害怕这一发现的结果,害怕那些破坏他们的建设的话语。如果说在这种玄秘主义中有什么严肃的东西的话,那就是大法官的诱惑,隐藏秘密,管理千百万婴孩。而新宗教意识这样回答所有大小法官们:向人们揭示存在的意义之秘密,揭示绝对和永恒的**真理**高于世上的一切,高于人们的**幸福**,高于任何人类的大厦,高于安宁,高于地上的面包,高于国家,高于此世生活本身。应当告知世界真理的话语,应当揭示客观的真理,无论怎样,那时人类也不会灭亡,而会得到永恒的拯救,无论他们忍受了怎样的暂时的苦痛。人——不是一群没有意义的牲畜，不是软弱无力的、卑微的、担当不了所揭示的秘密的重负的动物，人——是上帝之子，为他们准备的是神圣的使命，他们有力量担负起自由的重负，并能够吸纳世界的意义。人的个性具有绝对的意义，其中蕴含着绝对的价值，它通过宗教的自由将实现自己绝对的使命。鄙视个性，不尊重个性的无限权利，以幸福和安宁诱惑人，监管人，剥夺他的自由，——通过这些可以辨认出大法官的精神。爱人，不是监管他，不是管理和统治他，同样也不是怜悯；爱人，不是同鄙视和不信任人相混淆；爱是与在尊严和使命上平等但不雷同的、精神上的亲人的结合与融会，是一种先验的渴望，渴望那种近似于你所信仰的、所尊崇的**唯一的父**身上的本性。自由和爱，自由的爱，人与上帝的结合——通过这些可以辨认出与大法官相反的精神。

形而上的、前世的堕落①是世界上的一切存在的完整永恒的生活脱离开了绝对源泉，脱离开了可以使它们完美和谐地结合在一起的绝对源泉。这一脱离的结果是生活瓦解为各个部分，是生活的原子化，是痛苦的分裂，是混乱

---

① 指亚当和夏娃偷吃禁果。

以及强制地从属于这一生活的碎片、从属于必然性和自然
"规律",是痛苦的约束性。于是世界的两种元素开始斗
争:1)世界的所有存在摆脱奴隶般的从属性、摆脱必然性、
摆脱外部规律的束缚之解放元素,世界的所有存在、所有
部分通过爱结合为一个和谐、一个永恒的无限丰富的存
在。2)继续原子化、世界的所有存在和部分的内在分裂之
元素。通过强力而形成的表面的、虚假的结合,通过必然
性而形成的表面的、虚假的联系。第一种元素的取胜走向
世界与上帝的重新结合,走向战胜死亡,走向肯定存在之
路;第二种元素的取胜走向世界彻底脱离上帝,走向虚无,
走向死亡战胜一切之路。在不同时代具有不同具体形式
的全宇宙的任务是,通过内在的结合和摆脱所有必然性,
战胜内在分裂和表面的联系。

　　会有人对我们说:当过去和现在有这么多可怕的恶的
时候,为什么还要奢谈那么多未来的恶的问题;当人没有
面包,需要让人吃饱的时候,奢谈地上的面包可能产生的
诱惑,这是否有些可恶。这就是那样一种论点,即认为,真
理有时可以并应当被隐藏起来,并不总是应当使人接受
它;有某种高于真理的东西——这就是面包。先让人吃
饱,然后再谈论生活的意义,谈论未来的恶。这么说的人

已经是被诱惑的人。我们坚信：为了让人吃饱，并且不毒害人，就需要使人了解生活的意义；真理应当向所有人揭示，以便使人摆脱诱惑，以便解决迫切的面包问题、良心自由问题、全世界联合的问题；不仅是你们，而且我们也想为人类解决面包、自由和联合的问题，但我们相信，只有在生活的意义和最终目的得以揭示的道路上一切问题才可以解决；我们相信，绝对真理高于幸福；我们相信，一定会找到天上的面包。

在世界历史中存在着简单的恶、原初的恶，存在着始原的奴役、兽性和分裂。在世界进程中这一恶正逐渐消亡，人类正逐步摆脱它，但恶的源头并没有被克服、被战胜，其根部依然没有被拔掉，因为只有在超历史和超人类的过程中，恶的问题才可以找到根本的出路，得到彻底的解决。形而上的恶会体现为新的形式，它并不一定是以兽性、奴性、混乱的分裂的形式出现。虚假的幻想的人性、解放、人的联合掩盖了未来的恶，一种复杂而根本的恶，一种对于我们来说并不像原始的、兽性的恶那样一目了然的恶。专制制度及其非人性的政治，它的绞刑、监狱、对人性的压制和黑帮分子的屠杀，都是原始的恶、原始的兽性以及世界在自己的进程中正在被克服的奴性的残留物。在极权的、强制的国家中的恶和兽性，所有有视力的人都可以看得见。过去的恶被暴露、被揭示，正奄奄一息。在俄罗斯的自发势力中骚动的是原初的混乱，这一混乱本身及其对它的回应使大地上鲜血流淌。但就在这血腥的混乱中依然不是最根本的恐怖。未来将不再是专制国家对人性的摧残，将不再是那样的残酷、杀戮和掠夺，将不再是把铁钉钉进人的头颅，像在二十世纪曾经发生过的使人类蒙羞的比亚韦斯托克大屠杀那样①。摆脱原始的恶的路还很长，但在这条道路上人类将面临的是更精致、更文明的恶，最终的恶。

陀思妥耶夫斯基的大法官具有的是中世纪的外表，他点起篝火，实施的是火刑。这依然是原始的兽性，是简单的恶，但在他的话语精神中已经浸透了最终的恶、最后的恶。过去是旧的、奴役自由的良心的权威，但现在是新的、更加彻底地奴役良心的权威；过去是旧的、强制的、残酷如野兽的恺撒之剑，但现在是新的恺撒之剑，是对未来的、幸福的蚂蚁窝似的国家的神化，在这样的国家中人将被彻底

---

① 指1906年6月发生在比亚韦斯托克（距华沙东北部一百英里）的反犹大屠杀。

地剥夺自由,将被引向虚无。既要与过去的恶、原始的恶作斗争,也要与未来的恶、最终的恶作斗争;既要与原始的兽性作斗争,也要与未来的兽性作斗争。应当揭示真理,寻找意义,以便走上不受任何诱惑的、绝对的善和自由之路,走向最终的永恒的存在。这就是为什么我们如此多地谈论大法官精神,如此为未来的人类担忧。我们已经指出世界历史的两种元素之间的关系:自由高于幸福,爱上帝高于爱人类,因为后者只能源于前者;天上的面包高于地上的面包,因为后者只能源于前者;良心的自由高于权威,存在的意义高于存在事实本身,同样因为后者只能源于前者。拒绝大法官的诱惑,拒绝此世的王和他的王国——这就是我们主要的思路。我们希望不受地上的面包的诱惑,不以它的名义拒绝天上的面包而解决地上的面包问题;不受权威和表面奇迹的诱惑,不拒绝良心的自由而解决景仰神的问题;不受恺撒之剑、此世王国的诱惑,保持个性的自由而解决人的联合、社会的和谐问题。

四

在当今时代流行着一种强烈的否定一切的时尚。现代的否定一切,实质上讲,是一种严肃的现象,不能从一种旧观念出发对它置之不理,但是,宣扬一种已不为人们所乐道的美德也不能抑制住这一现象。不过,它经常会转变为一种表面的时髦。已经形成了这样一种否定一切的情绪模式,总是说着那些辞藻,空洞的、缺乏创造力的人们重复着它们。其中最明显地表现出现代否定一切的情绪的颓废主义是人类一种非常深刻的心灵危机,也是一股严肃的艺术潮流;但许多人都感染上的颓废情绪已经变成了一种无法忍受的老生常谈,什么反对传统啦,什么反对旧有的形式和偶像啦,——这些本身已经成为墨守成规,因循守旧。安静下来的、在生活中凝滞的颓废主义和自我陶醉的、已经变成了通行的且令人愉快的教条的否定一切——是一种鄙俗的行为。苦闷与痛苦,神秘的古风,它们美化了人类精神这一过渡和转变的状态。但是,诸如下面这些机械的、庸俗化了的词句令人感到压抑与无聊:什么"崇拜自我与自我瞬间感觉"啦,什么"以自己绝对自由的名义厌恶上帝"啦,什么"赞颂超人"啦,什么"把别人变成自我肯定的工具"啦,什么"以主观情绪的名义否定理智"啦,什么"歌颂恶之美什么的啦",等等,等等。否定主义谈论许多虔敬的重大的事情:谈论个性,谈论个性的绝对意义,谈论自由,谈论美和其他许多事情。结果却是一出可怜的闹剧。自我崇拜永远是丑陋的。否定一切最终是贬低价值,并因此导致市侩作风,使日常生活变得空虚,无法创建新的历史。自由,抽象的自由,没有对象的空洞的自由,是奴性、无主见、无个性。自由应当有自己的对象,应当渴望些什么。

尼采诱惑了许多人并造就了一群尼采主义者,一群小"超人"。而尼采的否定一切对于宗教意识是一个重大的、真正新的、十分重要的现象。不应该像弗·索洛维约夫那样轻易地躲开尼采。旧药无济于新病。尼采问题的整个复杂性和深刻性在于,他像拜伦一样,是一个如此笃信宗教的恶魔,他的反抗上帝,不是一种黑暗的恶的力量,而是由于人类生活中的宗教自发力量进行的善的、创造性的变革所带来的宗教意识的短暂黑暗。对于宗教意识的完满极其重要的人类的新体验还没有被领悟,还没有将它与理性-逻各斯联系起来,——对于笃信宗教的恶魔的误解也就在于此。伊万·卡拉马佐夫是这样,经历了极其严重的危机,在还没有被领悟的复杂性的重压之下变了形的新时代的许多人也是这样。他们的反抗上帝不是形而上的对上帝的厌恶和彻底选择恶,这些人在探索,在为人类清扫道路。上帝的精神会不知不觉地出现在他们身上,他们将告别错误的意识。基督说,没有指责圣灵的虔敬的人将得救。约伯曾与上帝斗争。没有这样的对上帝的反抗,就没有丰富的神秘生活和自由的宗教选择。所有新出现的精神苦行者,所有苦闷的和探索的人,所有已经不满足于单面的、部分的、不完满的宗教真理,预感到新的、还没有被意识到的宗教生活的脉搏的人,——能说他们指责圣灵了吗?也许,恶魔身上还没有被猜透的、秘密的和吸引人的东西是上帝的一面,善的一面;并且只有在存在的神秘的辩证法的最终阶段的宗教综合中才会猜透这一点。

　　大法官指责了圣灵,并且,他的反抗上帝是彻底地不爱上帝。对基督的厌恶隐藏在他内心形而上的深处。步其后尘进行指责的是许多喊着"主啊,主啊"的人,他们嘴里喊着基督的名字把基督钉上了十字架。官方教会人士,当今的书呆子和伪君子,黑衣主教,以及那些为掌权者在此世的罪行向上帝祈祷的人,就像波别多诺采夫①一类的官僚的教权主义者,所有这些小法官——大法官的代理人,都在自己的心里防备着基督,指责圣灵。和他们比起来,尼

① 波别多诺采夫(1827-1907),1880-1905年任俄国正教院总监。正教院总监系国家政权在教会中的代表。

采和其他反抗上帝的人是多么虔敬,多么接近基督;异教徒歌德在圣灵中得救,因为他没有责难他。

否定一切呈现为两种看起来相互矛盾的形式:一种是神化个性,极端地肯定它;一种是轻视个性,极端地否定它。但否定一切的这两种形式相遇了,它们的基础都是**无个性**,否定个性的绝对意义和使命。把一个人的个性奉若神明,把别人的个性变为手段,这样,个性本身已经不再是个性,而陷入无个性力量的统治之中。彻底否定一切的诱惑,神秘的恶(并不是那个还没有被意识发现的上帝的一面)的诱惑,是虚无的诱惑,是欺骗和谎言。肆无忌惮地否定一切的最深刻的、先验的心理基础是奴性,是奴隶的造反,奴隶——不懂得高尚的责任,恶狠狠地反对无限伟大的东西。当然,这里说的是精神的奴性和精神的高尚,在这里不涉及社会范畴。我认为,在尼采的矛盾性中,其恶魔性(不是其基督性)是奴隶的道德。上帝的**奴隶**反对上帝,上帝的**孩子**爱上帝。奴隶式的心理只能把对上帝的态度理解为主从关系,它总有一种被奴役的幻觉。因为它内在地是不自由的。否定一切的人的奴隶感表现在,他是如此好地理解并感觉到对于上帝的**从属性**,因此也就如此地不能理解、不能感觉到对上帝的**自由的爱**。要知道,景仰伟大的东西——是一种美妙的感觉。自由地爱——一种神圣的、隐秘的交流,自由地为自己选择最珍贵的东西,为自己,——这是与一切奴性、奴隶般地服从和奴隶般地对极其遥远、极其伟大的东西的反抗尖锐对立的。在否定一切的造反中,没有人的高贵出身的意识,有的仅是精神上的贱民意识。

将自己偶像化的个性,否定一切高贵的存在,除了自己之外什么也不承认的个性,显然是走向虚无,使自己失去一切内容,然后腐烂,变成虚空。肯定自己的个性——意味着用无限的内容丰富它,将世界融于自身。个性的一切骚动都是空虚的,如果它没有包罗万象的存在,没有世界的一切统一作为自己的对象、作为自己的客体。把自身变成自己强烈渴望的对象,把自身作为自己最后的目的——这就意味着消灭自己。在整个世界中只看到自己的主观世界,像马克斯·施蒂纳一样,把自己的独特性当成整个世界——这意味着取消自己的作为世界中唯一的、客观的现实性的个性。如果不存在作为一切统一的、完满的、和谐的存在的上帝,如果上帝不是我最后的爱,我最终的目的,**我所有的渴望的对象**,不是**我的**渴望,那么就没有我的个性,它就失去了无限的丰富的内容,我的渴望就是虚空,我的孤寂就是贫乏的。**存在上帝——就意味着自己无限丰富,认为自己是上帝——就意味着自己成为无限的贫乏。**如果把自己的有限性、局限性、短暂性神化,我就什么也没有,我——就是虚空和无内容。因此,"否定一切"的个性的自我肯定是自我欺骗,其背后掩盖着消灭个性、否定个性的客观现实性,掩盖着无个性。否定一切的个人主义首先是自恋的膨胀而导致的否定**个性**,是失去个性和空虚的倾向。在这条路上永远不会战胜死亡。成为个性,成为个体——意味着确定自己在宇宙中的独特的使命,确信自己在整个宇宙存在中是完全唯一的存在;意味着以神性生活的汁液为生。希望占据不属于自己的位置的强烈的自恋,渴望要高于一切人的丑陋的妒忌,会使个性枯萎。把自己崇敬为上帝,就是失去个性感和个性的使命思想,在这里没有任何个性的东西,这是每一个奴隶的愿望,他们反抗自己的从属地位,却还无能力敬仰什么东西。把自己的个性与上帝对立起来——这是一个巨大的误解,这源于意识的黑暗和心灵的黑暗。寻找脱离上帝的自由,在确认自己的天然个性中寻找自由——这是非常时髦的说法,但却毫无意义。可以寻找摆脱奴役我的世界的自由,摆脱自然的自由,摆脱规律的自由,摆脱国家和人的强权的自由,可以在上帝——一切自由之源——之中寻找;但当我的自由是我身上的神性,是我的神圣的出身和神圣的使命的标志,并且与自然的必然性相矛盾,那么摆脱上帝寻找自由何以可能。在我身上不断涌起的对奴性的反抗、对必然性的反抗、对束缚的反抗,不断涌起的个性的元素、我的荣誉、我的尊严,这些也都是我身上来源于上帝的东西,是真正的类似于上帝形象的东西。我的个性是我在上帝之中的前世永恒的形象,那个我可以自由地实现或扼杀的形象,是我在**上帝的理智**之中的思想(柏拉图意义上的思想)。这个上帝的"思想"是一个丰富的强大的存在,充满了宝贵的内容。我在这里所说的既是世界宗教意识发展的真理,也是世界的形而上学发展的真理。**唯一的理智**在自己漫长的历史中发现了一个不可改变的真理,即,上帝是自由,是美,是爱,是意义,是人的所想、所爱、所向往的一切;并且所有的这一切是绝对的动力,是生存的力量。

恶魔如此向往的强大的、超人的个性,如果它不能够把自己与包罗万象的存在联系起来,如果在自身不能融汇的世界生活,那么它就会降低到低于人的境地;在自己的自我隔绝和自我陶醉之中,它会走向贫乏、空虚和死亡。除了公正的、上帝所希望的"反抗上帝"之外,个性中的恶魔性是不足信的、谎言的、虚幻的存在。所有这一切在人类最初级的、最原始的体验中都有其基础。分析一下自身的状况，每一个存在都可以验证这一真理。当我脱离包罗万象的存在，与上帝隔绝，神化自己，认为自己是唯一的时候，——我就会体验到空虚，我就会感觉到虚无的来临，我就会是贫乏的——这是我的经验事实。当我与包罗万象的存在联系在一起，接近上帝时，我就过着一种具有崇高价值的生活，我就会确信自己在全宇宙过程中的个性；我就丰富起来，体验到充实，感觉到存在的吸引力。寂寞，难以忍耐的寂寞——这就是新近的否定一切的内在的心理原因，这是一种我们中的许多人都熟悉的恶魔的力量；而寂寞也是空虚的预感。"无聊至极"——当斯维德里盖洛夫对拉斯柯尔尼科夫说这些可怕的话语时，他表达的是恶魔的心理实质。现代恶魔是个性问题的尖锐化，但不是对个性的确认。否定一切是失去个性，失去生活的意义，亦即失去自己在世界中的使命。如果除了寂寞还有痛苦，为存在而痛苦，为另一个世界而痛苦，为要在另一个世界中确信自己的个性而痛苦，那么这就是拯救的保证。大法官精神是公共生活中的恶魔，是人类历史命运中的恶魔。在这里一些最最革命者与最最反动者隐秘地相遇了。

恶魔式的将瞬间的感觉神化,这不是对个性的确认,而是对个性的毁灭,是存在的分裂,是不知不觉向虚无的过渡。恶魔式的将历史中短暂的事物神化,这不是对人类的确认,而是对人类分裂的维护,同样是人类向虚无的过渡。承认个性的绝对意义和使命,承认自由和爱是走向拯救,走向世界解放和世界联合的途径——依据这些可以辨认出**上帝的精神**。不尊重个性,把它变为手段,为了短暂的幸福出卖自由,用暴力的道路替代爱的道路,通过外在的联合来维护世界的分裂——依据这些可以辨认出大法官的精神,恶魔的精神。重要的任务在于——从虔敬的恶魔、意识缺失的恶魔中解放出来,使无辜的反抗上帝者回到上帝面前,拒绝恶魔的话语,为了不再有恶魔式的事件和恶魔式的体验。到那时将更为清楚:什么是世界真实的恶,为什么它是丑陋的和令人厌恶的,为什么其中没有任何存在,为什么它不能实现个性的愿望,而是彻底地扼杀它们! 在下一章中①我们将看到,社会性的恶魔之路,历史中的大法官之路,会导致什么,是否可能有别的道路。

---

① 该文首次发表时,是作为别尔嘉耶夫的《新宗教意识及社会性》(1907)一书的第一章。

斯塔夫罗金

    《群魔》在艺术剧院的上演把我们重新引向对不仅是陀思妥耶夫斯基的,而且是世界文学的一个最神秘的形象之一的关注。陀思妥耶夫斯基本人对尼古拉·弗谢沃洛多维奇·斯塔夫罗金的态度令人惊奇。他极其浪漫地迷恋自己的主人公,被他俘获,受他诱惑。陀思妥耶夫斯基从来没有对谁如此迷恋,从来没有对谁这样浪漫地描写。尼古拉·斯塔夫罗金——是陀思妥耶夫斯基的软弱、诱惑和罪孽。他的其他主人公是他用来宣扬自己的思想的;而他把斯塔夫罗金是作为恶和死亡来认识的,归根到底他爱他,不肯把他出卖给任何人,不肯把他献给任何一种道德,任何一种宗教宣传。斯塔夫罗金——又是一个美男子,一个贵族,骄傲,有力,"伊万王子","亨利亲王","一只雄鹰";所有的人都从他那里期待着不同寻常的和重大的事情,所有的女人都对他着迷。他的脸——是一副极其精致完美的面具,他整个是一个谜,一种神秘;他整个由极端对立的两极构成。一切都像围绕着太阳一样围绕着他旋转。还是那个斯塔夫罗金——又是一个奄奄一息、死气沉沉的人,无力创造和生活,在感情上完全无能的人,完全不再强烈期望任何东西,无力在善与恶、光明与黑暗两极之间作出选择,无力再爱女人,对一切思想都无动于衷,疲惫至极,彻底耗尽了所有人的东西,体验了所有的堕落淫荡,厌倦了一切,几乎不再有清晰表达的话语能力。在斯塔夫罗金美丽、冰冷、僵硬的面具下面,最后的一丝热情也熄灭了,耗尽了所有的力量、伟大的思想、无限的不可遏止的人类的渴望。在《群魔》中并没有给出直接明了的斯塔夫罗金之谜的答案。为了猜透这一秘密,需要深入到比小说本身更深更远的地方,深入到已经展开的小说情节之前。斯塔夫罗金个性的秘密,只能像解开所有的个性的秘密一样,用"爱"这把钥匙来解开。只有通过神话创作,通过直觉地揭示作为一个世界现象的斯塔夫罗金神话,才可以理解作为一个悲剧的斯塔夫罗金和《群魔》。如果我们要在斯塔夫罗金这具僵尸上读出什么宗教道德,那我们将一无所获,什么也不会猜透。无法用教义手册来回答陀思妥耶夫斯基主人公的悲剧,回答拉斯柯尔尼科夫、梅什金、斯塔夫罗金、韦尔西洛夫、伊万·卡拉马佐夫的悲剧。这样就贬低了陀思妥耶夫斯基的伟大,否定了他所有的真正新的、独创的发现。《作家日记》中所有正面的理论学说和纲领,与陀思妥耶夫斯基的悲剧发现相比是如此无力和肤浅!陀思妥耶夫斯基证明了经历恶、经历极端的体验和极端的自由的正面意义。经历斯塔夫罗金、伊万·卡拉马佐夫等人的体验可以发现新的东西。恶的体验本身是一种道路,在这条道路上的死亡不是永恒的死亡。斯塔夫罗金的悲剧之后,在生死之路上他不会再倒退到已经走过的从前。

小说《群魔》的情节始于斯塔夫罗金死之后。[①] 他真正的生活在从前,在《群魔》开始之前。斯塔夫罗金熄灭了,耗尽了,死亡了,从死者身上摘下了一个面具。小说中在全体魔鬼中出现的只是这一个僵死的面具,骇人的、谜团式的面具。在《群魔》中已经不存在斯塔夫罗金,除了那个

---

① 指精神上的,而不是生理上的死亡。

在小说中出现的斯塔夫罗金本身外什么也没有。悲剧《群魔》的象征意义就在于此。《群魔》中隐含着双重的意义和内容。一方面,小说具有现实情节和各式出场人物,具有客观的俄罗斯生活的内容。从表面看,《群魔》是写涅恰耶夫事件的。如果仅从这一角度看,那么在《群魔》中有许多不足、许多不真实、几乎是失误的地方。1860 年代末的革命运动并不像他在《群魔》中所描写的那样。在这部"现实主义"小说中也有艺术上的不足。陀思妥耶夫斯基所揭示的俄罗斯革命和俄罗斯革命者,所揭示的被社会政治运动的外表所掩盖的宗教深度,更多的是关于将要发生的、在俄罗斯生活中即将展开的东西的预言,而不是对已经发生的事情的再现。沙托夫、基里洛夫带着他们最后的极端的宗教痛苦出现在我们这里已经是到二十世纪了,这时俄罗斯革命者显示出的属性不是政治的,对于他们来说,革命不是社会建设,而是拯救世界。陀思妥耶夫斯基比尼采更早地预见了许多现在才暴露出来的东西。但我不想从这一较为明显的一面来看待《群魔》。《群魔》是具有世界性意义的悲剧的象征。在这一具有象征意义的悲剧中只有一个主人公,这就是尼古拉·斯塔夫罗金及其释放物。我把《群魔》解读为斯塔夫罗金的内在的精神悲剧,而这一点至今还没有被充分揭示。事实上,《群魔》中的一切都只是斯塔夫罗金的命运,是人的灵魂的历史,是人的无尽的渴望的历史,是人的创造和人的死亡的历史。作为世界性悲剧的《群魔》的主题是,一个强大的个性——斯塔夫罗金这个人——怎样在由个性诞生的、由个性释放的混乱的疯狂中精疲力竭,消耗殆尽。

当我们遭遇斯塔夫罗金的时候,他已经没有任何创造性的精神生活。他对一切都已经无能为力。他的整个生命在过去。斯塔夫罗金——一个具有创造性的、天才的人。在他的身上曾诞生了所有最后的终极的思想:俄罗斯民族是神意的载体的思想,人神的思想,社会革命和人类蚂蚁窝的思想。这些伟大的思想诞生自他,又造就了其他人,在其他人那里得以延伸。从斯塔夫罗金的精神中走出了沙托夫、彼·韦尔霍文斯基、基里洛夫及《群魔》中的所有人物。在斯塔夫罗金的精神中诞生并从他那里释放出来的不仅是那些思想的体现者,而且还有列比亚德金之流,利普京之流,《群魔》中所有的低级人物,所有肤浅的思想。从斯塔夫罗金精神中好色的一面还诞生了《群魔》中所有的女人。一切线索都源于他。一切人都靠从来没有内在生命的斯塔夫罗金生活,所有的人都感激他,都感觉到自己出自于他。所有的人都从他那里期待着伟大而无限的东西——包括思想，包括爱情。所有的人都对斯塔夫罗金着迷，无论是男人，还是女人；无论是彼·韦尔霍文斯基和沙托夫，还是丽莎和跛脚女人。所有的人都对他心醉神迷，所有的人都把他神化，奉若神明；但同时又都仇恨他，贬低他，不能原谅斯塔夫罗金对自己的造物[①]的极其厌恶的鄙视。斯塔夫罗金的思想和情感从他的身上脱落了，并且妖魔化和庸俗化了。他自己的思想和情感的化身在他那里引起的是嫌弃与厌恶。尼古拉·斯塔夫罗金首先是贵族，精神贵族和俄罗斯少爷。贵族精神与陀思妥耶夫斯基是格格不入的，他只是通过自己对斯塔夫罗金的着迷来认识和艺术地表现这一精神。在许多方面与斯塔夫罗金有着精神上的亲缘关系的韦尔西洛夫重复着这一贵族精神。斯塔夫罗金极端的贵族精神使得他成为非社会的、反社会的。他是一个极端的个人主义者，其具有世界意义的思想只是他的精神悲剧，是他的命运、人的命运。

斯塔夫罗金的精神悲剧在哪里？他绝对个性的秘密

---

① 按文中别氏的观点，《群魔》中的所有人物都是斯塔夫罗金的释放物，是他的造物，是他的思想和感情的化身。

是什么？怎样理解斯塔夫罗金的软弱无力,他的死？斯塔夫罗金至今依然是一个未解的矛盾,并且,他在人们那里引起的是相互矛盾的感情。只有把斯塔夫罗金作为一个具有世界意义的创造的个性的神话才可以趋近、揭开这个谜;这一个性什么也没有创造,却已经在由他释放出的"众魔鬼"中耗尽了,干枯了。**这是世界性的悲剧,由于无节制而耗尽的悲剧,由于人的个性没有界限、没有选择、没有定规地渴望无穷尽的东西而僵化和死亡的悲剧。**"我曾到处试验我的力量……在为了自己,也为了展示自己的试验中,正如在我过去的整个的生命中,我的力量是无所不能的……但把这一力量用在哪里——我过去不知道,现在也不知道……我总是,以前也是,希望自己能做些善事并由此感到满足……我尝试了疯狂的淫荡,在其中耗尽了力量;但我不喜欢也不情愿过这种日子……我任何时候也不会失去理智,因而任何时候也无法像他(基里洛夫)那样,对思想相信到那种程度。我甚至不能那样去研究思想。"尼古拉·斯塔夫罗金在给达莎的信中关于自己这样写道。但写这些的时候,他已经耗尽、干涸、死亡,不复为一个存在;已经不再期待、不再渴望任何东西。他的生与死就是用来向人们表明:没有选择、没有人之为人的界限地渴望一切和什么也不渴望是一回事儿;没有任何目的的无限强大的力量和完全的软弱无力是一回事儿。

这一具有创造力的、具有无穷欲望的人,注定不是无所作为的,不是白白地活着、只是活着的。但欲望的无穷导致欲望的缺乏,个性的无限制导致取消个性,力量的不平衡导致软弱无力,没有形式的充沛的生命导致无生命和死亡,没有节制的好色导致爱的无能。斯塔夫罗金体验了一切,并且是极度地体验了一切,从伟大的、终极的思想,到伟大的、终极的堕落和嘲弄。他无法强烈地渴望一种东西并献身于一种东西。流行着一种神秘的传言,说他属于一个强奸幼女的秘密组织,萨德侯爵[①]也会对他嫉妒不已。迂腐的沙托夫,平民式地接受了斯塔夫罗金伟大的思想,欣喜若狂地追问他:这对吗? 伟大思想的载体能实现这一思想吗? 他既把斯塔夫罗金奉若神明,又对他恨之入骨,恨不得杀了他。斯塔夫罗金有一种可怕的极端的嗜好,总是无缘无故啃咬无辜人的鼻子,撕咬人的耳朵。他既在善中,也在恶中寻找极端与极致。如果世界上只存在**一种神**

---

① 萨德(1740-1814),法国小说家,剧作家。作品中通常有露骨的色情描写。

圣的东西,对他而言,太少了;他需要在一切事情上都越过界限,进入黑暗,进入恶,进入恶魔之中。他不能也不想在基督与反基督、神人与人神之间作出选择。他同时既确认**这个**也确认那个,他要一切,一切善和一切恶,他要的是没有尺度,没有界限,没有疆域。如果只确认反基督而否定基督——这已经是选择,界限,疆域。但在斯塔夫罗金的精神中也活着神人的意识,在自己无限的欲望中他也并不想拒绝基督。但同时肯定基督和反基督——就意味着失去两者而变得贫乏,变得一无所有。伴随着无度,到来的是枯竭。尼古拉·斯塔夫罗金——这是一个失去界限的个性,一个因极端肯定自己而迷失自己的个性。即使是在斯塔夫罗金通过自我控制,通过独特的禁欲生活(他忍受住沙托夫的耳光,想要宣布自己与跛脚女人的婚姻,等等)体验自己的力量时,他在这体验中也正消耗着自己。他的禁欲生活不是形式,不是个性的结晶,其中隐含的是一种欲望。斯塔夫罗金的堕落是个性越过界限进入无限的虚无之中。存在对他来说还不够,他还想要整个虚无,想要否定的一极不亚于肯定的一极。可怕的无边的虚无——是堕落的诱惑,其中是与生命势均力敌的、具有同等的吸引力的死亡的诱惑。世界上没有一个作家像陀思妥耶夫斯基那样明白堕落的形而上学,明白它黑暗的无底的深渊。斯塔夫罗金的堕落,他掩盖在无欲望的、平静的、冰冷的面具下的可怕的欲望,——是一个深刻的形而上的问题。这是因无度而消耗殆尽的悲剧表达之一。在这一堕落之中,力量变成了完全的无力,狂欢变成了冰冷。在荒淫之中,一切欲望都枯竭和死亡。斯塔夫罗金无度的荒淫变成了虚无。他的反面是彻底的感情的无能。尼古拉·斯塔夫罗金——是许多事情、各种生活线索、各种思想和现象的始祖。就是俄罗斯的颓废主义也诞生于斯塔夫罗金。颓废主义就是那个筋疲力尽的斯塔夫罗金,就是他的面具。斯塔夫罗金强大的、独具的、天赋的个性没有成型,没有结晶。它唯一的形状和结晶是一副可怕的凝滞的面具,一个虚假的美男子。在这副面具之下是无限的、不可遏止的激情与欲望,然而是疲惫的、正在熄灭的欲望。

《群魔》的悲剧是着魔和疯狂的悲剧。陀思妥耶夫斯基在其中揭示了俄罗斯精神的形而上的历史。所有的人都着了魔,所有的人都发了疯,所有的人都痉挛抽搐。就一个斯塔夫罗金没有疯狂,他平静得可怕,死一般地冰冷。他已经僵硬,奄奄一息,不停地呓语。《群魔》的整个实质在于:斯塔夫罗金制造出这疯狂的混乱,从自身分离出所有这些恶魔,并把自己的内心生活、那种僵化、那种窒息倾注到围绕着自己的疯狂之中。斯塔夫罗金强烈的欲望毫不掩饰地招摇过市,制造出疯狂与混乱。他一个创造性的行为也没有完成,没有把自己的任何一个渴望转化为创造性的行动,他天生不能创造与实现任何东西。他的个性没有了任何桎梏,向外喷射,直到筋疲力尽,在混乱之疯狂、思想之疯狂、欲望之疯狂——革命的欲望,色情的欲望或干脆就是人下流行为的欲望——之中消耗殆尽。什么也没有创造的个性消失在从自身分离出的群魔之中。只有真正的创造性的行为才可以保持个性,不使它枯竭。干枯的释放物什么也不能创造,只能使个性蒙羞。斯塔夫罗金的悲剧,作为世界性的悲剧,也许与创造及其造物的问题联系在一起。《群魔》中的一切人一切物都是斯塔夫罗金的释放物,是他巨大的内在的混乱。他在这一释放中耗尽了所有的力量并消失在一切释放物之中——一切:男人和女人中,思想的激情中,革命的疯狂中,爱和恨的疯狂中。而斯塔夫罗金本人只剩下了一个僵死的面具。这个面具出没在群魔之中——由一个僵死的人诞生的群魔中。就是斯塔夫罗金这俱僵尸的面具也是一个由斯塔夫罗金本人诞生的、被他耗尽了力量的魔鬼。斯塔夫罗金转世为彼·韦尔霍文斯基、沙托夫、基里洛夫,甚至利普京和列比亚德金,他的情感化身为丽莎、跛脚女人、达莎,这就是《群魔》的内容。斯塔夫罗金与任何人都无法结合,因为所有的人都是他的产物,都是他自己内在的混乱。斯塔夫罗金没有自己的另一个,没有自己的出口,而只有来自他且正在消耗他的释放物。他没有保持住、没有聚集起自己的个性。只有走出自身到另一个人中去,与之实现真正的结合,才可以造就个性、巩固个性。如果不能在爱、认识或行动的创造性的行为中走出自身,而只在自己的释放物中消耗,这只能诱惑个性、瓦解个性。斯塔夫罗金的命运是强大的创造性的个性的堕落,它不是创造新的生命、新的生活,不是创造性地走出自身到世界里去,而是在混乱中消耗,迷失在无节制之中。力量没有转化为创造,而是转化为个性的自我取消。哪里强大的个性死亡了,哪里挥霍了自己的力量,哪里由个性释放、分离出来的力量就开始疯狂。疯狂取代创造——这就是《群魔》的主题。这一疯狂是在斯塔夫罗金的坟墓上上演的。《群魔》作为具有象征意义的悲剧,只是尼古拉·斯塔夫罗金精神的现象学。事实上,客观上,除了斯塔夫罗金外,没有任何人、任何事。一切——都是他,一切——都围绕着他。他——是太阳,释放着自己的光芒。而所有的魔鬼就围绕着逐渐熄灭、已经不再散发光和热的太阳旋转;而且一切都还在期待着来自太阳的光和热,对自己的源泉怀着无限的期待,无限迷恋地奔向它;但当看到太阳正在熄灭、变冷,就开始仇恨它、诅咒它。只有达莎什么也不期待,愿意在重病的濒临死亡的人床边做一个守护者。与达莎在一起的生活,短短的、短得不能再短的一段生活,也是由无限疲惫的、无节制的、无选择的强大欲望,由无限的渴望转化而来的。斯塔夫罗金注定遭遇达莎。认为斯塔夫罗金只能走向苍白、平淡、温吞、谨慎的达莎,只有在她身边寻找安慰——这其中包含着深刻的真理与远见。

转向那些与斯塔夫罗金有关的人物对斯塔夫罗金的矛盾的评价很有意义。对于所有的人来说,斯塔夫罗金是一个双重形象:对于跛脚女人来说,他时而是公爵和雄鹰,时而是商人骗子,是她的羞耻;对于彼·韦尔霍文斯基来说,他时而是将在俄罗斯民族的传说中流传的伊万王子,将成为转折时期的领袖,时而是淫荡好色的、软弱无力的、百无一用的小少爷;对于沙托夫来说,他时而是"俄罗斯民族是神意的载体"思想的伟大拥有者,并肩负着运动领袖的使命,时而是少爷,好色之徒,思想的背叛者;丽莎对他的态度也具有两面,既崇拜他又恨他。斯塔夫罗金的老爷派头对所有的人都具有吸引力——民主主义中的贵族作风是很有魅力的,但又没有人能原谅他的老爷派头。老爷派头——是斯塔夫罗金的形而上的特性,是他身上的自在之物。他的悲剧与他是没落的少爷和贵族有关。投身民主革命的这位少爷与贵族极具魅力,但他在革命中一事无成,他对"事业"基本上没有什么益处,也不能胜任"事业"。贵族作风想的总是创造,而非"事业"。只有少爷和贵族能成为伊万王子,鼓动起背后的人民。但他从来也没有做到这一点,不想做,也没有力量做到这一点。他自己的任何一种民主思想也迷惑不了他,鼓舞不了他,如果在别人身上,在客观世界及其运动中遭遇到自己的思想,反而会使他感到一种敌对与厌恶。他并不期待自己的爱情的实现,自己的性爱幻想的实现。与达莎生活要比与丽莎生活好。伟大的思想和理想出自少爷、贵族斯塔夫罗金,这不是由于他在世界实施了创造性的行为,而是由于他因内在的混乱消耗了自己。由他诞生的思想和理想人格化了,他们要求他实施和实现那些在他身上所诞生的伟大的事物;但当他们遇见了一个极度衰竭、奄奄一息、软弱无力、行将就木的人时,他们开始愤怒了,开始憎恨他。斯塔夫罗金或许能做到一切:他会成为伊万王子,成为俄罗斯弥赛亚思想的载体,成为战胜死亡的人神;他能够以一种美妙的、神圣的爱来爱丽莎。但他什么也没能做到,他对一切都失去力量;无限的欲望与渴望使他精力衰竭,自在之物的老爷派头不容许他实施那一在其后真正的创造就开始了的牺牲行为。他依然在自我之中,迷失了自己,没有找到自己的另一个,却在其他人中,而不是在自己中耗尽了自己。他对出自他的那些魔鬼与精灵,无论是善的还是恶的,都无能为力。他不懂得咒语。斯塔夫罗金在跛脚的却是高大于他的跛脚女人面前是多么软弱无力!跛脚女人有着深刻的洞察力。跛脚女人与沙托夫关于圣母与大地的谈话,就其无限的美与深刻来讲,属于世界文学中最精彩的篇章。斯塔夫罗金在跛脚女人面前的软弱无力,是自在之物的老爷派头在俄罗斯土地面前,在土地——未婚夫所期待的永恒女性——面前的软弱无力。斯塔夫罗金的身上存活着俄罗斯大地的思想,但他无力走出自己,与之结合。丽莎等待着自己的未婚夫,但与他只相会了一个小时。未婚夫的形象是双重的。斯塔夫罗金没有能力进入婚姻,没有能力进行结合,不能使大地成为创造的源泉。他能承担的只是静静的黯淡的与达莎在阴郁的瑞士山上的生活。

他注定遭遇她,这个从来也没有通过牺牲走出自己的少爷和贵族,——达莎对他没有任何要求,没有任何期待。她接纳他的熄灭。只有在达莎面前他可以大声地说自己,——这是一切无度的可怕的结束。但就是这样一个结局也是不可能的。斯塔夫罗金害怕自杀,害怕表现得慷慨。但他终于实施了一个慷慨的行为——吊死了。陀思妥耶夫斯基在韦尔西洛夫的形象中给我们展示了同样的自在之物的老爷派头,但在人性上要缓和多了。

斯塔夫罗金的悲剧是人的悲剧和人的创造的悲剧,是脱离了有机之根的人的悲剧,是脱离了民众这一大地母亲、胆敢走自己的路的贵族的悲剧。斯塔夫罗金的悲剧提出了人的问题——脱离了自然生活、血缘生活与血缘传统而燃起了创造的欲望的人的问题。创造之路对于斯塔夫罗金,同样对于尼采来说,是"没有上帝"之路,是杀死上帝之路。尼采仇恨上帝,因为他在他身上看到了人进行创造的障碍。斯塔夫罗金,还有尼采,没有宗教意识,在这一宗教意识之中是关于人的创造的启示,是人的创造的宗教性的启示。旧宗教意识禁止倡议创造。斯塔夫罗金之死,尼采之死是通向人的创造之发现的必经之路。陀思妥耶夫斯基提出了一个新问题,旧有的答案不可能回答斯塔夫罗金和基里洛夫的痛苦。斯塔夫罗金的悲剧不可能用旧的宗教药方来医治,陀思妥耶夫斯基深刻地感觉到了这一点。健康人不能诊断陀思妥耶夫斯基所揭示的精神的疾病。只有那些不是关注陀思妥耶夫斯基的精神,不是关注他天才的真正的新的洞见,而是只关注到了他表面的意识和《作家日记》里的纲领的人才认为,在陀思妥耶夫斯基那里一切都是宗教上完满的,他所热爱的主人公背离东正教信仰只是一种罪过,一种普通的罪过,而不是也燎烤着陀思妥耶夫斯基本人的对新发现的火热的渴望。**在陀思妥耶夫斯基那里有一种最深刻意义上的二律悖反的对待恶的态度。**恶就是恶,应当被战胜,应当被焚烧。但恶也应当被忍受,被体验;经由恶,新的东西被发现,恶——也是道路。斯塔夫罗金的死本身,像所有的死亡一样,不是最终的、永恒的死,这只是必经之路。在斯塔夫罗金还没有从中走出来的旧意识之中,人的创造问题还没有解决,也不可能解决。哪里没有创造的出路,哪里就会有疯狂和堕落。在陀思妥耶夫斯基那里,堕落问题本身有着罪孽问题无可比拟的深刻性。经由死亡新的东西被发现,这比经由宗教完满会有更多的发现。斯塔夫罗金不仅仅是一个否定现象,他的死不是最终的死。在《群魔》之前斯塔夫罗金曾有自己的命运,在《群魔》之后斯塔夫罗金还将有自己的命运。在创造性的死亡之后,将会有新生命的诞生,将会有复活。我们对斯塔夫罗金的爱将有助于这一复活。陀思妥耶夫斯基本人极其热爱斯塔夫罗金,以至于容忍了他的死。他也为他的复活、他的新生而祈祷。对于东正教意识来说,斯塔夫罗金是万劫不复,他注定要永恒地死亡。但这不是陀思妥耶夫斯基的,真正陀思妥耶夫斯基的,具有启示性的意识。我们与陀思妥耶夫斯基一起将期待着尼古拉·斯塔夫罗金的新生——一个美男子,一个有力的、充满魅力的、天才的创造者。这样的信仰对我们来说是不可能的:其中没有斯塔夫罗金的得救,没有其创造力的出路。基督来是拯救整个世界,而不是要杀死斯塔夫罗金。但在旧基督教意识中还没有揭示作为走向新生的道路的一个阶段的斯塔夫罗金之死的意义。这一死亡是道路上的各各他。但各各他不是道路的尽头。只有在新发现中才可以揭示斯塔夫罗金复活的可能性,揭示那些不能有意识地作出牺牲的人的死亡的献祭意义。他枯竭的、堕落的、很难不恨又不能不爱的个性将会重新被塑造。无限的愿望与渴望必定会在神圣的生活的维度中被充实和实现。世间的生活葬送掉了一切无限的东西。无限现在还不能被实现。但弥赛亚的盛宴将会来临,斯塔夫罗金将会出现在这盛宴上,在那里他将会满足自己无限的饥渴和无限的欲望。

陀思妥耶夫斯基创作中关于人的启示

> 你拿了那些不同寻常、捉摸不定、含糊
> 不清的东西来,拿了那些人们担当不了的东
> 西来,因此,你这样做,似乎你根本就不爱
> 他们。
>
> ——《大法官的传说》

一

关于陀思妥耶夫斯基已经写得太多了,也说出了许多
关于他的真实的东西,不过这些几乎都是老生常谈。我指
的不是传统的俄罗斯批评,比如尼·米哈伊洛夫斯基的文
章《残酷的天才》可以被认为是这种批评的典型样式。这
一类型的政论批评完全不能触及陀思妥耶夫斯基的精髓,

他们没有揭开陀思妥耶夫斯基创作之秘密的钥匙。但是，就陀思妥耶夫斯基进行研究的还有另一精神气质的人，他们与他具有更多的精神渊源，这是另一代人，他们更为关注精神的远方，他们是：弗·索洛维约夫、罗赞诺夫、梅列日科夫斯基、沃伦斯基①、列·舍斯托夫、布尔加柯夫、沃尔斯基②、维·伊万诺夫。所有这些作者试图按照自己的方式走近陀思妥耶夫斯基并揭示他身上的深度。他们在他的创作中看到了一个伟大的启示和发现，看到了基督与反基督、上帝始原与魔鬼始原的斗争，看到了对俄罗斯民族神秘的天性，对独特的俄罗斯人的东正教和俄罗斯人的恭顺的揭示。具有宗教倾向的思想家看到了陀思妥耶夫斯基全部创作的本质内涵，即关于基督、关于永生、关于俄罗斯民族-神意载体的独特的启示和发现；并且赋予他的这些思想意识以独特的意义。

陀思妥耶夫斯基首先是一个心理学家，他揭示了"地下人"的心理特征。陀思妥耶夫斯基同样具有所有这些特

---

① A.沃伦斯基(1861-1924[26?])，俄罗斯文学批评家，文学史家。后期醉心于 Н.Ф.费多洛夫的宗教哲学。

② А.С.格林卡－沃尔斯基(1878-1940)，真名 А.С.格林卡，笔名沃尔斯基，俄罗斯宗教思想家，文学史家。

征。他是一位极其丰富的人，从他那里可以引出许多线索，每个人都可以利用他为自己的目的服务。可以从不同的方向走近陀思妥耶夫斯基之谜。我准备从这样一个角度走近这一谜团，因为在这一方面他还没有被充分揭示。我不认为陀思妥耶夫斯基的宗教说教（在我们这里认为它是占主导地位的）是他身上主要的东西，是与他的激情相关的核心主题。在这篇篇幅有限的文章内不可能论述整个陀思妥耶夫斯基，但可以阐述他的一个主题，我认为这一主题是他的核心主题，由此出发可以窥其全貌。

陀思妥耶夫斯基有一个本质的东西，即从未有过的、破天荒的对人及其命运的态度——正是在这里可以找到他的激情，他的创作类型的唯一性与这一激情联系在一起。在陀思妥耶夫斯基那里，除了人之外，别无他物；一切都通过人被揭示出来，一切都服从于人。与他很亲密的尼·斯特拉霍夫就曾发现："他所有的注意力都集中在人身上，并且他只捕捉他们的天性与性格。使他感兴趣的是那些人，那些独特的人，连同他们的精神气质、他们的生活方式、他们的情感、他们的思想。"陀思妥耶夫斯基去国期间，"特别占据他身心的不是大自然，不是历史遗迹，不是艺术作品"。陀思妥耶夫斯基所有的创作都可以证明这一点。在任何人那里还从未有过那样一种独特的对人的问题的全神贯注。并且谁也没有这样的天才启示人性的秘密。陀思妥耶夫斯基首先是一位伟大的**人学家**，人性，人性的深度和秘密的考察者。他所有的创作——都是人学的体验与实验。陀思妥耶夫斯基——不是现实主义的艺术家，而是一位实验者，人性的形而上学实验的创立者。陀思妥耶夫斯基的整个艺术只是人学探索和发现的手段。作为艺术家，他不仅比托尔斯泰逊色，而且，在严格意义上他不能被称为艺术家。陀思妥耶夫斯基所写的东西，既不是小说，也不是悲剧，也不是任何一种艺术创作形式。当然，这是那样一种伟大的艺术，它完全把你吸引、拖入自己特殊的世界，魔幻般地对你发生作用。但是，不能以一种通常的标准和要求来对待这一艺术。没有什么比发现陀思妥耶夫斯基小说的艺术不足更容易的事了。在他的艺术中没有艺术的净化作用，它们是那样令人痛苦，它们总是超越艺术的界限。陀思妥耶夫斯基的小说，情节不合情理，人物也不真实，所有人物都在一个地点相遇，并且总是在同一时间形成一种几乎不可能的紧张，有太多的东西被拉来为人学实验目的服务，所有的人物都说着一样的话，有时甚至是非常粗俗的话；小说的一些地方让人想起品位低下的刑事犯罪小说。只是根据这些悲剧小说情节的蛛丝马迹可以感觉到一点现实的东西。在这些小说中没有任何史诗的东西，没有日常生活的反映，没有人和自然生活的客观描写。托尔斯泰的小说也许是某一时期最完美的创作，它们给人那样一种感觉，仿佛展示了宇宙生命本身，描写了世界的灵魂。在陀思妥耶夫斯基那里找不到那样一种从生活中撷取的东西，找不到那样一些有血有肉的现实的人。陀思妥耶夫斯基所有的人物——就是他自己，是他自己精神的各个侧面。其小说复杂的情节是从各种角度、从各个方面对人的揭示。他启示并反映人类精神永恒的本性。在人性的深处他揭示出上帝和魔鬼，打开了一个无限的世界；但总是通过人，并出于对人的痴迷的兴趣加以揭示。在陀思妥耶夫斯基那里没有自然，没有宇宙生活，没有事件和事物，一切都被人和无限的人的世界所遮蔽，一切都归结为人。在人身上骚动着各种疯狂的、神魂颠倒的、旋风般的自发力量。陀思妥耶夫斯基把人们吸进、拽入一种火热的氛围。因此在经历了陀思妥耶夫斯基王国之后一切都变得乏味，——他使人们不再有阅读其他作家的胃口。陀思妥耶夫斯基的艺术完全是一种特殊类型的艺术。他是通过艺术，通过把人带入人性最隐秘的深处的艺术来进行自己的人学研究。总是有一股疯狂的、令人神魂颠倒的旋风把你卷入这个深渊。这股旋风是人学发现的手段。陀思妥耶夫斯基写的所有东西也都是旋风人学，在那里所揭示的一切都处于疯狂的火一般的氛围之中。陀思妥耶夫斯基开辟了关于人的新的神秘科学。只有那些将被卷入这股旋风中的人才有可能进入这门科学的领域。这是了解陀思妥耶夫斯基的秘密途径。在这门科学中，在它的方法中，没有任何静态的东西，一切都是动态的，一切都处于运动之中，没有任何凝结的、僵硬的、静止的东西，这是一股炽热的熔岩。在陀思妥耶夫斯基的人学中，一切都是激情的、疯狂的，一切都越出界线和限度。陀思妥耶夫斯基注定是要认识处于激情、热烈、疯狂的运动之中的人。在陀思妥耶夫斯基所揭示的人物之中没有托尔斯泰的永远处于平静中的、温文尔雅的人。

二

在陀思妥耶夫斯基的小说中，除了人和对人的态度之外，什么也没有。对于所有仔细阅读这些摄人魂魄的人学论著的人来说，这一点再清楚不过了。陀思妥耶夫斯基的所有人物要做的事情只有一件,就是相互拜访,相互交谈,并被卷进具有强大引力的人的悲剧命运的深渊。陀思妥耶夫斯基的人物的生活中唯一严肃的事情就是他们之间的相互关系,他们之间激烈的相互吸引和排斥。除此之外,没有任何其他"事情",没有任何生活的建设,在这个巨大的、无限的、形形色色的人的王国,无论如何也找不到这些。这里总是形成某个人的中心,某个人的激情的中心,而一切都围绕着这个轴心旋转。总是形成一股人的相互关系的旋风,而且所有的人都被卷进来,所有的人都在某种疯狂中旋转。人性激烈的火一般的旋风把人带进神秘的、未知的、无底的人性的深渊。陀思妥耶夫斯基在那里揭示出人的无限性,人性的无底性。但是,就是在最深处,在最底部,在深渊中依然是人,依然没有失去人的形象和面孔。我们可以拿陀思妥耶夫斯基的任何一部小说为例。在每一部小说中揭示的都是充满激情的、走向非语言能描述的无底深渊的人的王国,一切都因这个王国而消耗殆尽。在人的身上揭示出无限性和无底性,但除了人之外,什么都没有;除了与人相关的一切,没有任何有趣的。例如,《少年》,一部最天才的,但还没有被充分评价的陀思妥耶夫斯基的作品。作品中一切都围绕着韦尔西洛夫的形象旋转,所有的人都充满了一种对他的激烈态度,不是被他紧紧地吸引,就是强烈地排斥他。故事从一个少年——韦尔西洛夫的私生子开始。所有的人什么事情也不干,没有一个人在日常生活结构中有一个稳定的固有的位置,所有的人都被移出了生活轨道,都脱离了生活常规;所有的人都处于歇斯底里与疯狂之中。但我们还是感觉到所有的人都在干一件什么重大事情,极其严肃的事情;感觉到所有的人都在解决一些极其重要的问题。这件事情是什么? 这个问题是什么? 那个少年从早到晚在忙碌什么? 总是急匆匆地奔向哪里? 为什么没有片刻的喘息和歇脚? 从通常意义上讲,少年——像他的父亲韦尔西洛夫一样,像陀思妥耶夫斯基小说中几乎所有的人物一样,完全是个无所事事的人。但是,陀思妥耶夫斯基终究给人的感觉是,有一种重要的、严肃的、神圣的事情。对于陀思妥耶夫斯基来说,人高于一切事情,人本身就是事情。韦尔西洛夫之谜被给出了,这也是人、人的命运、人身上的上帝形象之谜。解开这个谜就是伟大的事情,是所有事情中最伟大的事情。少年想揭开韦尔西洛夫之谜。这个谜掩盖在人的深处。作品里所有的人都感觉到韦尔西洛夫的重大意义。所有的人都为他天性中的矛盾震惊,都把目光投向他的性格和生活中深刻的非理性。韦尔西洛夫复杂、矛盾、非理性的性格及其奇异的命运之谜,这一不同寻常的人之谜,对于陀思妥耶夫斯基来说就是关于人的一般的、普遍的秘密。小说整个复杂的情节、复杂的布局只是揭示韦尔西洛夫这个人,发现人性的复杂性和人的激情的悖论性的手段。人性的秘密更多的是在男人与女人的关系中得以揭示。关于爱,陀思妥耶夫斯基成功发现了在俄罗斯文学和世界文学中从未有过的某种东西;关于爱,他有着一种火热的思想。韦尔西洛夫对卡捷琳娜·尼古拉耶夫娜的爱把人们带入那样一种火热的激情的自发力量之中,这是一种任何时候任何地方都从未有过的激情。这一火热的激情包裹在平静的外表下面。有时会觉得,韦尔西洛夫是一座熄灭的火山,但正是这样,韦尔西洛夫之爱才更加尖锐地穿透我们。陀思妥耶夫斯基揭露了在火一般的人的本性之中的矛盾性、对立性和悖论性。最强烈的爱在地球上是不可能实现的,它是无望的、没有出路的悲剧,它产生死亡和毁灭。陀思妥耶夫斯基不喜欢选取这个世界按部就班的生活中的人物。他总是给我们展示处于无出路的悲剧之中,处于矛盾之中的走向深渊的人。这就是陀思妥耶夫斯基所呈现的人的最高类型。

在也许是陀思妥耶夫斯基艺术上最完美的创作《白痴》中，一切同样陷入人与人激烈的关系网之中。梅什金公爵来到彼得堡，马上就陷入白热化的、疯狂的人的关系的氛围之中，他完全被这一氛围所感染，也把自己表面安静却引起轩然大波的内在疯狂带入其中。梅什金的形象——是一个基督教的狄奥尼索斯精神的真正启示。梅什金像陀思妥耶夫斯基的所有人物一样什么也不干，他不去建设生活。当他陷入人的各种关系的旋风之中，摆在他面前的重大的、揪心的生活课题是，预见式地洞察每一个人的命运，首先是两个女人——娜斯塔霞·菲里波夫娜和阿格拉雅的命运。在《少年》中是所有人因一个人——韦尔西洛夫——而忙碌。在《白痴》中是一个人——梅什金——为所有人而忙碌。无论是在《少年》中，还是在《白痴》中，都是以一种罕见的全神贯注去解开人的命运之谜。在《白痴》中对人类爱之本性的悖论性、双重性的揭示达到了最为深刻的地步。梅什金以不同的爱爱着娜斯塔霞·菲里波夫娜和阿格拉雅，而且这种爱不可能以任何一种方式实现。很快就可以感觉到，对娜斯塔霞·菲里波夫娜的爱是一个巨大的悲剧，它把人引向死亡。陀思妥耶夫斯基揭示的正是人的爱之本性及其在这个世界上的命运。这些并不是一种局部的和偶然的描写,而是一种人学的知识,它是从人在疯狂的、火一般炽热的氛围中显示出的人的深度中得到的。在梅什金与罗果仁之间存在一种激烈的火一般的关系。陀思妥耶夫斯基明白,对同一个女人的爱,不仅可以把人分开,而且可以把他们联系在一起、束缚在一起。在陀思妥耶夫斯基的另一部天才作品《永久的丈夫》中,这一联系性、束缚性,以另一种方式、另一种风格表现出来。在《白痴》中可以非常清楚地看到,陀思妥耶夫斯基对客观的生活秩序,无论是自然的还是社会的,完全没有兴趣;对平淡的日常生活,对静态的生活形式,对安排好的生活——无论是家庭的、社会的还是文化的——的成就和价值,完全没有兴趣。使他感兴趣的只有人性的人学实验。在他那里,所有的一切都是在深处,而不是在被安排的表面生活的那个层面,完全是在另一个维度。

在《群魔》中,一切都聚集在斯塔夫罗金周围,就像在《少年》中一切都围绕着韦尔西洛夫一样。确定与斯塔夫罗金的关系,猜测他的性格和命运是唯一的生活事件,所有的活动都围绕着这一事件。所有的人都奔向他,就像奔向太阳,一切都源自他,又回归到他那里。一切都只是他的命运,是他的释放物,是从他分离出来的鬼魂。在自己无止境的欲望中耗尽自己的力量的人的命运——这就是《群魔》的主题。讲故事的那个人物尤其被围绕着斯塔夫罗金旋转的、人的激情与疯狂的世界所吞没。在《群魔》中同样没有任何有价值的成就，没有任何建设性的活动，没有任何实质上被实现了的生活。一切都是那个关于人的谜团和解开这一谜团的热烈渴望。我们被拖入一股火热的激流之中，在这股激流之中，一切静止的外表，一切稳固的形式，一切冰冷的稳定的日常生活的结构——妨碍发现人、发现人的深度和人走向深渊的矛盾的生活结构，都被融化了，消解了。人的深度在陀思妥耶夫斯基那里总是隐秘的、不显露的，没有被实现，也不能彻底实现。开启人的深度总是会招致灾难，会逾越这个世界生活之美的界线与限度。在《罪与罚》中有的只是揭示人的内在生活，人对自己的本性和人类普遍的本性的实验；有的只是研究人身上所具有的可能性和不可能性。但是，在《罪与罚》中所进行的人学实验不同于其他小说，其中没有紧张激烈的人的关系，不是通过众多的人来揭示一个人的面孔。《罪与罚》比陀思妥耶夫斯基的所有作品都更让人想起关于人的新科学的试验。

《卡拉马佐夫兄弟》是一部内容最丰富，最富天才性思想的作品,尽管是陀思妥耶夫斯基一部未完的作品。这里同样是人的问题被置于众多的人的紧张激烈的氛围中。阿廖沙——陀思妥耶夫斯基一个最不成功的人物形象——在与哥哥伊万和德米特里,与和他们有关的女人格鲁申卡和卡捷琳娜·伊万诺夫娜,与孩子们的积极的关系中看到了自己唯一的生活使命。他同样不进行生活建设。被卷入人的激情的旋风之中的他,时而到这个人那里去,时而到那个人那里去,试图揭开人之谜。最不能让他摆脱的是哥哥伊万之谜。伊万——是世界之谜,是普遍的人的问题。在陀思妥耶夫斯基那里所有与伊万·卡拉马佐夫有关的都是深刻的人的形而上学。伊万·卡拉马佐夫怂恿斯麦尔佳科夫——他的另一半完成的杀人,伊万良心的谴责,伊万和鬼的谈话——所有这些都是人学实验,是考察人性的可能性和不可能性,以及人性难以察觉的、最隐秘的感受和内在自杀。按照陀思妥耶夫斯基惯用的手法,米佳被置于两个女人之间,米佳的爱导向死亡。在外部生活结构中,没有什么是可以实现的。所有的可能性都走向难以言说的、无尽的深渊。陀思妥耶夫斯基终究没有展示实现了的阿廖沙的美的生活,而且,这一生活对他的人学实验来说并不是十分必要的。佐西马长老的训诫以一种正面的形式出现,小说一开始陀思妥耶夫斯基就让佐西马长老死去并不是偶然的。他的继续存在只会影响、妨碍所有矛盾的、对立的人性的展开。陀思妥耶夫斯基所有重要的小说都表明,他只关心人和人之间的关系,他只用他自己发明的艺术实验的方法来研究人性,把人性置于炽热的、疯狂的氛围之中揭示人性的所有矛盾。

三

陀思妥耶夫斯基——是狄奥尼索斯式的和迷狂的。在他身上没有任何阿波罗式的东西,没有具有约束性,进入形式规范的东西。他在一切方面都没有限制,他总是处于癫狂之中,他在创作中总是冲破一切界限。但是,应当看到陀思妥耶夫斯基最伟大的独特之处在于,在狄奥尼索斯式的迷狂与疯狂之中,人在他那里从来没有消失,就是在迷狂体验的最深处依然保持着人的形象,人的面孔也没有被撕碎,在存在的最底部依然保存着人的个性原则。人——不像在许多神秘主义和形而上学者那里那样,他不是存在的边缘,不是短暂的现象,而是最深刻的存在,走向神性生活的深处。在古代的狄奥尼索斯式的迷狂之中取消了人的个性,完全淹没在无个性的统一之中。迷狂是一切多数在共性中消失之路。狄奥尼索斯式的自发力量是一种人之外的、无个性的力量。陀思妥耶夫斯基并非如此。他与所有那些神秘主义者有深刻的区别,在他们那里,人的面孔消失在迷狂之中,所有人都在上帝的统一中死亡。陀思妥耶夫斯基在迷狂与疯狂之中最终依然是基督徒,因为在他那里最终依然有人和人的面孔。他与德国唯心主义一元论的对立性是极其深刻的,他们总是信奉基督一性论的邪说,总是否定人的个性的独立性和人性对神性的吸收。陀思妥耶夫斯基完全不是一元论者,他最彻底地承认人的面孔的多面性以及存在的多元性和复杂性。他对人的个性,对个性永恒的无法消灭的命运固有一种痴迷。在他那里,人的个性从来没有消失在上帝之中,没有消失在上帝的统一之中。他永远在同上帝就人的个性的命运进行论争,他在人的个性的命运上永远不想作出让步。他疯狂地感觉并体验的是人,而不只是上帝。人之永生的渴望使他备受煎熬。他宁愿同意斯维德里盖洛夫在低矮的、爬满蜘蛛的房子里关于永生的恐怖的噩梦,也不同意在没有个性的一元论中人的消失。对人的个性来说,地狱也比没有个性和没有人性的幸福好。婴孩眼泪的辩证法(出于这样的辩证法,世界被拒绝了),尽管是出自无神论者伊万·卡拉马佐夫之口,却是陀思妥耶夫斯基本人创造性的想象。他永远是人的辩护者,为人的命运而斗争的代言人。

在陀思妥耶夫斯基与托尔斯泰之间有多么深刻的区别! 在托尔斯泰那里,人的面孔淹没在肉体的自发力量中。在他那里,人的多面性只是日常生活的多面性,只存在于有机的生活结构的现象之中。作为艺术家,作为思想家,托尔斯泰都是一个一元论者。普拉东·卡拉塔耶夫①的无个性、圆润是他的最高成就。在他那里,人不是走向最深处,人——只是存在的边缘的现象。使他苦恼的不是人的问题,而是上帝的问题。而对于陀思妥耶夫斯基来说,上帝的问题与人的问题联系在一起。托尔斯泰比起陀思妥耶夫斯基来更是一个神学家。整个拉斯柯尔尼科夫和整个伊万·卡拉马佐夫就是一个令人痛苦的关于人、关于人被给定的界限的问题。甚至当梅什金陷入安静的内在迷狂之中时,陀思妥耶夫斯基依然确信,人的面孔不会消失在对上帝的迷狂之中。陀思妥耶夫斯基为我们揭示

---

① 托尔斯泰《战争与和平》中的人物。

了人的迷狂，人的旋风般的运动，但无论何时，无论何处，在他那里人都不会跌落到无限的宇宙之中，就像在安·别雷的创作中一样。迷狂永远只是人向深处的运动。罕见的陀思妥耶夫斯基对犯罪的兴趣，纯粹是人学的兴趣。这是对人性的界限和极限的兴趣。但即使是在犯罪中（在陀思妥耶夫斯基那里犯罪总是一种疯狂状态），人也没有死亡，没有消失，而是被确认，并且复活。

还必须强调陀思妥耶夫斯基的另一个特点。他有一种不同寻常的、恶魔式的智慧，他的思想异常尖锐，他的辩证法异常强大而有力。陀思妥耶夫斯基——在自己的艺术创作中是一位伟大的思想家，他首先是一位思想的艺术家。在伟大的艺术世界中，就智慧的力量而言，在某种程度上可以和他相提并论的也许只有莎士比亚——同样一位伟大的人性研究者。莎士比亚的创作充满了穿透一切的、尖锐的智慧的力量——这是文艺复兴的智慧。巨大的智慧，另一种智慧，但更为非凡的、穿透一切的智慧在陀思妥耶夫斯基这里被发现了。他的一些作品，如《地下室手记》和《大法官的传说》是智慧的巨大财富。对艺术家来讲，他甚至是太智慧了，以至于他的智慧灾难性地妨碍了达到艺术的净化作用。还需要指出的是，他的酒神精神，他的迷狂,并没有像通常发生的那样,熄灭他的智慧与思想之光;在疯狂中,在对上帝的沉醉中,其智慧与思想的锐利性并没有被融化。神秘主义者陀思妥耶夫斯基——唯理性论和唯理智论的敌人和揭发者,却崇拜思想,沉迷于辩证法。陀思妥耶夫斯基是一个特殊的现象,是思想本身的狂欢和迷狂现象。他被自己思想的力量所迷醉。他的思想总是旋风般的,狂欢迷狂的,但是它并没有因此失去力量与敏锐。陀思妥耶夫斯基以自己创作的实例证明,战胜唯理论,揭示生命的非理性,并不是不断诽谤理性;智慧的尖锐性本身有助于揭示非理性。由于陀思妥耶夫斯基这一独有的特性,人在他那里被彻底揭示,人从来没有消融在无个性的统一性之中。因此他能够极其敏锐地洞悉相互对立的现象。德国类型的一元论具有其深刻性,但缺乏关于对立现象的认识所具有的思想的尖锐性和穿透性,一切都淹没在统一之中。歌德是一位无与伦比的天才,但不能说,他具有无与伦比的智慧。在他的智慧中缺乏尖锐性,缺乏对矛盾事物的穿透力。陀思妥耶夫斯基总是对立性地思考问题,这使得他的思想变得异常敏锐。一元论削弱了思想的锐利性。陀思妥耶夫斯基在深处总是既能看到上帝,又能看到人;既能看到统一性,又能看到多面性;

既能看到其一，又能看到它的对立面。他思想的尖锐性在于他思想的两极性。陀思妥耶夫斯基在自己的艺术创作中，在自己的小说中首先是伟大的，甚至是最伟大的思想家，而在其政论文章中，思想的力量与敏锐性被削弱了，钝化了。他建立在斯拉夫主义和东正教土壤上的思想意识失去了他天才的锐利的智慧所发现的矛盾性与对立性。他是一个中等的政论家，所以，当他开始说教的时候，他的思想水平就降低了，思想也简单化了。甚至使他扬名的关于普希金的讲话也被评价过高。这一讲话的思想和《作家日记》的思想与伊万·卡拉马佐夫、韦尔西洛夫或基里洛夫的思想相比，与《大法官的传说》或《地下室手记》的思想相比，都是无力而苍白的。

人们多次指出，陀思妥耶夫斯基作为一个艺术家是令人痛苦的，他那里没有艺术的净化作用和解决问题的出路。人们在部分的《卡拉马佐夫兄弟》和部分的《作家日记》所表现出的正面思想和宗教信仰中寻找出路。这是一种错误的对待陀思妥耶夫斯基的态度。他是令人痛苦的，但他从来没有停留在黑暗之中，停留在没有出路之中。在他那里总是有一种迷狂之出路。他用自己的旋风把人们带出一切限制，冲破一切黑暗之境。在阅读陀思妥耶夫斯基时所体验到的那样一种迷狂本身已经是出路。这个出路不应当在说教者和政论家的陀思妥耶夫斯基的主义中和意识形态的学说中寻找，不应当在《作家日记》中寻找，而应当在他的悲剧小说中寻找，在他的小说所揭示的艺术灵知（гнозис）中寻找。如果把不太成功的阿廖沙形象作为从伊万和德米特里的黑暗中，从先前拉斯柯尔尼科夫、斯塔大罗金、韦尔西洛夫所积累起来的黑暗中走向光明的出路，那就错了。这是教条式地对待陀思妥耶夫斯基的创作的态度。出路不是布道和教诲，出路在于对迷狂的伟大顿悟，在于沉醉于火一般的人的自发力量之中。陀思妥耶夫斯基在神学上是贫乏的，但正是在人学上他是丰富的。他正是在自己的人学考察中揭示了上帝。在陀思妥耶夫斯基那里极其深刻地提出的正是人的问题，而社会和国家问题的提出并不是他的独创。他的神权政治说教几近老生常谈，不应当在这里寻找他的力量所在。对于陀思妥耶夫斯基来说，高于一切、先于一切的是——人的内心世界，它是所有王国、所有世界的核心，是世界历史的核心，是所有被称颂的进步的核心。在米卡·卡拉马佐夫的诉讼案中，陀思妥耶夫斯基揭示了冰冷的、客观的、非人的国家体制与人的内心世界的不可通约性，揭示了国家体制没有能力洞察内心世界的真理。但对国家的本质他并没有很好地理解。就其主题和兴趣而言，陀思妥耶夫斯基被认为是一位犯罪侦察学家。他做得最多的是揭示犯罪心理。但这只是他考察人性的非理性，考察这种非理性与一切生活秩序、一切理性的国家组织、一切历史的使命、一切进步的使命不可通约性的手段。陀思妥耶夫斯基具有极其热烈的宗教气质，是作家中最虔诚的基督徒。但是，他是基督徒，这首先是在他关于人的启示和发现的艺术中，而不是在他的布道和学说、理论中。

四

陀思妥耶夫斯基在人学中给出了伟大的启示和发现，首先应当从这一点上认识他的艺术、哲学、宗教意义。这个启示和发现是什么？所有的艺术家都塑造人的形象，他们当中有许多心理学家，例如司汤达，他是多么细腻的心理学家；而莎士比亚揭示了一个多彩的、丰富的人的世界，在莎士比亚的作品中发现了文艺复兴时期自由地释放出来的过剩的人的力量的游戏。但任何人的任何发现都不能和陀思妥耶夫斯基的发现相提并论。人的问题的提出与解决的方式在他那里都是完全独特的和唯一的。他关注的是人性的永恒本质和人被掩盖的、至今还没有任何人达到的深度;同时,他关注的也不是这一深度的静止状态,而是它的动态发展,它的仿佛永无完结的运动。这一运动完全是内在的,不服从于外在历史的演变。陀思妥耶夫斯基揭示的不是现象的而是本体的运动。在人的最深处,在存在的深渊——不是静止,而是运动。一般来说,人们可以看到人的心理现象的、存在的表面的激情的游戏。但陀思妥耶夫斯基揭示的是人的存在最深层面上的悲剧性的矛盾和悲剧性的运动,在那里这一运动已经是人身上不能被言说的、永不消失的神性存在。米卡·卡拉马佐夫有一段非常著名的话:"美——危险的、可怕的东西!之所以可怕,是因为这是难以辩明的东西,而辩明又是不可能的,因为上帝给出了许多谜。这里,两极汇合,这里,所有的矛盾共生共存……美!同时,我不能忍受有些人,甚至是具有高尚心灵、非凡智慧的人,他开始于圣母的理想,结束于索多玛的理想。还有更可怕的人,心中已经怀有索多玛的理想,却不否定圣母的理想,并且他的心因这一理想而燃烧,真正地,真正地燃烧,就像在青春时代、正派无邪的时代一样。不,这是一些心胸豁达的人,甚至过于豁达的人。我可能是心胸狭窄的人吧。"陀思妥耶夫斯基所有的主人公都是他自己,是他无限丰富和复杂的精神的一个侧面,他总是通过自己的主人公之口来表达自己天才的思想。于是,就有了这样的情形:美——在别处它被说成是本体完善的最高形象,它应当拯救世界,而在这里对于陀思妥耶夫斯基却又成了矛盾的、双重的、可怖可怕的东西。他思考的不是上帝的宁静、美,柏拉图思想中的美,他看到的是美在最底层的、最深处的、火一般的、旋风般的运动,是美的两极性。他正是通过人来揭示美,通过辽阔的、无限辽阔的、神秘的、矛盾的、永恒运动的人的本性揭示美。他不是在宇宙中,不是在上帝的世界秩序中思考美。那里是永恒的宁静。"美不仅是可怕的,而且是神秘的东西。在那里魔鬼与上帝搏斗,而战场——就是人的心灵。""魔鬼"与"上帝"的区别在陀思妥耶夫斯基那里并不是通常的"善"与"恶"的区别。陀思妥耶夫斯基人学的秘密就在于此。善与恶的区别是边缘性的、次要的,在存在的深处是激烈的两极对立,对立性是最高的美所固有的本质。如果陀思妥耶夫斯基阐明的是关于上帝的学说,那么他就应当承认在上帝本身的属性中的二重性,承认上帝属性最深处光明的和黑暗的元素。但是,他是通过自己天才的人学来揭示这一真理的。陀思妥耶夫斯基是一位反柏拉图主义者。

斯塔夫罗金也说过，相互对立的两极，圣母理想和索多玛理想，同样具有吸引力。这不是人心中简单的善与恶的斗争。事情正在于，对于陀思妥耶夫斯基来说，人的心灵本身就是两极对立的，这种对立产生了激烈的运动，让人不得安宁。那些不是考察深处，就像陀思妥耶夫斯基那样，而是害怕往深渊里看一眼，停留在表面的人，看到的是人的内心、人的灵魂中的宁静与统一。陀思妥耶夫斯基对待恶的态度是悖论式的。他总是想认识恶的秘密，在这一点上，他是一个诺斯替教信徒，他不把恶纳入不可知领域，并不完全抛弃恶。对他来说，恶就是恶。恶在他的地狱之火中燃烧，他强烈地渴望战胜恶。但是，他还想对恶做点什么，把它变成稀有金属，变成神圣存在，并以此来拯救恶，亦即真正地战胜它，而不是把它留在黑暗之中，使之成为外在的恶。这是陀思妥耶夫斯基身上深刻的神秘主义动机，是他伟大的关于心灵的启示，是他对人和上帝的爱。堕落、分裂、背弃对于陀思妥耶夫斯基来说从来不是纯粹的恶，对于他来说这也是道路。他对拉斯柯尔尼科夫、斯塔夫罗金、基里洛夫、韦尔西洛夫、德米特里和伊万·卡拉马佐夫的生命悲剧不是作道德的解读，不是把他们与教义手册肤浅的真理相比较。恶应当被克服、被战胜，但它提供了丰富的体验，在堕落之中有许多东西被揭示，它使人丰富，给人以知识。恶同样是人的道路。因此所有经历过陀思妥耶夫斯基，感受过他的人，都认识了堕落的秘密，得到了关于对立现象的认识，在同恶的斗争中用更新、更强大的武器——关于恶的认识武装起来，从而有可能从内部战胜它，而不是仅仅逃避它、抛开它——这只是表面地战胜它，实际上却依然无力地停留在黑暗的自发力量控制之下。人通过陀思妥耶夫斯基各个主人公的发展完成了自己的道路，达到了成熟和对待恶的内在的自由。但在陀思妥耶夫斯基那里也有孪生的东西——相反的类似物，幽灵似的存在，发展道路上的废弃物。这些生物没有独立的生存方式，他们过着幽灵般的生活。斯维德里盖洛夫、彼·韦尔霍文斯基、永久的丈夫、斯麦尔加科夫就是这样。这是些麦秸，他们不存在，这些生物过的是吸血鬼的生活。

五

陀思妥耶夫斯基最初关于人的非常本质的启示和发现是在《地下室手记》中，这些启示和发现在《大法官的传说》中接近完成。首先,他彻底否定人在本质上是趋向益处、趋向幸福、趋向满足的,否定人的本性是理性的。在人身上隐藏的是对为所欲为的需求,对无限的、高于一切幸福的自由的需求。人——是一个非理性的生物。"我一点也不奇怪,"《地下室手记》的主人公说,"如果在普遍理性的未来突然毫无原因地站出这么一位绅士,他不那么文雅地,或者说,带着一副挑衅的嘲笑的表情,双手叉腰,对我们大家说:先生们,所有这些理智我们是否该踹它们一脚,一下子把它们踢翻在地,让它们化为灰烬,而唯一的目的,就是让所有这些对数都见鬼去,让**我们重新按照我们盲目的意志去生活!**(我标出的黑体——尼·别)这还不算什么,更遗憾的是,这位绅士一定会找到追随者,人就是这样被造的。而且,所有这些,都只因为一个最简单的原因,简单得简直不值一提,那就是:人,无论他是什么样的人,也无论何时何地,他都喜欢想怎样行事就怎样行事,而完全不是按照理智和利益告诉他的那样行事;甚至可以违背自己的利益,而有时甚至违背真正该做的事。自己个人的意志和自由的愿望,自己个人的,哪怕是最乖张的任性,自己的怪念头,有时简直就是些疯狂的念头,人被它撩拨得发疯——恰恰就是这些,正是这些被忽略掉的,却是最能接受的、最最有利的益处。而这个利益不符合任何分类法，按照这个利益，所有的体系和理论都得见鬼去。所有那些贤人智士都断言，人需要的是某种合乎道德的、良好的愿望；他们这样断言根据何在？他们何以非得认为，人需要的一定是合乎理智的、有益处的愿望？人需要的只不过是一个**独立**的愿望，不论为此要付出多大代价，也不管它会导致什么后果。"在这些话中，已经显现出关于人的天才的辩证法的雏形，这一辩证法通过陀思妥耶夫斯基所有主人公的命运得到进一步发展，并在《大法官的传说》中接近完成，得到肯定。"只有一种情况，只有一种，人会故意地、有意识地损害自己，愿意自己是愚蠢的，甚至是极端愚蠢的，那就是：为的是**有权**希望自己是最愚蠢的，而不必必须希望自己只是聪明的。因为这个最愚蠢，这个任性，事实上，先生们，对于我们的弟兄可能是最有益的，地球上所有利益中最有益的事情，在某些情况下，尤其如此。而其中甚至包括这样一种情形：即使这种事情会给我们带来明显的危害，并且与我们健康的理智在利益问题上得出的结论相悖，它却仍不失为最最有益的利益，因为，在所有这些情况**下，它保留了我们最主要的和最宝贵的东西，即我们的人格和我们的个性。"（我标出的黑体——尼·别）人不是算术,人是问题的、秘密的存在。人性从根本上是两极对立和二律背反的。"人,作为一种存在,被赋予了那样奇异的品质的存在,可以从他那里期待什么呢?"陀思妥耶夫斯基给予所有的理论,给予所有的关于人类的平安、人类的地上幸福、一劳永逸地安排好人类、使之达到和谐美满的乌托邦一个又一个沉重的打击。"人向往的正是那些有害的废话,那些非经济学的胡说八道,唯一的目的就是要把自己有害的怪念头搅和到所有的这些有益的理智中去;向往的正是坚持自己那些狂想的愿望,自己最最鄙俗的愚蠢,唯一的目的就是向自己证明,人终究是人,而不是钢琴的琴键。""如果您说,就是这些,混乱也好,黑暗也好,诅咒也好,也可以按照表格进行计算,因为总有一种预先计算的可能性来制止一切,并且理智会坚持自己的东西,那么,这时人会故意使自己疯狂,为的是失去理智,使它不能坚守自己。我相信这一点,我为这一点负责,因为,**所有的事情都是人的事情,而且真正的问题似乎只在于,人一刻不停地要向自己证明,他是人,而不是一颗小钉子。**"(我标出的黑体——尼·别)陀思妥耶夫斯基揭示了自由的、矛盾的和非理性的人性与理性的人道主义,与理性的进步学说,与彻底地理性化了的社会安排,与一切水晶宫乌托邦的不可通约性。所有这一切,对于人,对于人的尊严都是侮辱性的。"如果事情到了表格、到了算术的地步,如果只是二二得四,那么自己的意志将是什么样子。没有我的意志参与的二乘二是会得四的,但我自己的意志常常会是这样子吗!""也许是不是因为,人就是如此喜欢破坏和混乱,以至本能地害怕达到目的,完成创造的任务? ……谁知道呢,也许,地球上所有的、人类竭力要达到的目的仅仅就在于这个不间断的运动过程,或者说,就在于生活本身,而不是目的本身;目的,显然是另一个东西,就像二二得四,也就是公式。而**二二得四,先生们,已经不是生活,而是死亡的开始**。"(我标出的黑体——尼·别)算术不能被应用到人性上。这里需要更高级的数学。在人的深处是对受苦受难的需求,是对平安顺利的鄙视。"为什么你们如此坚定地、如此神圣地相信,只有一个正常的、正面的,一句话,只有一个幸福的生活对人是有益的? **理-性**在利益问题上是不是搞错了? 要知道,也许,人喜欢的不只是一个幸福的生活? 也许,他同样喜欢苦难? 也许,正是苦难像幸福一样对他同样是有益的? 而人有时可怕地喜欢苦难,甚至喜欢到了疯狂的地步……我相信,人从来也不拒绝真正的痛苦,也就是,破坏和混乱。痛苦——这是意识产生的唯一缘由。"陀思妥耶夫斯基认为,地下室的主人这些惊人的、尖锐的思想是自己新人学的基础,这一人学在拉斯柯尔尼科夫、斯塔夫罗金、梅什金、韦尔西洛夫、伊万和德米特里·卡拉马佐夫的命运中得到了进一步的揭示。列·舍斯托夫曾指出《地下室手记》的巨大意义,但他只是从地下室人的心理角度来看待这部作品,片面地评价了陀思妥耶夫斯基。

六

应当承认,陀思妥耶夫斯基的创作分为两个阶段——《地下室手记》之前的和《地下室手记》之后的。在这两个阶段之间陀思妥耶夫斯基发生了精神上的革命,此后关于人的某种新的东西向他敞开,此后,《罪与罚》《白痴》《群魔》《少年》《卡拉马佐夫兄弟》的作者——真正的陀思妥耶夫斯基才开始。在第一个时期,当他写作《穷人》《死屋手记》《被侮辱与被损害的》时,他还是一个人道主义者——心地善良的、天真的、没有摆脱多愁善感的人道主义者。他还处在别林斯基思想的影响之下,在他的创作中可以感到乔治·桑、雨果、狄更斯的影响。即使在那时也已经显露出陀思妥耶夫斯基的独特性,但是他还没有完全成为他自己。在这一阶段他还依然是"席勒"。他后来喜欢用这个名字称那些一切"崇高和美"的热爱者的美好心灵。那时,对人的怜悯,对所有被侮辱与被损害的人的怜悯已经成为陀思妥耶夫斯基的激情所在。从《地下室手记》开始,我们可以感觉到认识了善与恶、经历了分裂的人出现了。他成为旧人道主义的敌人和人道主义乌托邦和幻想的揭露者。对人的极端的爱和极端的恨,对人热烈的怜悯与无情的残酷,这些对立的两极在他身上联系在一起。他继承了俄罗斯文学的人道主义传统,俄罗斯对所有被欺骗、被欺侮和堕落的人的同情,俄罗斯的仁慈之心的价值观。但他克服了旧人道主义天真、肤浅的原则,他揭示了一种完全崭新的悲剧的人道主义。在这方面,只有尼采可以和他相比。在尼采那里,旧的欧洲人道主义结束了,人的悲剧性问题被以新的方式提出。人们已经多次指出,陀思妥耶夫斯基预见了尼采的思想。两个人都宣告了关于人的新发现,都首先是伟大的人学家,他们的人学都是启示录式的,指向极限、终点和末日。陀思妥耶夫斯基关于人和尼采关于超人所讲的,都是关于人的启示录思想。基里洛夫就是这样提出了人的问题。《群魔》中基里洛夫的形象是一个最纯洁,几乎是天使般纯洁的思想的化身,他要把人从一切恐惧的控制之中解放出来,达到上帝的状态。"谁战胜了痛苦与恐惧,他自己就成为上帝;那时就有新生活,那时就有新人,一切都是新的。""人将成为上帝,肉体上也将发生变化。世界会改变,行为会改变,还有思想,还有一切情感都会改变。""所有想得到首要的自由的人,他就应当敢于自杀……谁敢于自杀,谁就是上帝。"在另一次谈话中基里洛夫说:"他会到来的,他的名字是人神。""神人?"——斯塔夫罗金追问道。"人神。这是有区别的。"后来,这两个相反的词在俄罗斯宗教哲学的思想中被不恰当地运用。在基里洛夫纯洁的精神性中所显示的人神思想,是陀思妥耶夫斯基关于人和人的道路的天才的辩证法中的一个因素。神人和人神——是人性的两极性。这是两条道路——从上帝走向人的道路,从人走向上帝的道路。陀思妥耶夫斯基并没有把他作为反基督本原的表达者而坚决否定基里洛夫。基里洛夫之路——是英雄主义精神之路,是战胜一切恐惧、渴望高尚自由之路。但是,基里洛夫是人性的本原之一,一个自身不健全的本原,是精神的一极。这一本原的绝对胜利将导致死亡。但是,在陀思妥耶夫斯基那里,基里洛夫是关于人的启示中不可避免的一个因素,他是陀思妥耶夫斯基的人学考察必不可少的人物。在陀思妥耶夫斯基那里完全没有就"渴望成为人神是多么不好"进行道德解读的愿望。在他那里永远是内在的辩证法。基里洛夫——是一个在纯洁高尚的氛围中的人学实验。

陀思妥耶夫斯基用同样的内在辩证法的方法揭示人的神性基础、在人中的上帝形象,正是由于这一形象的存在,才不是"一切都是允许的"。关于"是否一切都是允许的"这个问题,即,人性的界限和可能性在哪里,是陀思妥耶夫斯基始终不懈地关注的问题,而且,他总是回到这一问题上。这就是拉斯柯尔尼科夫和伊万·卡拉马佐夫之主题。无论是拉斯柯尔尼科夫——思想的和行动的人,还是伊万·卡拉马佐夫——仅是思想的人,他们都不能够逾越界限,他们用自己生命的全部悲剧否定了"一切都是允许的"。但是,为什么不允许?能不能说他们是害怕在他们之上的法律、规范?能不能说他们害怕了,感到自己只是平凡的人?陀思妥耶夫斯基的人学辩证法是另一种解释。从所有人的灵魂,哪怕是罪恶的灵魂的绝对价值出发,从所有人的个性出发,他得出结论,不是一切都是允许的,不允许践踏人的形象,把他变为工具。在他那里,可能性的范围的判断,依据的是所有人的精神的可能性范围的无限扩展。对人的犯罪企图就是对无限性、对无限的可能性的蓄意侵犯。陀思妥耶夫斯基总是确认人的精神、人的个性的无限的、神性的价值,反对一切蓄意侵犯,同样反对犯罪行为,反对进步理论。这是一种对个性和个性命运的迷狂。一般认为,灵魂不死的问题是最折磨陀思妥耶夫斯基一生的问题。但是,灵魂不死的问题对于他来说,也是人的本性的问题,也是人的命运的问题。这是人学的问题。不仅是永生的问题,还有上帝的问题,在陀思妥耶夫斯基那里都服从于人的问题和人的永恒命运的问题。在他那里上帝是在人的深处,并通过人而被揭示的。上帝和永生是通过人类的爱、人对待人的态度而被揭示的。但人本身在他那里被抬到一个可怕的高度,被置于一个前所未有的高度。婴孩的眼泪,孩子们的哭泣——所有这一切都是因"爱"而提出来的一个人类命运的问题。由于人在这个世界的痛苦命运,陀思妥耶夫斯基准备不接受上帝的这个世界。伊万·卡拉马佐夫和其他所有主人公的辩证法——就是他本人的辩证法。但是,在陀思妥耶夫斯基本人那里一切要比在他的主人公那里丰富得多、复杂得多,他比他们懂得更多。陀思妥耶夫斯基最重要的东西不应该在恭顺("恭顺吧，骄傲的人")中寻找，不应该在罪孽意识中寻找，而应该在人的秘密中寻找，在自由中寻找。在托尔斯泰那里，人——受制于规律；在陀思妥耶夫斯基那里，人——在神恩中，在自由中。

七

陀思妥耶夫斯基在《大法官的传说》中达到了自己创作的顶峰，在这里完成了他的人学启示，人的问题被置于新宗教领域中。在《地下室手记》中，人被认为是非理性的、成问题的、充满矛盾的，被赋予为所欲为的欲望和对苦难的需求。但是，在那里这些还只是更为复杂、更为准确的心理学，还不是宗教人学。宗教人学只是在伊万·卡拉马佐夫所讲的传说中才得以展开，只是在人走过《罪与罚》《白痴》《群魔》《少年》这一漫长的悲剧之路之后，宗教人学才成为可能。意味深长的是，陀思妥耶夫斯基是通过伊万·卡拉马佐夫之口说出自己最伟大的启示，他赋予它们的不是意识形态说教的形式，而是赋予它们"传奇"这一隐蔽的外衣；在这里说出了某种最后的东西，但依然是隐蔽不明的。到最后依然是某种双重的、可以进行相互矛盾的阐释的东西,对于许多人来说是语义双关的东西。但当阿廖沙向伊万喊道"你的长诗是在赞美耶稣"时,他终究是对的。是的,用人类的语言说出的赞美是最伟大的赞美。天主教的背景、长诗的形式都不是本质的东西,而且可以完全抛开针对天主教的论辩。在这一长诗中陀思妥耶夫斯基把自己关于人的秘密和关于基督的秘密紧紧地联系在一起。人的自由对于人比一切都珍贵,人的自由对于基督比一切都珍贵。大法官说:"还是在一千五百年前你就比一切都更珍视他们信仰的自由。不正是你那时就经常这样讲:'我要使你们都成为自由的。'……"大法官想使人们成为幸福的、安居乐业的,他扮演了人类的福祉、安居乐业的永恒本原的体现者。"他为自己,也为自己的人建立了一个功勋:他们终于战胜了自由,这样做,为的是让人们都成为幸福的……人天生就是造反者;难道造反者会成为幸福的人么?"大法官责备地对他说:"你拒绝了唯一可以使人获得幸福的途径。""你想进入人世,空着手走来,却带着某种自由的约言,但人们由于平庸无知和天生粗野不驯,他们根本连理解它都不能,他们害怕它,恐惧它,——因为对于人和人类社会来说,从来没有什么比自由更难以忍受的了!"大法官接受了第一个旷野中的诱惑——面包的诱惑,并想把人们的幸福建立在面包之上。
"每一个人都充分兼得自由和地上的面包是不可思议的。"
人们"深信,他们永远都不可能成为自由的人,因为他们是
软弱的、不道德的、渺小的,又是造反之徒。你许诺给他们
天上的面包,但在软弱的、永远道德败坏的、永远忿恚的一
群人的眼里,它能与地上的面包相比么?"于是,大法官指
责基督的贵族作风,指责他忽视了"千百万、不计其数的、
像大海里的沙子似的软弱的芸芸众生"。他高声说道:"或
许你只珍视几万伟大而强有力的人?""不,我们也珍视弱
者。"基督"以他认为高于一切的自由的名义"拒绝了第一
个诱惑。"**你不掌管住人们的自由,反而给他们增加更多
的自由!** ……你拿了那些不同寻常、捉摸不定、含糊不清
的东西来,拿了那些人们担当不了的东西来,因此,你这样
做,似乎你根本就不爱他们……**你不掌管住人们的自由,
反而使它加倍,使人之精神王国永远备受自由之苦。你希
望人自由地爱,希望被你吸引、成为你的俘虏的人自由地
追随你。**人不是依据不可动摇的古老的法律,而是依据自
由的心,自行决定什么是善,什么是恶,只用**你的**形象作为
自己的指导。""**你没有从十字架上走下来。你所以没有下
来,同样是因为你不愿意用奇迹降服人,你希望的是自由

的信仰,而不是因奇迹发生而信仰;你希望的是自由的爱,而不是强权之下的俘虏的奴隶般的惊叹;惊叹只因他被强权惊吓得永远胆战心惊。但在这方面**你**对人们的估计也过高了,因为他们是奴隶,尽管他们生来就是造反之徒。"

"这样尊敬人,你这样做,就好像不再怜悯他了,因为你要求于他的太多了……你要是少尊敬他一些,少要求他一些,那倒更像爱他,因为那样的话,他的担子会轻一些。"

"**你**可以骄傲地指出有那些自由的孩子,自由之爱的孩子,自由而庄严地为了你的名而牺牲的孩子。但请记住,他们总共只有几千人,而且他们还全都是神一样强大,可是其余的那些人该怎么办? 其余的软弱的人,他们不能承受强大的人所承受的东西,但他们有什么错? 那颗软弱的心灵无力承受如此可怕的天赋,可有什么错? 难道**你**来真的就是为了拣选,并只为拣选的人而来?"大法官还大声说:"我们认同的不是**你**,而是**他**,这就是我们的秘密!"并且他描述了一幅千百万软弱的人、被剥夺了自由的人的幸福、安宁的图画。他最后说:"我离开了那些骄傲的人,为了这些恭顺的人的幸福回到他们那里去了。"为了替自己辩护,他指出有"千百万幸福的婴孩"。

在这一天才的形而上学的长诗,也许是人们写的所有东西中最伟大的长诗中,陀思妥耶夫斯基揭示了两种世界本原的斗争——基督与反基督,自由与奴役。讲话的一直是那个大法官——自由的敌人,他鄙视人,希望通过强制使人幸福。但正是在这一否定的形式中,陀思妥耶夫斯基揭示了自己关于人、人无限的尊严和自由的正面的学说。在《地下室手记》中以否定的形式初露端倪的东西,在这一长诗中以正面的形式揭示了出来。这是一首颂人骄傲的、高尚的自由,人无限崇高的使命,蕴含在人身上的无穷力量的史诗。在这一史诗中,融入了一种独特的对基督的感情。基督精神与查拉图斯特拉精神惊人地相似。反基督本原不是渴望成为人神的基里洛夫,而是渴望以幸福的名义剥夺人的自由的大法官。弗·索洛维约夫那里的反基督与大法官有着亲缘关系。基督精神珍视自由高于幸福,反基督精神珍视幸福高于自由。人崇高的、有着上帝形象的尊严要求任性的权利和受苦的权利。人——是悲剧性的生物,这不仅是他的此世属性,而且是他的彼世属性的标志。对于有着无限性的悲剧的人,地上的彻底地被安排好的生活、安宁和幸福只有通过否弃自由、否弃自身的上帝形象才是可能的。地下室人的思想发展成为新基督教的启示,它们经历了陀思妥耶夫斯基所有悲剧的火的洗礼。《大法官的传说》是关于人的启示和发现,这一启示和发现与关于基督的启示和发现有着隐秘联系。这是一种浸透着贵族精神的人学。反基督可以有着各种各样的,甚至最矛盾的外表,从恺撒主义到民主主义。但是反基督的本原永远是敌视人,消灭人的尊严。从大法官的恶魔般的话语里折射出的耀眼之光,其中包含着比查拉图斯特拉的教导、阿廖沙的形象更多的宗教启示和基督教启示。应当在这里寻找陀思妥耶夫斯基伟大的人学启示和发现的钥匙,寻找他关于人的正面的宗教思想的钥匙。

八

陀思妥耶夫斯基在自己的政论文中发展的关于"土地"的思想、他的宗教民粹主义与他自己关于人的启示和发现相互矛盾。在他的小说中隐含的是另一种天才的思想,深刻的生活的形而上学和人的形而上学。陀思妥耶夫斯基曾是一位民粹主义者,但他从来也没有反映过人民。《死屋手记》是一个例外,但就是在那里选取的也是一个罪犯的世界,而不是过着寻常的普通生活的人民。人民的、农民的静态生活及生活方式,引不起他的兴趣。他是一位城市作家,城市知识分子阶层或小官吏和小市民作家。在城市生活中,主要是在彼得堡,在市民——脱离了人民的土地——的心灵中,他发现了独特的动态过程,发现了人性的边缘地带。所有那些列比亚德金大尉们、斯涅吉辽夫大尉们及其他人,都处于旋风般的运动中,处于边缘地带。他对土地上具有稳固的生活方式的人、属于土地的人、日常生活的人、土地的忠实者、日常生活传统的忠实者都不感兴趣。他总是选取被融化在火热氛围之中的人性。他不关注,也不需要冰冷的、静止僵化的人性。他只对那些背弃者感兴趣,他热爱俄罗斯的流浪者。他发现了俄罗斯灵魂中永恒的运动、漂泊、寻找**新天地**的动力源泉。按照陀思妥耶夫斯基的观点,俄罗斯灵魂的特点不是土地性,不是在固定的航道航行,而是越出边界和界限。陀思妥耶夫斯基描写了处于无疆界之中的俄罗斯人。土地性的存在是有疆界的存在。

陀思妥耶夫斯基的创作不仅充满了对普遍人性的发现,还有对俄罗斯人的性格、俄罗斯的灵魂的独特发现。在这一点上没有人能和他相比。他洞察俄罗斯精神最深刻的形而上学。陀思妥耶夫斯基揭示了俄罗斯精神的两极性,这是它最深刻的特性。俄罗斯精神在这一点上与德国精神的一元性有着怎样的区别呀！当德国人进入自己的精神深处，他们在深处找到的是神性，而所有其他的极、所有的矛盾都被取消了。正因为如此，对于德国人来说，在深处人被取消了，人只存在于外缘，在现象中，而不是在实质中。俄罗斯人比西方人更为矛盾和悖论。在他们身上融会了亚洲灵魂与欧洲灵魂，融会了东方和西方。这为俄罗斯人开辟了极大的可能性。俄罗斯人比西方人更少开放性，更少积极性，但是，他们在自己的深处、自己的内在生活中更为复杂、更为丰富。人的本性、人类灵魂的本性应当更多地在俄罗斯被揭示。在俄罗斯，一种新的宗教人学成为可能。背弃、漂泊和流浪——是俄罗斯人的特点。西方人是更为土地化的，他们更为信仰传统，更为服从规范。俄罗斯人是宽广的。宽广辽阔，广大无边，没有界限——这不仅仅是俄罗斯天性的物质属性，也是它形而上的、精神的属性，是它内在的维度。陀思妥耶夫斯基揭示了俄罗斯天性中惊人的火一般的激情，这一激情在托尔斯泰那里、在民粹派作家那里被掩盖了。他艺术地揭示了在文化阶层、知识分子阶层中那种可怕的情欲的自发力量，它在我们的人民阶层中表现为鞭身教。这一狂欢的、迷狂的自发力量也存活在陀思妥耶夫斯基本人身上，从这一点上讲,他骨子里是地道的俄罗斯人。几~俄罗斯精神的形而上的歇斯底里。这一歇斯底里是~斯精神的不成型性,不服从于界限和规范。陀思妥耶夫~发现,俄罗斯人永远需要被怜悯,而自己也怜悯别人。在方生活的体制中,有的不是怜悯,这与那里的人服从于~和规范有关。因此,俄罗斯人比西方人更为人性化。陀思妥耶夫斯基所发现的俄罗斯人的天性既有巨大的可能性,又有巨大的危险性。在俄罗斯人身上,精神还没有控制灵魂的自发力量。俄罗斯的人性比西方的人性更少积极性,但是在俄罗斯比在有节奏、有节制的欧洲蕴含了更多的人类的财富、更多的人类的可能性。陀思妥耶夫斯基在俄罗斯人的"全人类性"中,在他们无限的辽阔、无限的可能性中看到了俄罗斯的理念。陀思妥耶夫斯基本人就像俄罗斯灵魂一样是由矛盾构成的。阅读陀思妥耶夫斯基时感觉到的出路,是诺斯替教关于人的启示的出路。他创造了一种从未有过的艺术上的诺斯替教的人学类型,他的手法是通过疯狂之旋风深入到人的精神的深处。但陀思妥耶夫斯基的疯狂的旋风是精神性的,因此它们从来也没有使人的形象分裂。只有陀思妥耶夫斯基一个人不害怕在迷狂与无限中人会消失。人的个性的界限和形式永远与阿波罗主义甲在一起。只有在陀思妥耶夫斯基一个人那里，在精神、奥尼索斯的迷狂中依然保留着人的外形和人永恒的象。在他那里，甚至犯罪也没能够消灭人。在他那里人并不可怕，因为他在人身上发现了永恒性。他不是其中没有人的形象、没有个性的深渊之艺术家，他是人的深渊、人的深渊性之艺术家。在这一点上，他——是世界上最伟大的作家，是世界性的天才——这样的天才在历史中屈指可数，他是最伟大的智慧。这一伟大的智慧以积极有效的态度对待人，他通过人揭示了更多的领域。陀思妥耶夫斯基像俄罗斯一样，具有俄罗斯全部的黑暗和光明。他——是俄罗斯给全世界的精神生活的最大贡献。陀思妥耶夫斯基——是最基督教式的作家，因为在他那里位于核心的是人，是人类的爱，是对人的灵魂的启示。他整个人——就是人类存在之精髓的启示，耶稣之精髓的启示。

俄罗斯革命的精神实质

> 我们误入了歧途。怎么办？显然，魔鬼
> 把我们引到了荒野，我们只能原地徘徊。[①]
>
> ——普希金

引　言

漫长的历史之路将人们引向无数的革命，在这些革命中，民族的特性甚至在那时就已经显示出来，即当革命给民族元气和民族尊严带来一次次严重打击的时候。每一个民族都有自己革命的风格，也有自己保守的风格。英国

[①]　引自普希金的诗《群魔》（1830）。

革命是民族性的,法国革命同样是民族性的。在其中可以辨认出过去的英国和法国。每一个民族进行革命时,都携带着精神的辎重,它是在自己过去的历史中形成的,它会把自己的罪恶和缺陷带进革命之中,但同样也把自己的牺牲精神与热情带进革命之中。我们旧的民族疾病和罪恶导致了革命并决定了它的特性。俄罗斯革命的精神实质——就是俄罗斯的精神实质,尽管这被我们的敌人利用,置我们于死地。革命的不切实际——就是俄罗斯的不切实际,它的鬼魂附体式的疯狂着魔——就是典型的俄罗斯的疯狂着魔。在生活表面发生的革命,从来没有改变,也没有发现任何本质性的东西,它们只是显露出了那些隐藏在民族肌体内的病灶,只是把同样的元素按新的方式进行了位移,让旧的形式穿上了新衣。革命在相当程度上常常是化装舞会,于是,如果揭掉面具,就会遇见老的、熟悉的面孔。新的灵魂要很晚才能诞生,那是要等到对革命的经验有了深刻领会,革命发生了根本性转变之后。表面看,俄罗斯革命中一切都是新的——新表情、新手势、新服装、新话语统治着生活;那些曾在最下层的到了最上层,而那些曾在最上层的跌到了最下层;那些曾被驱逐的掌了权,而那些曾掌权的被驱逐;奴隶成为无限的自由人,而精神上的自由人遭受暴力。但请试着透过俄罗斯革命的外表走进其深处，在那里你们就会认出一个旧俄罗斯，就会遇见旧的、熟悉的面孔。在俄罗斯革命中随处可以遇见赫列斯塔科夫、彼·韦尔霍文斯基和斯麦尔佳科夫，他们还在革命中起了不小的作用，最后爬上了权力巅峰。陀思妥耶夫斯基的形而上学的辩证法和托尔斯泰的道德反思决定了革命的内在进程。如果走进俄罗斯深处，那么，在革命斗争和革命辞藻背后不难发现果戈理笔下那些哼哼呓语的嘴脸。在自己的生存史中，每一个民族都活在不同的时代和不同的世纪里。但是没有一个民族像俄罗斯民族那样，如此不同年龄的人——二十世纪和十四世纪的人——会同时聚在一起。正是这一年龄的多样性是我们民族生活的病态的根源，并妨碍了我们民族生活的整体性。

伟大的作家总是揭示民族生活中具有本质意义且不会过时的形象。伟大的作家所揭示的俄罗斯——果戈理的俄罗斯，陀思妥耶夫斯基的俄罗斯，也可以在俄罗斯革命中被发现，而且，在革命中你还可以真实地体验到托尔斯泰曾作出的预言式基本判断。在果戈理和陀思妥耶夫斯基的那些形象中，在托尔斯泰的道德判断中可以找到革命带来的那些灾难和不幸的谜底，认识控制了革命的那些精神。果戈理和陀思妥耶夫斯基艺术地、超越其时代地洞察了俄罗斯和俄罗斯人。他们以不同方式揭示了俄罗斯，艺术手法也相反，但是，无论在谁那里，都有某种对于俄罗斯来说是真正预见性的东西，都触及某种本质的东西，触及俄罗斯人天性的某种秘密。作为艺术家的托尔斯泰对于我们的论述目的来说不能令人感兴趣，他的伟大艺术所揭示的俄罗斯在革命中分崩离析了，消亡了。他是俄罗斯贵族和农民的静态生活的艺术家，对于作为艺术家的他来说，永恒的东西存在于简单原始的自发力量中。托尔斯泰更多的是宇宙学的，而不是人学的。但是在俄罗斯革命中另一个托尔斯泰被发现了，并且他以自己的方式取得了胜利——道德判断的托尔斯泰，作为俄罗斯人的典型世界观的托尔斯泰主义显示了出来。有许多俄罗斯式的魔鬼，或是它们被俄罗斯作家发现，或是它们控制了俄罗斯作家——谎言魔鬼、偷梁换柱魔鬼、平等魔鬼、无耻魔鬼、否定魔鬼、勿抗恶魔鬼，还有许许多多其他魔鬼。所有这些——都是早已折磨着俄罗斯的虚无主义魔鬼。对于我来说，位于中心的是陀思妥耶夫斯基的洞见，他预言式地发现俄罗斯恶魔的精神基础和运动动力。我将从果戈理开始，他在这方面的意义还不甚明了。

一　革命中的果戈理

果戈理是俄罗斯作家中最为神秘的一位,我们为理解他而做的事还相当少。他甚至比陀思妥耶夫斯基更为神秘。陀思妥耶夫斯基本人为揭开自己精神所有的矛盾和所有的深渊已经做了大量工作。我们可以看到,魔鬼与上帝在他的灵魂和他的创作中怎样斗争。果戈理隐藏了自己,并把某种没有猜透的秘密一同带进了坟墓。在他身上确实具有某种可怕的东西。果戈理是唯一一位身上具有妖魔感的俄罗斯作家,——他艺术地表达了恶的、黑暗的妖魔力量的作用。这也许来自西方天主教的波兰。《可怕的报复》充满了这种妖魔气息。但这种妖魔气息在《死魂灵》和《钦差大臣》中以一种更为隐蔽的形式弥散着。

在果戈理那里有一种独特有力的对恶的敏感,而且他找不到陀思妥耶夫斯基在佐西马形象中、在与大地母亲的联系中找到的那种安慰。他那里没有所有这些粘连性的章节,任何地方也找不到可以摆脱围绕着他的恶魔般的嘴脸的拯救。俄罗斯各种旧有的批评流派完全没有感觉到果戈理艺术的可怕性。况且他们在哪里能感觉到果戈理呢！纯理性主义的教育预防着他们接受和理解这些可怕的现象。我们的批评是为那种太"进步的"思想形象准备的,他们不相信妖魔,他们利用果戈理仅仅是为了自己功利主义的社会目的。而且他们总是利用伟大作家的创作为自己功利主义的社会宣传服务。最先感觉到果戈理的可怕性的是另一流派、另一源头、另一种精神的一位作家——B. B. 罗赞诺夫。他不喜欢果戈理,所以也是带着一种对恶的敏感写他,但他理解了果戈理是恶之艺术家。因此,首先应当明确——果戈理的创作是艺术地发现作为形而上的和内在因素的恶,而不是与政治上的落后与野蛮联系在一起的、社会的、外部的恶。果戈理天生看不到善的形象并艺术地表达善。而他本人也惊恐自己对恶与丑的独特洞察。但正是他精神的残缺导致他的恶之艺术的全部尖锐性。

只有二十世纪初在我们这里出现的那些宗教哲学和艺术思潮才提出了果戈理问题。果戈理通常被认为是俄罗斯文学现实主义流派的奠基人。果戈理创作的奇异性被解释为他是独特的讽刺家和旧俄不合理的农奴制度的揭露者。果戈理不同寻常的艺术手法被忽略了。在果戈理的创作中看不出任何问题来,因为一般来说人们也发现不了问题。对俄国批评来说，一切都显而易见，容易解释，对于他们的基本任务来说，一切都既简单又明了。事实上，可以说，车尔尼雪夫斯基、杜勃罗留波夫及其追随者没有看到伟大的俄罗斯文学的内在意义，也无力评价俄罗斯文学的艺术启示。应该来一次精神危机，应该动摇传统知识分子世界观的整个基础，以便按照新的方式揭示伟大的俄罗斯作家的创作，只有到那时才有可能走近果戈理。将果戈理视为现实主义者和讽刺作家的旧观点需要理性地重新审视。在我们的精神状态和思维日益复杂化的今天有一点已经显而易见：文学老古董们看待果戈理的观点没有站在果戈理问题的高度。在《死魂灵》这样一部不可思议、虚构幻想的作品中能够看到现实主义，我们觉得真是荒谬绝伦。果戈理奇异和神秘的创作不可能归于讽刺改革前的俄国现实、揭露短暂的一时的弊病与罪恶之列。死魂灵与农奴制的日常生活，钦差大臣与改革前的官僚作风没有不可分割的必然联系。就是现在，在经历了所有的改革和革命之后，俄罗斯仍然充满死魂灵与钦差大臣，果戈理的人物形象并没有像屠格涅夫或冈察洛夫的人物形象那样死亡，成为过去。果戈理的艺术手法完全不是所谓现实主义的，而是一种分解和展开有机的现实整体的独特实验,这些艺术手法揭示了某种对于俄罗斯和俄罗斯人来说非常本质的东西,某些精神的疾病,这些疾病是任何表面的社会改革和革命都无法治愈的。果戈理的俄罗斯不仅仅是我们改革前的日常生活,它还是俄罗斯民族形而上的性格,并且这一性格也表现在俄罗斯的革命中。果戈理所看到的那些非人的野蛮行为,不是旧制度的产物,不是社会和政治原因造成的,相反——是它产生了旧制度中一切恶劣的东西,它在各种政治和社会形式上都打上了烙印。

艺术家的果戈理最先践行了艺术中的一种新的解析思潮,它的出现与艺术的危机有关。他预告了别雷和毕加索的艺术。在他身上已经具有对现实的那样一种领悟,这种领悟产生了立体主义。在他的艺术中已经是立体地解析生动的日常生活。果戈理已经看到了后来毕加索的绘画艺术所看到的那些怪物。但他进行了欺骗,因为他用笑掩盖了自己魔鬼般的洞见。果戈理之后从俄罗斯作家中走出一位最具天赋的人——安·别雷,对于他来说,人的形象彻底黯淡了,陷入宇宙的旋风之中。别雷像果戈理一样,同样没有看到人身上有机的美,他在许多方面追随着果戈理的艺术手法,但在艺术形式方面取得了全新的成果。果戈理已经使人有机的整体形象遭受了立体的解析。

在果戈理那里已经没有人的形象,而只有动物的嘴脸,只有怪物,类似于立体派画的匀称的怪物。在他的创作中有的是对人的扼杀。所以罗赞诺夫直截了当地指责果戈理杀人。果戈理无力给出正面的人的形象,并为此痛苦万分。他为寻找人的形象受尽折磨,但最终也没有找到。各种丑陋的非人的怪物从四面八方将他包围,他的悲剧就在于此。他信仰人,寻找人身上的美,但在俄罗斯他没有找到。这是无法言说的折磨,这足以使人发疯。在果戈理本人身上就有某种精神的出轨、失常,在他身上隐藏着某种未被揭开的谜。但不能责怪他在俄罗斯没有看到人的形象,而只看到乞乞科夫、诺兹德寥夫、索巴凯维奇、赫列斯塔科夫、斯可沃兹尼克-德姆哈诺夫斯基及其他怪物。他似乎不真实的伟大艺术揭示了俄罗斯民族的负面,它黑暗的精神和它身上一切非人的、扭曲了的上帝形象。俄罗斯这一没有被充分发现的人性,大量这些肤浅的、取代了人的形象的自然精神属性,吓坏了他,也深深伤害了他。果戈理——是地狱作家,果戈理的人物形象——是人的碎片,而不是人,是人的丑态。在俄罗斯,人的形象、真正的个性如此之少,谎言、谎言的形象、人形象的偷换如此之多,丑陋的事物如此之多,这不是他的错。果戈理无可忍受地为此痛苦。他对鄙俗精神的洞察天赋是不幸的天赋，他成了这一天赋的牺牲品。他揭示了无可忍受的鄙俗的恶，这压垮了他。别雷那里也没有人的形象，但他已经属于另一个时代，在这个时代对人的形象的信仰已经发生动摇。而在果戈理那里依然具有这一信仰。

热烈期待革命，寄予它伟大希望的俄罗斯人相信，当革命的大雷雨冲刷掉我们所有的污垢之后，果戈理的俄罗斯的恶魔形象将会消失。在赫列斯塔科夫和斯可沃兹尼克-德姆哈诺夫斯基身上，在乞乞科夫、诺兹德寥夫身上，可以看到在专制制度与农奴制度中浸泡的旧俄国形象。革命意识的错觉就在于此，它洞察不了生活的深度。在革命中显示达到的依然是同一个旧的、永恒的果戈理的俄罗斯，非人的、半兽的嘴脸的俄罗斯。在这种革命的行为中有着永恒的果戈理性。希望革命可以在俄罗斯揭开人的形象，希望专制制度垮台后人性可以提升到自己的高度，这些希望都是徒劳的。我们这里习惯于把太多事情算到专制制度头上，想以此来解释我们生活中所有的恶和黑暗。但这是俄罗斯人卸去了自己身上的责任，使自己习惯于无责任的状态。现在已经没有专制制度了，而俄罗斯的黑暗和俄罗斯的恶依然存在。黑暗与恶隐藏得要深得多，不是在民族的社会生活的外层,而是在它的精神内核。已经没有了旧专制制度、旧官僚作风、旧警察,而贿赂依然是俄罗斯生活的基础,是它基本的宪法。贿赂之风比几何时更甚。正在大发革命横财。果戈理戏剧中的场景正在革命的俄罗斯到处起劲地上演。已经没有了专制制度,赫列斯塔科夫依然扮演着重要的官员,所有的人照旧在他面前瑟瑟发抖。已经没有了专制制度,而俄罗斯照旧充满了死魂灵,照旧发生着他们的交易。赫列斯塔科夫的胆略在俄罗斯革命中处处可以感觉到。但现在的赫列斯塔科夫爬到了权力的顶峰,比旧赫列斯塔科夫有更多的资本说:"外交大臣,法国大使,英国大使,德国大使和我",或者说:"看一看我的前厅也很有意思,我还没有睡醒呢,伯爵们啊,公爵们呀,一大群人,就在那里挤来挤去,像一群熊蜂,嗡嗡作响。"革命的赫列斯塔科夫们可以更像真地说:"谁来顶这个位置呢?许多将军想担任这个职务,也试过了,但常常是上任了,——很自然,不行……没办法——就来找我。这时街上全是信使、信使、信使,诸位想想看,但是信使就有三万五千名!"革命的伊万·亚历山德罗维奇①开始掌管

———————

① 即赫列斯塔科夫。

各司。当他走过的时候"简直就像地震一样，全都发抖哆嗦，像片片树叶颤抖"。革命的伊万·亚历山德罗维奇急躁地叫喊起来："我不喜欢开玩笑，我把他们全都教训了一下……我是那样了不起的人物！我谁都不睬……我到处要去，到处。"赫列斯塔科夫的这些话我们每天每处都能听到。所有的人都颤抖哆嗦。但因为知道过去的赫列斯塔科夫通常的结局，人们从心灵深处期待着将会有宪兵走进来说道："从彼得堡奉旨前来的官员叫您立刻去见他。"毒害着俄罗斯革命的反革命的恐惧赋予了革命的大无畏精神以赫列斯塔科夫属性。我们将不会被表面现象所欺蒙。革命的赫列斯塔科夫只是穿上了新衣，改换了新名，本质依然如故。根基里依然是果戈理早已看到的旧俄国的谎言和欺骗。失去深度使一切都变得过于容易。在现有权力和统治的力量中，本体的、真正的真实是如此之少，正如在果戈理的赫列斯塔科夫身上。诺兹德廖夫说："这就是边儿！从这个方向看去，无论看到什么，都是我的，甚至从另一方向看去，这整个森林，泛蓝的森林，还有森林后边也都是我的。"在很大程度上诺兹德廖夫攫取了革命果实。个体取代了个性。到处是面具和同貌人，是人的丑态和碎片。一切都是虚构的……任何地方也感觉不到坚实的存在。任何地方也看不到明朗的人的面孔。这个虚构性,这一非本体性来自谎言性。果戈理在俄罗斯的自发力量中发现了它。

乞乞科夫依然奔波在俄罗斯大地上,依然做着死魂灵的买卖。但已经不是坐着带篷的马车慢慢地走,而是坐着特快列车并到处发电报。同一自发力量以新的速度高速运转。革命的乞乞科夫们倒卖着非实在的财富,他们与虚构做交易,而不是与现实做交易,他们使整个俄罗斯的国民经济生活变成一种虚构,革命政权的许多法令按其性质来说完全是果戈理式的,在巨大的小市民的群体中,这些法令遭遇的是果戈理式的态度。我们整个的农业改革,无论是社会党人的,还是布尔什维克的农业改革①,都是乞乞科夫式的企业。这一改革是在与死魂灵做交易,它以虚构、非现实为基础获取了人民的财富。其中有乞乞科夫的大无畏精神。在我们夏季农业革命的风云人物那里是某种真正的果戈理式的东西。在革命的初期阶段和革命的临时政府中就有不少玛尼洛夫。但《死魂灵》具有深刻的象征意义。果戈理的长篇巨著里的所有嘴脸都是在僵死

---

① 指 1918 年的农业改革。

的俄罗斯灵魂的土壤里产生的。这一僵死的灵魂使乞乞科夫的奇遇和相会成为可能。革命——是一种伟大的显现，它只是把隐藏于俄罗斯深处的东西暴露了出来。旧制度的形式抑制了许多俄罗斯属性的表现，把它们驱赶到一种强制的边缘。这些腐朽形式的瓦解使得俄罗斯人彻底解开了嚼头，成为赤条条的，毫无羁绊。果戈理所看到的处于静态中的恶的灵魂，冲破束缚，狂欢起来。他们可怕的嘴脸使不幸的俄罗斯全身发抖。现在对于赫列斯塔科夫和乞乞科夫们来说，比专制制度时期拥有更大的空间。因此要克服他们，首先应该是民族精神的复活，民族内在的变革。俄罗斯真正的精神革命应当是克服果戈理在俄罗斯人身上看到的谎言性，是战胜那种因谎言而产生的虚构和偷换。在谎言中可以轻易地不负责任，可以使它与任何存在没有联系，而且依靠谎言可以掀起最勇敢的革命。这种无耻与俄罗斯未发展的、未揭示的个性相关，与对人的形象的压制相关。非人的、鄙俗的行为也与此相关。果戈理用它压垮了我们，也压垮了自己。果戈理比斯拉夫派更深刻地洞察了俄罗斯。他有一种强烈的对恶的感受，而斯拉夫派失去了这一点。在不朽的果戈理所描绘的俄罗斯，悲剧的东西与喜剧的东西交织混合在一起。喜剧性的东西是混合与偷换的结果,悲喜剧的交织与混合也存在于俄罗斯革命中。革命整个就是奠定在混合与偷换的基础之上,因此,其中具有许多戏剧性。俄罗斯革命是悲喜剧。这就是果戈理长篇巨著的结局。而且,也许俄罗斯革命中最阴郁与绝望的就是其中的果戈理性。在革命中来自陀思妥耶夫斯基更多的是光明。俄罗斯必须从果戈理的幽灵的控制下解放出来。

二 俄罗斯革命中的陀思妥耶夫斯基

如果说在俄罗斯革命中没有立即发现果戈理的影子,而且这个问题的提出也可能招致怀疑的话,那么在陀思妥耶夫斯基身上不能不看到对俄罗斯革命的预言。俄罗斯革命充满了陀思妥耶夫斯基所洞察到的,并被他给予天才的、尖锐的界定的那些元素。陀思妥耶夫斯基具有那样一种天赋:揭示俄罗斯革命思想深层的辩证法,并从中得出最终的结论。他不是停留在社会政治思想和社会结构的表面,而是深入到内部揭示俄罗斯的革命性的形而上学。陀思妥耶夫斯基发现,俄罗斯的革命性是一种形而上的和宗教的现象,而不是政治的和社会的现象。这样,他成功地宗教地阐释了俄罗斯社会主义的性质。俄罗斯的社会主义关心的是有没有上帝的问题。并且陀思妥耶夫斯基预见了，它将是怎样一个苦果。他揭露出俄罗斯的虚无主义和俄罗斯的无神论——完全独有的、不同于西方的无神论的天然本性。陀思妥耶夫斯基具有卓越的打开深渊、揭示最后极限的天赋。他从来不会停留在中间地带，从来不会处于过渡状态，总是向往最后的和终极的东西。他创造性的艺术行为也是启示录式的，并且在这一点上他是真正的俄罗斯民族的天才。陀思妥耶夫斯基的艺术手法不同于果戈理。果戈理更是一位纯粹的艺术家。陀思妥耶夫斯基首先是心理学家和形而上学者。他从人的精神生活的内部，从人内在的思想的辩证法来剖析恶和恶的灵魂。陀思妥耶夫斯基所有的创作都是人学发现，——发现人的深处，不仅是灵魂的深处，还有精神的深处。他发现了那些已经不是心理现象，而是人性的、本体的人类思想和人类激情。陀思妥耶夫斯基的人的形象总是区别于果戈理的人的形象。他总是从内部来揭示人。恶不会彻底消灭人的形象。陀思妥耶夫斯基相信，通过内在的悲剧恶可以变为善。因此，他的创作比几乎不留任何希望的果戈理的创作更少恐怖的东西。

从俄罗斯最伟大的天才陀思妥耶夫斯基身上可以了解俄罗斯思想的特性，它正面的和负面的两极。法国人——是教条主义者或是怀疑主义者，在其思想的正极是教条主义，在负极是怀疑主义。德国人——是神秘主义者或是批判主义者，神秘主义在正极，批判主义在负极。而俄罗斯人——是启示录主义者或是虚无主义者，启示录主义在正极，虚无主义在负极。这三种情况中，俄罗斯的情况——是最极端、最困难的一种情况。法国人和德国人可以创造自己的文化，因为可以教条主义地和怀疑主义地创造文化，可以神秘主义地和批判主义地创造文化。但是，却很难启示录主义地和虚无主义地创造文化。文化可以有自己教条主义的和神秘主义的深渊，但它要求承认在生活的中间过程中有某种价值，要求不仅有绝对的意义，而且有相对的意义。在启示录主义的和虚无主义的自我感觉中抛弃一切生活的中间地带，一切历史的台阶，不想知道任何文化价值，它渴望终极，渴望极限。这两种对立现象很容易从一极走向另一极。启示录情绪很容易走向虚无主义，最终虚无主义地对待地上历史生活最伟大的价值，虚无主义地对待一切文化。而虚无主义可以难以察觉地带上启示录的色彩，要求终极。于是，在俄罗斯人那里，启示录的和虚无主义的东西是如此地被混淆,以至于很难区分这一两极对立的元素。常常很难解答这一问题:为什么俄罗斯人否定国家、文化、故土、道德规范、科学和艺术,为什么要求绝对的一无所有,他们这样是出于自己的启示性还是虚无性? 俄罗斯人可以制造虚无主义的混乱,就像启示录中的混乱;他可以脱光衣服,脱去一切文化外衣,赤裸裸的,一丝不挂,既因为他是虚无主义者而否定一切,也因为他充满末世预感而等待世界末日。在俄罗斯的异教徒那里,启示与虚无主义交织混淆在一起。这同样发生在俄罗斯知识分子那里。俄罗斯对生活真理的寻找,永远带有启示录主义的和虚无主义的特点。这是深刻的民族特征。这为混淆和偷换、为伪宗教提供了土壤。在俄罗斯的无神论中有某种启示录精神的东西,完全不像西方的无神论。在俄罗斯的虚无主义中也有伪宗教的特征,是某种反面的宗教。这诱惑了许多人,使他们误入歧途。陀思妥耶夫斯基深刻地揭示了俄罗斯灵魂中的启示和虚无主义。因此他也预料到俄罗斯革命将具有什么样的特点。他明白,我们这里的革命完全不意味着西方的革命,因而它将是比西方的革命更可怕更极端的革命。俄罗斯革命——是宗教之类的现象,它解决的是上帝问题,而且应该在比理解法国革命的反宗教性或英国革命的宗教性更深刻的意义上来理解这一点。

对于陀思妥耶夫斯基来说,俄罗斯革命的问题,俄罗斯虚无主义和社会主义问题,这是关于上帝和不死的问题。"社会主义不仅是工人的问题,或所谓的第四阶层的问题,而主要是反宗教的问题,是现代无神论具体体现的问题,是在'没有上帝'的情况下建造巴别塔的问题——建造巴别塔不是为了从地上到达天堂,而是为了告知地上关于天堂的消息。"(《卡拉马佐夫兄弟》)甚至可以说,俄罗斯社会主义和虚无主义的问题——是解决末日的一切问题的启示录的问题。俄罗斯的革命的社会主义,从来也不是作为社会进程中过渡的状态,作为社会制度暂时的、相对的形式而被思考的。它总是被作为最终的状态,作为地上的上帝的国,作为解决人类的命运而被思考的。这不是经济问题,也不是政治问题,而首先是精神问题,是宗教问题。"要知道,直到现在那些俄罗斯男孩,我是说其中一些人,还在干些什么?比方说,这个肮脏的小酒馆,他们聚到这里,坐到一个角落……他们会谈论些什么?谈论的不是别的,而是世界性的问题:有没有上帝?有没有不死?而那些不信上帝的,就会谈起社会主义,谈起无政府主义,谈起按照新方案改造全人类,等等;其实这些都是同样一个鬼玩意儿,是同样一些问题,只不过是从另一面来讲的。"这些俄罗斯男孩儿从来不擅长政治,不擅长创造和建立社会生活。在他们的脑袋里一切都是混淆的,并且在抛弃了上帝之后,他们从社会主义和无政府主义中又制造出一个上帝。他们想按照新的方案重新安排整个人类,并且不是把这视为相对的,而是视为绝对的使命。俄罗斯男孩儿是虚无主义的启示录主义者,他们始于在肮脏的小酒馆儿里进行无休止的谈话。很难相信,这些关于要用社会主义和无政府主义替代上帝,要按照新的方案重新安排整个人类的谈话会变成俄罗斯历史中具有决定性的力量,并且摧毁了强大的俄罗斯。俄罗斯男孩儿早就宣称如果没有上帝和不死,一切都是允许的。结果是,地上的幸福成了最终目的。俄罗斯虚无主义就是在这样的土壤上成长起来的,而这一虚无主义让许多天真的、有着善良愿望的人觉得是非常纯真可爱的现象。甚至有许多人在虚无主义里看到了道德真理,但这却是因思想的谬误导致的歪曲了的真理。甚至当弗·索洛维约夫这样戏谑地表述俄罗斯男孩儿的 credo① 的时候,他也不明白俄罗斯虚无主义的危险性:"人是从猴子变来的,因而我们将彼此相爱。"陀思妥耶夫斯基更深刻地洞察了俄罗斯虚无主义的秘密,并感觉到了它的危险性。他揭示了俄罗斯虚无主义的辩证法,揭示了它隐秘的形而上学。

伊万·卡拉马佐夫是俄罗斯虚无主义和无神论哲学家。他以一个崇高的理由宣布反对上帝和上帝创造的世界:他不能接受无辜受苦的婴孩的眼泪。伊万极其尖锐而极端地向阿廖沙提出一个问题:"我要求你,直接告诉我,回答我,假如你自己要建造一座人类命运的大厦,其目的是使人最终得到幸福,给他们以和平与安宁,如果为此必须而且不可避免地要面对使那么小的一个小人儿、那个最小的婴孩小拳头捶着胸地痛苦,在他擦不干的眼泪上建造这座大厦;在这种条件下你是否同意成为那个建筑师?"伊万在这里提出的是关于历史的代价这一永恒的问题,是关于是否容许以牺牲和痛苦为代价换取国家和文化的创造的问题。这就是俄罗斯的主要问题,是俄罗斯男孩儿给世界历史提出的"该死的问题"。在这一问题中倾注了俄罗

---

① 法语:信条。

斯整个的道德激情——脱离了宗教根源的道德激情。伊万所宣称的俄罗斯的革命虚无主义的反抗就建立在这一道德问题上。"最终,我不接受这个上帝创造的世界,尽管我知道它存在,还是完全不能容忍它。我不是不接受上帝,我是不接受他创造的世界;不接受上帝创造的世界,也不能同意接受。""干吗要区分善和恶这鬼玩意儿,如果为它要付出如此大的代价? 就是全世界都辨了善恶,也不值这些向上帝祈祷的孩子的眼泪。""我完全拒绝最高的和谐。它不值哪怕只是一个受苦孩子的一滴眼泪,让他的小拳头捶着胸,在一个恶臭的狗窝似的小屋以其无法补偿的眼泪向'上帝'祈祷……我不愿意人们再受苦难。如果孩子们的痛苦是换取真理所必需的痛苦,那么,我预先声明,所有真理也不值这个代价……我不要和谐,出于对人类的爱我不要……和谐要价太高了,付不起这个入场券。因此我要赶紧把自己的入场券还回去……我不是不接受上帝,而只是恭恭敬敬地把入场券还给他。"伊万·卡拉马佐夫提出的问题是复杂的,其中交织着几个理由。陀思妥耶夫斯基通过伊万·卡拉马佐夫之口审判了积极的进步论,审判了建筑在此前一代代人的痛苦和眼泪基础上的未来和谐的乌托邦。所有人类的进步,所有未来完善的制度,在每一个人，哪怕是最罪恶的人的不幸的命运面前一文不值。这其中包含着基督教的真理。但伊万提出的问题的尖锐性完全不在这里。他不是作为一个信仰生活的上帝意义的基督徒，而是作为一个否定生活的上帝意义，从有限的人的观点只看到了无意义和不公正的无神论者和虚无主义者而提出这一问题的。这是反抗上帝创造的世界，这是不接受由上帝的意志决定人的命运。这是人与上帝的争辩，这是人不愿意接受苦难与牺牲、不愿意把赎罪理解为生命的意义。伊万·卡拉马佐夫的思想反抗过程是极端的理性主义的表现，是否定人的命运在短暂的、地上经验生活的范围内有不可理解的秘密。但是，在地上生活的范围内理性地理解为什么无辜的孩子受苦，这是不可能的，提出这一问题本身——就是无神论的和反宗教的。信仰上帝，信仰上帝创造的世界，就是信仰一切堕落的生物在地上流浪的命运中遭受的所有痛苦和磨难的深刻的隐秘的意义。拭干婴孩的眼泪，减轻他的痛苦，这是爱的事业。但伊万的激情不是爱，而是造反。在他那里是一种虚伪的敏感，而不是爱。他之所以造反，是因为不相信不死，是因为对他来说一切都被这一无意义的经验生活，被无数的磨难与痛苦耗尽了。典型的俄罗斯男孩儿，他接受了西方的否定性假设定理,而在无神论中加以检验。

伊万·卡拉马佐夫——一个思想家、形而上学者、心理学家,就无数俄罗斯男孩儿、俄罗斯虚无主义和无神论者、社会主义和无政府主义者混沌模糊的感受进行了深刻的哲学论证。伊万·卡拉马佐夫问题的基础是某种虚假的俄罗斯式的敏感、多愁善感,虚假的对人的同情——这一同情导致对上帝、对世界生活的上帝意义的恨。俄罗斯人通常是出自虚假的道德主义的虚无主义造反者。俄罗斯人由于婴孩的眼泪而给上帝制造了一个麻烦,把入场券还给了上帝,否定一切历史遗产和价值,他忍受不了痛苦,不想有牺牲。但是,他却不做任何现实的事情以减少眼泪,反而使流泪的人更多;他搞革命,而革命的基础就是无数的眼泪和痛苦。在俄罗斯人虚无主义的道德中缺乏道德个性的锤炼,面对生活可怖的面孔缺乏道德的严厉态度,缺乏牺牲精神,不能放弃任性。俄罗斯虚无主义道德家认为,他们比上帝更热爱人、同情人;他们修正了上帝对人和世界的思考。难以置信的觊觎、僭越是这一精神类型的典型特征。从俄罗斯男孩儿因婴孩的眼泪、人民的眼泪而给上帝制造的麻烦中,从他们在小酒馆的高尚的谈话中诞生了俄罗斯革命的思想体系。它的根基是无神论和不相信永生。不相信永生，于是产生虚假的敏感和同情。反抗上帝，必然无限夸大人民的苦难，夸大建立在苦难基础上的国家和文化的恶。减轻人民苦难的愿望本身是公正的，其中显示着基督教的爱的精神。但这也把许多人引向歧途。人们没有发现俄罗斯的革命道德基础中的混淆和偷换，没有发现俄罗斯虚无主义的革命道德的反基督诱惑。陀思妥耶夫斯基发现了这一点，他揭开了关心人的福祉的虚无主义的精神本原，并预言了这一精神的胜利的后果。陀思妥耶夫斯基明白，关于每一个人的个体命运这一重大问题的解决办法，在光明的宗教意识里与在伪宗教的黑暗的宗教意识里是完全不同的。

　　陀思妥耶夫斯基发现了俄罗斯人的天性是反基督诱惑的良好土壤。这是一个真正的发现，这一点使陀思妥耶夫斯基成为俄罗斯革命的先知和预言家，他具有天才的内在的洞察力，洞察俄罗斯革命和俄罗斯革命家的精神实质。本质上是启示录主义者和虚无主义者的俄罗斯革命家，受那个想要使人成为幸福的人的反基督诱惑，他们也必定带领受他们诱惑的人民走向革命——带来可怕的创伤的革命，把生活变成地狱的革命。俄罗斯的革命家们向往的是世界性的变革，在其中将焚烧整个旧世界，连同整

个旧世界的恶与黑暗、历史遗产和价值;并在废墟上建立
一个一切人一切民族的美满富足的新生活。如果不是全
世界都得到了幸福,俄罗斯革命家也不肯妥协。他们的意
识是启示录式的,他们希望的是终结,是历史的结束;于是
开始了超历史的进程,平等、自由和幸福的地上王国将在
其中实现。任何过渡的、相对的东西,任何发展的阶段,这
些意识在他们那里都是行不通的。俄罗斯革命的最高纲
领主义也是独特的变了形的启示录主义。它的反面永远
是虚无主义。虚无主义地消灭历史遗留下来的世界的一
切多样性和相对性,不可避免地扩展到历史的绝对精神基
础。俄罗斯虚无主义不接受历史过程的源头本身,因为其
中是上帝创造的现实性,他们反抗上帝创造的世界,因为
其中是被给定的历史、历史的不同阶段和不可避免的差
别。陀思妥耶夫斯基本人也曾受俄罗斯最高纲领主义和
俄罗斯宗教民粹主义的诱惑。但是在他身上也存在着正
面的宗教力量、预言的力量,这帮助他发现和揭露俄罗斯
的诱惑。由俄罗斯的无神论者伊万·卡拉马佐夫讲述,因
其伟大的力量和深刻性而被比作圣书的《大法官的传说》,
揭示了反基督诱惑的内在的辩证法。陀思妥耶夫斯基赋
予反基督以天主教的外衣,这一点不是他的本质性错误,

而应该归于他的弱点和不足。大法官的精神可以以各种各样的外衣和形式出现并产生影响,它具有相当强的演化再生能力。陀思妥耶夫斯基清楚地知道,大法官精神在俄罗斯社会主义中发挥着作用。革命的社会主义不是经济和政治的学说,不是社会改革的制度,——它是信仰,与基督教相对立的信仰。

它步大法官的后尘,接受基督以人精神自由的名义拒绝的三个诱惑。它接受石头变面包的诱惑、社会奇迹的诱惑、此世王国的诱惑。它不是自由的上帝之子的宗教,它拒绝人的优先地位,它是必然性的奴隶的宗教、卑微之子的宗教。它说着大法官的话:"所有的人都将成为幸福的人,所有的千百万人!""是的,我们要强迫他们劳作,但是,我们要把他们劳作之余的闲暇生活安排得像孩子的游戏一样,有孩子般的歌声,有众人的合唱,有欢快的舞蹈。呵,我们还允许他们犯罪,因为他们是软弱无力的。""我们将给他们以软弱无力的生物的幸福,因为他们天生就是那样的生物。"它对基督的宗教说:"你以自己拣选的人为骄傲,但你那里只有被拣选的人,而我们安慰所有的人……我们这里,所有的人都将是幸福的……我们将使他们信服,只有那时,即他们拒绝自己的自由时,他们才是自由的。"它像大法官一样指责基督的宗教不够爱人,它以爱人、怜悯人的名义,以地上人的幸福和快乐的名义拒绝了有着上帝形象的人的自由的属性。天上面包的宗教——是贵族的宗教,是被拣选的人的宗教,是"几万伟大而有力的人"的宗教。"其余的千百万人,像大海里是沙子似的不计其数的、软弱的人"的宗教——是地上面包的宗教。这一宗教在自己的旗子上写道:"先给食物,再问他们道德。"陀思妥耶夫斯基天才地洞彻了社会的蚂蚁窝的精神基础。正是他感觉到,对于俄罗斯人来说,社会主义不是政治,不是社会改革和社会建设。大法官的辩证法被运用于社会主义,并且也被陀思妥耶夫斯基本人所运用,这一点,从许多革命者在那里重复着大法官的思想可以看出。彼·韦尔霍文斯基说着同样的话,希加廖夫主义也建立在这个基础上。这些思想也出现在《地下室手记》的主人公那里,当他谈论"那位一副挑衅的嘲笑的表情的绅士"时,这一位绅士是要打倒所有未来社会的幸福,踢翻未来完善的蚂蚁窝。《地下室手记》的主人公把这一社会主义的蚂蚁窝与人精神的自由对立起来。陀思妥耶夫斯基——是宗教谎言的揭露者。他是最先感觉到社会主义精神中的反基督性的人之一。他明白,在其中反基督精神以善和爱人的面貌诱惑着人。他也明白，由于本性中的启示录情绪，俄罗斯人比西方人更容易走向这一诱惑，更容易被反基督的两面性所迷惑。陀思妥耶夫斯基对"社会主义"的敌视完全不意味着，他是某种"资本主义"制度的赞成者和维护者。他甚至宣扬一种独特的东正教的社会主义。但是东正教的社会主义的精神与革命的社会主义的精神没有任何共同之处，它们在一切方面都是对立的。作为一位乡土派作家和独特的斯拉夫主义者，陀思妥耶夫斯基在俄罗斯人民中找到了解毒剂。他宣扬宗教民粹主义。我认为，所有这些宗教民粹主义的思想意识也好，斯拉夫－根基主义思想意识也好，都是陀思妥耶夫斯基的弱点所在，而不是他的力量所在；并且它们与他作为艺术家和形而上学者的天才的洞见处于矛盾之中。现在甚至可以坦率地说，陀思妥耶夫斯基错了，在俄罗斯人民中并没有抵制知识分子提出的宗教的反基督诱惑的解毒剂。俄罗斯革命彻底摧毁了一切宗教民粹主义以及各种民粹主义的幻想。不过，陀思妥耶夫斯基的幻想并没有妨碍他发现其精神本质，并预言它将带来的后果。在《卡拉马佐夫兄弟》中给出了内在的辩证法，俄罗斯革命的形而上学。在《群魔》中则给出了这一辩证法实现的方式。

陀思妥耶夫斯基揭示了俄罗斯革命者身上的着魔性和恶魔性。他告诫说,在革命的自发力量中活动的不是人本身,控制着人的不是人的精神。在革命实现的那些日子里,如果你重读一下《群魔》,你会毛骨悚然,一种可怕的感觉会笼罩你。简直不可思议,怎么会有如此准确的预见和预言。在一个小城,在一个看来很小的范围内,早已排演了俄罗斯革命,早已暴露了那些精神本原,早已给出了那些精神原型。涅恰耶夫事件构成了《群魔》的情节来源。我们的左翼圈子那时在《群魔》中看出了一幅讽刺画,认为它几乎是对革命运动和革命活动家的讽刺。于是,《群魔》被列入"进步"意识所批判的 index① 之中。只有在另一个意识层面即宗教意识层面才可以理解《群魔》的全部深刻性和真理性,这一深刻性和真理性摆脱了实证主义的意识。如果把这部小说看作现实主义的,那么其中有许多不真实的、不符合当时实际情况的东西。但是陀思妥耶夫斯基的全部小说都不是真实的事件,它们全部是描写那个在现实的表面根本看不到的深度,它们全部是预言。人们把预言当成了讽刺。现在,在经验了俄罗斯革命之后,甚至

① 法语:书目。

陀思妥耶夫斯基的敌人也应当承认,《群魔》是一部预言书。陀思妥耶夫斯基以其精神的洞察力预见到,俄罗斯革命只能是那个样子,而不可能是别的样子。他预见了革命中不可避免的恶魔性。在俄罗斯鞭身教的自发力量中起作用的俄罗斯虚无主义不可能不是疯狂地、旋风般打转的恶魔。在《群魔》中就描写了这股疯狂的旋风。小说中,这股旋风发生在一个小城里,而现在它发生在俄罗斯无边的大地上,同时,这股旋风的刮起源于同样的精神,源于同样的本原。现在俄罗斯革命的领导者向世界宣告了俄罗斯的革命弥赛亚主义,他们将带给处于"资产阶级"黑暗之中的西方各民族来自东方的光明。这个俄罗斯的革命弥赛亚主义是被陀思妥耶夫斯基发现的,并被理解为某种正片的底片、曲解了的《启示录》,俄罗斯正面的、不是革命的而是宗教的弥赛亚主义的反面。《群魔》的所有人物都以某种形式宣扬俄罗斯的革命弥赛亚主义,他们全被这一思想所控制。在摇摆不定和分裂的沙托夫那里,斯拉夫主义意识与革命意识混淆在一起。俄罗斯革命中到处都是那样的沙托夫。他们所有的人,包括陀思妥耶夫斯基的沙托夫,都准备疯狂地大声呼喊,俄罗斯革命的人民——是神意的载体。但是,上帝,他们是不信仰的。他们中的一些人也想信仰上帝——但是却办不到,大多数人安于信仰"神意的载体"革命人民。在典型的民粹主义者沙托夫身上混杂着革命的因素和反动的、"黑帮势力"的因素。这也是很典型的。沙托夫可以是极端的左派,也可以是极端的右派,但是无论在哪种情况下,他都是人民的热爱者,是首先信仰人民的民主主义者。这样的沙托夫,俄罗斯革命中到处都是;在他们所有人那里,你搞不清楚,他们极端左的东西和革命性在哪里结束,而他们极端右的东西和反动性又在哪里开始。他们永远是文化的敌人,真理的敌人,永远要消灭人的自由。这是因为他们确信,俄罗斯高于一切文化,没有任何律法是为俄罗斯而写的。[①] 但是,这些人却又情愿以俄罗斯弥赛亚主义的名义消灭俄罗斯。在陀思妥耶夫斯基那里有一种对沙托夫的偏爱,他在自己身上感觉到了某种沙托夫的诱惑。但是凭借自己艺术的洞察力,他把沙托夫塑造成为一个被丢弃了的否定的形象。

彼·韦尔霍文斯基的形象是恶魔的中心形象,是一个主要魔鬼。陀思妥耶夫斯基揭露了在现实中被掩盖的、看不见的恶魔的深层。彼·韦尔霍文斯基也可能有一个颇

---

① 意为:对于俄罗斯不存在任何律法。

为仪表堂堂的外貌,但是陀思妥耶夫斯基撕下了他的外衣,揭示了他的灵魂,于是恶魔的形象完全暴露了它的丑陋。他整个被魔鬼控制而处于震颤狂乱之中,同时他也把所有人都拖入疯狂的旋风中。他在所有地方都是中心,操心所有的事,操心所有的人。他——是一个潜入到所有人体内、控制所有人的鬼。但他本人也是被鬼附体的。彼·韦尔霍文斯基首先是一个精神完全空虚的人,在他身上没有任何内容。许多妖魔彻底控制了他,把他变成了顺从的工具。他不再是似神的形象,在他身上已经失去了人的面孔。由于虚假的思想的控制,彼·韦尔霍文斯基变成了一个道德上的白痴。他被世界革命、改造全世界的思想所控制,陷入谎言的诱惑中,妖魔主宰了他的灵魂,使他失去最基本的区分善恶的能力,失去精神中心。在彼·韦尔霍文斯基的形象中我们看到的是已经分裂的个性,在这个堕落的个性中已经触摸不到任何本体的东西。他整个人就是谎言和欺骗,他又把所有人都带入欺骗之中,陷入谎言的王国。恶是存在的谎言性,是伪存在,是不存在,是虚无。陀思妥耶夫斯基揭示了整个攫住了人、使人疯狂的虚假的思想怎样导致虚无,导致个性的分裂。当虚假的思想完全控制了人的时候会产生什么样的本体论后果——陀思妥耶夫斯基是考察这后果的大师。究竟是一个什么样的思想完全控制了彼·韦尔霍文斯基,从而使他个性分裂,使他成为一个撒谎者和一个到处散布谎言的人? 这就是那个俄罗斯虚无主义、俄罗斯最高纲领主义的基本思想,是那种渴望世界平等的地狱般的激情,是以全世界人类幸福的名义对上帝的反抗,是以反基督的王国代替基督的王国。其中有许多魔鬼似的韦尔霍文斯基。他们到处试图把人拖进魔鬼的旋风般的运动中,他们使整个俄罗斯民族充满谎言,并把它拖入虚无之中。但是,并不是总能辨认出这些韦尔霍文斯基,不是所有人都能透过外表洞察深处。革命的赫列斯塔科夫们比韦尔霍文斯基更容易被区分出来,但是,就是赫列斯塔科夫们也不是所有的人都能辨认出来,群众还会抬高他们,给他们戴上桂冠。

陀思妥耶夫斯基预见到,其中将不会有民族的复兴。他明白,苦役犯费季卡将在其中起不小的作用,取胜的将是希加廖夫主义。彼·韦尔霍文斯基早就发现苦役犯费季卡对于俄罗斯革命的价值。而且,完全取胜的俄罗斯革命的思想体系就是希加廖夫主义的思想体系。今天我们读到韦尔霍文斯基的这些话简直觉得太可怕了:"实质上我们的学说是否定荣誉。用'有权公开无耻'的说法就可以轻易地吸引俄罗斯人跟你走。"还有斯塔夫罗金的话："有权无耻——是的,这就足以让所有的人都朝我们跑来,那儿一个也不剩!"被陀思妥耶夫斯基所预见到的这些因素在革命中取得了胜利。彼·韦尔霍文斯基看到了"纯洁的骗子"在革命中将起什么作用。"不过,这些是好人,有时也很有用,但是,要在他们身上花费太多的时间,对他们需要不懈地监督。"彼·韦尔霍文斯基继续思考俄罗斯革命的要素,说道:"最主要的力量——是能把所有的人都粘在一起的胶泥,这个胶泥就是,人们羞于表达个人意见,这就是力量。这个人这样做,那个'讨人喜欢的人'也这样做,于是,没有一个人的脑袋里还会剩任何一丁-点儿个人的思想了。大家都尊敬这种害羞。"这是非常深刻的对革命的俄罗斯的洞察。在俄罗斯革命思想中永远是"羞于表达个人意见",这个羞怯在我们这儿被认为是集体主义意识,一种比个人意识更高尚的意识。其中所有个人的思维能力都彻底消失了,思维完全成为一种无个性的、大众化的东西。去读一读革命的报纸,听一听革命的演讲,你就可以证实彼·韦尔霍文斯基的话。有人正辛苦地工作,为的是让"没有一个人的脑袋里还会剩任何一丁-点儿个人的思想"。俄罗斯革命的弥赛亚把自己的思想和主张提供给资产阶级的西方。在俄罗斯，一切都应该是集体的、大众的、无个性的。俄罗斯革命的弥赛亚是希加廖夫主义。希加廖夫主义推动并控制着俄罗斯革命。

"希加廖夫这样期待着，仿佛等待着世界的毁灭，不是等待如预言所说的世界的毁灭，因为预言也许不会成真；而是完全确定一定会是这样，就像是在后天早上，十一点二十五分整。"所有俄罗斯最高纲领主义的革命者都像希加廖夫一样这样期待着，所有人都等待着旧世界在后天早上灭亡。而那个将在旧世界的废墟上出现的新世界就是希加廖夫主义的世界。希加廖夫说："我的发点是无限自由，结论是无限专制。但我还要补充一点，除了我这个解决社会问题的公式之外，别无他法。"所有革命的希加廖夫是这样说的，也是这样做的。彼·韦尔霍文斯基这样向斯塔夫罗金总结希加廖夫主义的实质："把山铲平———一个不错的思想，没有什么可笑的。不需要教育；科学也够了！即使没有科学，光物质也够用一千年的，但要有顺从……教育的渴望已经是贵族的渴望。哪怕一点点的家庭或爱情什么的，就已经是占有欲之类的愿望了。我们要消灭、整死愿望；我们允许纵酒，允许诽谤，允许告密；我们允许闻所未闻的道德败坏；我们把所有的天才扼杀在摇篮之中。所有的人都是一个分母，完全平等……只有必然的才是必需的——这，就是这里、地球上今后的格言。不过，骚乱一下也是需要的，这个，我们，统治者也要考虑。对于奴隶来说统治者是必需的。完全的顺从，完全的无个性，不过，希加廖夫让人们三十年一次骚乱一下，所有的人马上就开始互相撕咬起来，疯狂到了极点，不过，这仅仅是为了不让人们感到寂寞。寂寞是贵族的感觉。"在这些通过彼·韦尔霍文斯基之口说出的具有惊人预见力的话语里，陀思妥耶夫斯基使一切都与大法官的思想接通了。陀思妥耶夫斯基揭露了革命中的民主的一切虚幻性。任何民主也不存在，掌权的是专横的少数。但是世界历史上闻所未闻的这一专制将建立在普遍平等的基础上。希加廖夫主义就是对平等——彻底的平等，极端的平等，无个性的平等——疯狂的渴望。极度的社会幻想会导致取消现实及其所有的丰富性，它在幻想家那里转化为恶。社会幻想并非完全是无害的。陀思妥耶夫斯基持这样的观点。俄罗斯革命社会主义的幻想就是希加廖夫主义。这一幻想以平等的名义要消灭上帝和上帝创造的世界。俄罗斯革命的"发展和深化"就是以这样一种专制和绝对平等而告终，而俄罗斯知识分子金色的梦想和夙愿也在这样一种专制和绝对平等中得到实现。这是希加廖夫主义王国的梦想与夙愿。许多人想象得要比它在现实中的这个样子美妙得多。胜利的欢呼让许多天真无邪、心地纯厚，向往社会主义革命的俄罗斯社会主义者发窘："每一个人属于大家，而大家属于每一个人。所有的人都是奴隶，在奴役中人人平等……首要的事情是降低教育、科学和才智的水平。高水平的科学和才智只有高天赋才能达到，不需要高天赋!"陀思妥耶夫斯基比公认的俄罗斯知识分子的导师要敏锐得多，他知道，俄罗斯的革命精神，俄罗斯的社会主义必将在自己胜利的时刻高呼着希加廖夫的这些口号而告终。

陀思妥耶夫斯基不仅预见了希加廖夫主义的胜利，还预见了斯麦尔佳科夫主义的胜利。他知道，在俄罗斯将会出现奴才，并且在我们的祖国生死攸关的时刻，他会说："我恨整个俄罗斯"，"我不仅不想成为军队的骠骑兵，相反我想消灭所有的士兵"。而对"当敌人来了，谁来保卫我们?"这一问题，造反的奴才回答说："在 12 年①的时候，法兰西第一帝国的皇帝拿破仑对俄罗斯进行了伟大的侵略，

---

① 指 1812 年。

假使那时候这些法国人把我们征服了才好呢：一个聪明的民族本该征服十分愚蠢的人，归并他们。如果那样，将完全是另一种局面。"战争时期的失败主义就是那样一种斯麦尔佳科夫主义。正是斯麦尔佳科夫主义导致现在"聪明的德国民族"要征服"愚蠢的"俄罗斯民族。奴才斯麦尔佳科夫是我们这里第一批国际主义者，而我们整个的国际主义者都具有斯麦尔佳科夫的习性。斯麦尔佳科夫提出了有权无耻，于是有许多人就跟着他跑了。斯麦尔佳科夫是伊万·卡拉马佐夫的另一半，是他的反面——陀思妥耶夫斯基在这一点上是多么深刻。伊万·卡拉马佐夫和斯麦尔佳科夫——是俄罗斯虚无主义的两种现象，是同一本质的两个方面。伊万·卡拉马佐夫——虚无主义高级的哲学上的现象；斯麦尔佳科夫——虚无主义低级的奴才的现象。在高级的智力生活中的伊万·卡拉马佐夫产生了低级生活中的斯麦尔佳科夫。斯麦尔佳科夫将伊万·卡拉马佐夫的无神论的辩证法付诸实现。斯麦尔佳科夫是伊万内在的惩罚。在所有人群中，在人民群众中，斯麦尔佳科夫比伊万多；在作为群众运动的人数众多的革命中，斯麦尔佳科夫比伊万多。在革命中取胜的是伊万·卡拉马佐夫的无神论的辩证法，但实现它的是斯麦尔佳科夫，是他把"一切都是允许的"这一思想付诸实践。伊万在精神中、在思想中完成了犯罪；斯麦尔佳科夫在实践中完成了犯罪，具体体现了伊万的思想。伊万在思想中实施了弑父，斯麦尔佳科夫在肉体上、在事实上实施了弑父。无神论的革命不可避免地实施弑父，它常常是否定父亲，割断儿子与父亲的联系；并且以父亲是恶人、罪人的理由为这一罪行辩护。儿子对父亲的这种极端的态度就是斯麦尔佳科夫主义。斯麦尔佳科夫主义是下流行为的最高表现。斯麦尔佳科夫在现实中实施了伊万在思想中完成的事情之后，他问伊万："你当时不是亲口说，一切都是允许的么，而现－在为什么你自－己这样一个劲儿使劲儿哆嗦?"斯麦尔佳科夫向伊万提的这个问题在俄罗斯革命中也重复着。革命的斯麦尔佳科夫们，在实践中实现了伊万"一切都是允许的"思想之后，有理由问革命的伊万们："现－在为什么你们自－己这样一个劲儿使劲儿哆嗦?"陀思妥耶夫斯基预见到，斯麦尔佳科夫将会痛恨教给他无神论和虚无主义的伊万。当今时代这一仇恨在"人民"与"知识分子"之间愈演愈烈。斯麦尔佳科夫与伊万之间的整个悲剧是俄罗斯革命的激烈悲剧的独特象征。为了人类的最高幸福，是否一切都是允许的——这一问题已经摆在了拉斯柯尔尼科夫面前。佐西马长老说:"实在地,他们比我们有更多的幻想。他们希望建立公正,但在否定了基督之后,这一幻想必将以世上鲜血横流而告终。因为必然是以血还血,以牙还牙。如果不是基督的诺言,那么,甚至地球上只剩下两个人,也必定是相互残杀。"这些话——是预言!

"人们结合,为的是获取所有生命能给予的东西,但一定是仅仅为了此世的幸福和快乐。人具有神的精神,撒旦的骄傲,是人神……每一个人都会知道,他必定一死,整个地死去,没有复活,于是他就自豪地、平静地接受死亡,像上帝那样。他出于骄傲而知道,'生命只是倏忽一现的',他对此没有什么好抱怨的,于是已经是不要任何回报地爱起自己的兄弟。爱只是使生命的一个瞬间得到满足,但是,生命是倏忽一现的——单单这一意识就足以使生命之火猛烈起来,先前由于期待着死后的永恒的爱而生命已经消散,这时比那时却更猛烈。"这是鬼对伊万说的。这些话显示了一个折磨着陀思妥耶夫斯基的思想:对人的爱可以是"没有上帝"的爱和反基督的爱。这种爱是革命的社会主义的基础。这一"没有上帝"、建立在反基督的爱基础上的爱的形象,由韦尔西洛夫呈现出来:"我觉得,斗争平息了。咒骂、劣迹、喧嚣之后,一切都平静了。像人们希望的那样,人类只剩下了人类自己了:他们放弃了以前伟大的思想,这滋养温暖他们的伟大力量的源泉正远离他们,但这仿佛已经是人类的末日。人们突然明白了,他们真的只剩下他们自己了,因此,一下子感到了一种巨大的孤独……孤寂的人们马上就会更加紧密、更加相亲相爱地互相依偎;在明白了现在只有他们彼此构成一切之后,他们会相互携起手来! 如果不死的伟大思想消失了,会有东西替代它的……在他们逐渐意识到自己的短暂和有限时,他们会不可抑制地热爱起土地,热爱起生命,这已经是一种特别的爱,不是从前的那种了。他们早晨醒来,会马上相互亲吻,相互关爱,因为意识到,白天是短暂的;意识到,这就是他们现在拥有的一切。他们会为彼此操劳、工作,每一个人都会为所有的人贡献出自己的所有并仅以此为幸福。"在这一幻想中揭示的是没有上帝的社会主义的形而上学和心理学。陀思妥耶夫斯基生动地描绘了反基督之爱的现象。没有人像他这样懂得,社会主义的精神基础是否定永生,社会主义的激情是希望在地上建立一个上帝缺席的上帝之国,实现没有基督——爱的源泉——的人与人的爱。就这样,他揭露了人道主义的宗教谎言的最高表现。人道主义的社会主义导致取消作为上帝形象的人,反对人的精神自由，不能容忍自由的体验。陀思妥耶夫斯基以前所未有的尖锐提出了关于人的宗教问题，并把这一问题与社会主义问题，与人在地上的联合与安排问题加以比较。这样，他揭示了在俄罗斯人、俄罗斯民族的灵魂中基督与反基督的相遇和混淆。俄罗斯民族的启示录情绪使得这一相遇和混淆变得尤其尖锐和具有悲剧性。陀思妥耶夫斯基预感到，如果俄罗斯发生革命，那么这将是反基督的辩证法的实现。俄罗斯的社会主义将是与基督教对立的启示录学说。陀思妥耶夫斯基比所有人看得更深远。但他本人也没有摆脱俄罗斯民粹主义的幻想。他的俄罗斯基督教在许多方面给了康·列昂季耶夫称他的基督教为玫瑰色的①基督教以口实。这一玫瑰色的基督教和玫瑰色的民粹主义更多地在不能认为是完全成功的佐西马和阿廖沙的形象中表现出来。陀思妥耶夫斯基伟大的正面发现是通过否定的方式、否定的艺术辩证法实现的。他关于俄罗斯所讲的真理，不是甜得腻人的、玫瑰色的爱人民、景仰人民的真理，而是悲剧性的真理，是关于反基督对精

---

① "玫瑰色的"（розовый）在这里意为"社会主义的"（социалистический）。

神实质上是启示录民族的诱惑的真理。陀思妥耶夫斯基本人也被教会的民族主义所诱惑,这一民族主义妨碍俄罗斯人民走向辽阔的宇宙。陀思妥耶夫斯基的民粹主义在俄罗斯革命中遭到了破产。他正面的预言并没有实现,但他关于俄罗斯的诱惑的预言实现了。

三　俄罗斯革命中的托尔斯泰

在托尔斯泰身上没有任何先知的东西,他什么也没有预感到,什么也没有预见到。作为艺术家,他是面向静止的过去的。在他身上缺乏对人性中的骚动的敏锐感觉,而在陀思妥耶夫斯基那里这一点却异常强烈。但是,在俄罗斯的革命中取胜的不是托尔斯泰的艺术洞见,而是他的道德判断。托尔斯泰作为生活真理的探索者,作为道德家和宗教上的导师,对于俄罗斯和俄罗斯人是十分典型的。狭义上的、赞同托尔斯泰学说的托尔斯泰主义者很少,他们是一个微不足道的现象。但广义上的、不是学说意义上的托尔斯泰主义对于俄罗斯人是非常典型的,它决定了俄罗斯的道德评价。托尔斯泰不是俄罗斯左派知识分子直接的导师,他们于托尔斯泰的宗教学说是格格不入的。但是,托尔斯泰捕捉到并表达了大部分俄罗斯知识分子,也许甚至是一般的俄罗斯人的道德性格的独特性。俄罗斯革命就是独特的托尔斯泰主义的胜利。在革命中深深地打上了俄罗斯的托尔斯泰道德主义和俄罗斯的非道德性的烙印。在俄罗斯的道德主义和俄罗斯的非道德性之间有着紧密联系,是同一道德意识的疾病的两面。在否定个人的道德责任和个人的道德自律中,在责任感和荣誉感不健全的发展中,在选择个人品质时道德价值意识的缺乏中,我首先看到了俄罗斯道德意识的疾病。俄罗斯人相当程度上感觉不到自己在道德上应该是有责任能力的,他们也很少尊重个性品质。这与个性本身浸没在集体之中,与个性还没有被意识到并得到充分的发展有关。道德意识的这种状态产生了一系列不满:对命运、对历史、对政权、对文化遗产的不满,对于该个性来说,这些都是理解不了的,不能接受的。俄罗斯人的道德倾向的特点不是健康的责任能力,而是病态的不满。俄罗斯人感觉不到权利与责任之间不可割裂的联系,在他们那里权利意识与责任意识都是混沌一片,俄罗斯人淹没在无责任的集体主义中和对所有人的不满中。俄罗斯人最难感觉到自己就是自己命运的主宰者。他们不喜欢那些使个性生活得以提高的品质,不喜欢力量。任何使生活得以提高的力量对于俄罗斯人来说都是道德上比善更值得怀疑的恶。还有,俄罗斯人从道德上怀疑文化的价值,也与这种独特的道德意识相联系。面对所有的高级文化,他们都提出一系列的道德要求,而感觉不到创造文化的责任。俄罗斯道德意识的所有这些特点与疾病是产生托尔斯泰学说的良好土壤。

托尔斯泰是个人主义者,而且是极端的个人主义者。他完全是反社会的,对于他来说不存在社会性问题。托尔斯泰的道德也具有个人主义性质。但由此便得出结论,认为托尔斯泰的道德建立在明确坚实的个性意识的基础之上,是错误的。托尔斯泰的个人主义是坚决与个性为敌的,这就像个人主义常有的情形一样。托尔斯泰看不到人的面孔,也辨认不出人的面孔。他整个浸没在自然的集体主义中,对于他来说,那是一种神性的生活。个性生活对于他来说不是真正的神性生活,而是虚假的此世生活,真正的神性生活是没有个性的共同的生活,其中一切质的差别,一切级差都消失了。托尔斯泰的道德意识,要求不再有作为存在本身、质的存在的人,而只有共同的、没有质的区别的神性生活,只有在没有个性的神性生活中一切人一切事物的平等。托尔斯泰认为,只有将所有的个性和各种存在的质消灭在没有个性与质的共同性中,才是实现了生活的主宰者之准则。个性、质性已经是罪与恶。因此托尔斯泰想彻底消灭与个性、与质性有关的一切。这是他身上与西方的基督教相对立的东方的、佛教的情结。结果,托尔斯泰成为充满道德激情的虚无主义者。他的道德主义是真正的恶魔,消灭了存在的一切丰富性。托尔斯泰的财产平均主义的、虚无主义的激情把他引向取消一切精神现实、一切真实的本体。托尔斯泰过分的道德要求,使一切都变得模糊不清,以致它怀疑与贬低历史现实、教会现实、国家现实、民族性现实、个性现实和一切超个性价值的现实、一切精神生活的现实。对于托尔斯泰来说,一切都成为道德上应当受谴责的和不能接受的,一切都是以牺牲和痛苦为基础的,他对于这些牺牲与痛苦怀有一种纯粹动物性的恐惧。在整个世界历史上我还不知道有哪位天才与整个精神生活如此格格不入。他整个被浸没在肉体-灵魂的生活中,动物性的生活中。整个托尔斯泰的宗教是要求一种共同的温和的动物性,摆脱了一切苦难,具有满足感的宗教。在基督教世界我不知道还有谁像托尔斯泰一样,与赎罪思想本身如此格格不入和对立,如此不理解各各他的秘密。为了所有人的动物般的幸福生活,他否弃了个性,否弃了整个超个性的价值。事实上,个性与超个性价值是相互联系的。个性之所以存在,是因为在它身上有超个性的、珍贵的内涵,因为它属于有级差的世界,在这个世界中存在着质的区分与差别。个性之天性不能忍受混合与无质的差别的平均。在基督对人的爱中最少这种混合与无质的差别的平均,却有无限深刻的对在上帝之中的所有人的面孔的肯定。托尔斯泰不知道这一点,所以他的道德是低级的、不能与人分享的虚无主义者的道德。尼采的道德远远高于托尔斯泰的道德,比托尔斯泰的道德更具精神性。托尔斯泰道德的高度是伟大的欺骗,这应当被揭露。托尔斯泰妨碍道德上负有责任的个性在俄罗斯的产生和发展,妨碍个人品质的选择,因此他是俄罗斯的恶之天才,是俄罗斯的诱惑者。在他身上实现了俄罗斯的道德主义和俄罗斯的虚无主义的相逢,实现了为诱惑了许多人的俄罗斯虚无主义的宗教道德的辩护。在他身上,对于俄罗斯的命运是如此致命的俄罗斯民粹主义也获得了宗教表达和道德辩护。几乎整个俄罗斯知识分子都承认托尔斯泰的道德判断是最高尚的道德判断,人也只能达到这样一个高度了。人们甚至认为这些道德判断太高尚了,因此认为自己不配它们,也无力达到它们的高度。很少有人怀疑托尔斯泰道德意识的高度。同时,对托尔斯泰这一道德意识的接受,带来的是掠夺与消灭最伟大的历史遗产与价值,最伟大的精神现实;带来的是个性的死亡和上帝的死亡,陷入没有个性的中性的神性。我们还没有足够严肃地、深刻地对待具有诱惑性的托尔斯泰的道德谎言。陀思妥耶夫斯基预言般的洞见应当是对抗这一谎言的解毒剂。托尔斯泰道德在俄罗斯革命中占了上风,但不是以托尔斯泰本人所想的那样闲情逸致的、充满爱意的方式。也许,托尔斯泰本人也会对自己道德判断的这一化身感到惊惧。但是,他曾经想的,要比现在正在发生的多得多。是他激发了那些控制了革命的精神,而他本人也被这些精神所控制。

托尔斯泰是个极端主义者。他拒绝一切历史继承性。他不想接受任何历史发展的阶梯。在俄罗斯革命中实现了托尔斯泰的这一极端性。革命以极端主义的消灭道德的方式向前推进着,它充满了对所有历史事物的仇恨。在托尔斯泰极端主义精神中,俄罗斯革命想要把每一个人从他们有机所属的世界与历史的整体中抛出去,把他们变为原子,以便使他们在无个性的集体中不停地旋转。托尔斯泰否定历史和历史使命,他割裂了与伟大历史过去的联系,也不要伟大的历史未来。在这一点上俄罗斯革命忠实于他。革命切断了与过去的历史遗训和未来的历史使命的联系。革命不期望俄罗斯民族依靠历史生活过活。像托尔斯泰一样，在俄罗斯革命中，这一极端主义的对世界历史的否定诞生于欣喜若狂的均产主义的激情。应当是绝对的平均，尽管是无个性的平均！历史上的世界——是有级差的，它整个由不同的台阶构成，复杂而多样，其中有分别和距离，有质的不同与分化。所有这一切都是俄罗斯革命所憎恨的，也是托尔斯泰所憎恨的。它想把历史上的世界变为单调的、平均的、简化的，失去一切质和色彩。而托尔斯泰把这作为最高的真理来教导人们。历史世界分解为原子，原子被迫联结在无个性的集体中。

"不割地不赔款"，这也是抽象地否定一切正面的历史任务。因为事实上所有历史任务都要求"割地与赔款"，要求为具体的历史个性而斗争，要求合并与分解历史整体性，要求历史躯体的繁荣与衰落。

托尔斯泰使俄罗斯知识分子习惯于憎恨一切历史个性和历史级差。他是俄罗斯天性的那一面——对历史力量与历史光荣怀有一种厌恶——的表达者。他使人们习惯于肤浅而简单地对历史进行道德评判，并把个性生活的道德范畴变为历史生活。这样一来，他从道德上动摇了俄罗斯民族生活在历史生活中的可能性,完成自己的历史命运和历史弥赛亚的可能性。他从道德上为俄罗斯民族准备好了历史自杀。他折断了俄罗斯民族作为历史的民族的翅膀,从道德上毒害了一切历史创造热情的源泉。俄罗斯输掉了世界大战,因为在战争中托尔斯泰的战争道德评判占了上风。托尔斯泰的道德评判在暴风雨般的世界斗争中,除了变节行为和动物的自私自利没有被削弱外,它削弱了整个俄罗斯民族。托尔斯泰道德缴了俄罗斯的械,把它送到了敌人手上。托尔斯泰的勿以暴力抗恶、他的消极被动曾使那些为通过革命而完成的俄罗斯民族的历史自杀唱颂歌的人如此痴迷与激动不已。托尔斯泰是俄罗斯民族性格中勿以暴力抗恶和消极被动一面的表达者。托尔斯泰的道德使俄罗斯民族变得虚弱,使它在严酷的历史斗争中失去了勇气,却留下了人不可克服的动物本性和人最基本的本能。这一道德扼杀了俄罗斯民族的力量和荣誉本能,却留下了自私自利、嫉妒和仇恨的本能。这一道德无力改变人性,却可以削弱人性,使它变得黯淡无光,损害了人的创造本性。

从道德唯心主义原理来看,托尔斯泰是极端的无政府主义,一切国家组织的敌人。他拒绝国家,认为它建立在牺牲和痛苦基础之上,并在其中看到了恶的源头,对于他来说,恶通向暴力。托尔斯泰的无政府主义,托尔斯泰对国家的仇视同样在俄罗斯民族中取得了胜利。托尔斯泰实际上是俄罗斯民族反国家的、无政府主义的本能的表达者。他给予这一本能以宗教道德的赞许。他是俄罗斯国家崩溃的肇事者之一。托尔斯泰还是一切文化的敌人。文化对于他来说,是建立在不公平与暴力的基础之上,其中有我们生活的一切恶的源头;本来,人按自然本性来说是善的,并按照生活的主宰者的规律愉快而顺从地生活。文化的产生,国家的产生,是堕落,是从自然的上帝的秩序中的坠落,是恶的开端,是暴力。托尔斯泰与原罪感、与人性本恶完全格格不入。因此,他不需要在宗教中赎罪,也不懂得它。他感觉不到人性中的恶,因为他感觉不到人性的自由和人性的独特,感觉不到个性。他陷入无个性的、非人的本性之中,并在其中寻找上帝的公平的源头。在这一点上,他实际上成了俄罗斯革命哲学的源头。俄罗斯革命想使人民的生活回到原始状态,在这一状态中可以看到天真的公道和快乐。俄罗斯革命想要消灭我们的整个文化阶层,把它淹没在原始的人民的黑暗之中。因此托尔斯泰是俄罗斯文化毁灭的肇事者之一。他从道德上动摇了文化创造的可能性，毒害了创造的源头。他用道德上的犹豫毒害了俄罗斯人，使他们在历史和文化活动中软弱无力，失去能力。托尔斯泰是生活之井真正的投毒者。托尔斯泰的道德犹疑是真正的毒药、毒品，毒害着一切创造的动力，挖着生活的墙角。这一道德犹疑与基督教的原罪感和基督教的忏悔需求没有任何共同之处。对于托尔斯泰来说，不存在什么罪，也不存在什么使人性获得新生的忏悔。对于他来说只存在软弱无力的、令人不快的犹疑，但是，犹疑是反对上帝创造的世界的造反的反面。托尔斯泰把普通民众理想化了，在他们身上看到了正义的源泉，把体力劳动偶像化，在其中寻找对无意义生活的拯救。但他却鄙视一切精神劳动和创造。托尔斯泰批评的所有锋芒都是针对文化建设。托尔斯泰的这些道德评判同样在俄罗斯革命中取胜，革命抬高体力劳动的代表，贬低精神劳动的代表。托尔斯泰的民粹主义，托尔斯泰的否定劳动分工，奠定了革命的道德判断的基础，如果仅就革命的道德判断来讲的话。事实上，托尔斯泰对于俄罗斯革命具有的意义，不比卢梭对于法国革命具有的意义小。公正、暴力、流血吓坏了托尔斯泰，他想象的是以另外一种方式实现自己的思想。但要知道就是卢梭也被罗伯斯庇尔的所作所为和革命的恐怖手段吓坏了。但卢梭同样要为法国革命负责，就像托尔斯泰要为俄罗斯革命负责一样。我甚至认为，托尔斯泰的学说比卢梭的学说更具毁灭性。因为托尔斯泰从道德上使得实现强大的俄罗斯成为不可能。他为摧毁俄罗斯做了太多事情。但在这一自杀的事业中，他是一个俄罗斯人，在他身上显示着可怕的不幸的俄罗斯特征。托尔斯泰是俄罗斯的诱惑之一。

广义上的托尔斯泰主义是俄罗斯内部的危险，它具有高尚的善的面孔。这一诱惑人的虚假的善、伪善，这一令人不快的神圣、伪神圣，只能是从内部瓦解了俄罗斯的力量。托尔斯泰的学说诱惑并号召人们走向极端的完善，走向彻底实施善的法则。但托尔斯泰的这一完善，因为是如此地具有毁灭性，如此地虚无主义，如此地敌视所有的价值，如此地与任何一种创造不相容，因此这一完善是没有神恩的完善。托尔斯泰所向往的神圣，是一种可怕的没有神恩的、离弃上帝的，因而是虚假的、恶的神圣。神赐的神圣不可能实施这样的毁灭，不可能是虚无主义的。在真正的圣徒那里是生命的祝福，是仁慈。这祝福、这仁慈，首先在基督那里。在托尔斯泰的精神中没有任何来自基督精神的东西。托尔斯泰要求刻不容缓地、完全地，在受不良的自然属性的规律支配的地上生活中实现绝对的东西、绝对的善,而不能容忍相对的东西,消灭一切相对的东西。他是如此想把整个人类存在从世界整体中抛出去,使其陷入虚无,陷入消极的绝对的无中。而那个绝对的生活却只是低级的动物的生活,是在体力劳动和最简单的需要的满足中度过的生活。俄罗斯革命想要使整个俄罗斯和所有的俄罗斯人都陷入这样一种消极的绝对、无意义和虚无主义中。向往没有神恩的完善,将导致虚无主义。取消相对的权利,即整个生活的多样性、历史所有的阶梯,最终是使绝对生活失去源泉,失去绝对精神。宗教天才使徒保罗早前就明白把基督教变为犹太人的启示录宗教的危险性,承认并把相对的等级权利神圣化,把基督教引入世界历史的潮流。托尔斯泰首先是反对圣徒保罗的事业。托尔斯泰主义的谎言与虚构性连同其不可分割的辩证法在俄罗斯革命中得到发展。在革命中人民因自己的诱惑、自己的错误、自己虚假的评判而吃尽苦头。这给出了许多教训,但为这教训付出了太昂贵的代价。必须摆脱作为道德导师的托尔斯泰。克服托尔斯泰主义就是俄罗斯精神上的康复,是俄罗斯从死走向生、走向创造的可能性,在世界上实现弥赛亚的可能性。

四 结 论

　　俄罗斯人倾向于外在地,而不是内在地感受一切。这很容易成为精神上的奴隶状态。在所有情况下,这都是精神发育不充分的标志。数量众多的俄罗斯知识分子从来没有内在地理解国家、教会、祖国、高级精神生活。所有这些价值对于他们来说是外在遥远的,在他们身上引起的敌对的感情,是某种异己的和强制的东西。俄罗斯知识分子从来不把历史和历史命运作为内在于自己的东西来体验,作为自己特殊的事件来体验,这就导致把历史作为对自己施暴的东西加以反对。在广大人民群众中,外在的体验还伴随着宗教崇拜和宗教顺从感。这样,一个外在的巨大的俄罗斯的存在就成为可能。但是这个外在的体验没有转变成对珍贵的、有价值的东西的内在体验。结果,一切都成了外在的,不过这时在自己身上引起的已经不是虔敬的顺从的态度,而是虚无主义的反抗的态度。革命是从虔敬的外在的景仰到针对外在的东西的虚无主义的造反的、病态的、灾难性的过渡。在革命中没有达到内在的精神的成熟和解放。许多人在列·托尔斯泰的内在道德和内在宗教中看到了精神的成熟。但这是可怕的谬见。事实上托尔斯泰的内在意识虚无主义地否定一切先前被人们作为外在的东西景仰的历史遗产和价值。但这只是回到了原初的奴隶状态。这种造反是奴隶的造反,在他身上没有自由和上帝之子的精神。俄罗斯的虚无主义也是没有能力内在地、自由地体验上帝创造的世界的一切财富和价值,无力感觉到自己是上帝的儿子和世界历史、祖国历史的全部遗产的拥有者。俄罗斯的启示录情绪常常对奇迹过分热烈地渴望,渴望这个奇迹应当终止这个异化的生活与一切财富的联系,战胜病态的外在的断裂。正因为如此,对于俄罗斯人来说内在的创造性的发展是如此困难,在他们那里历史继承感是如此之弱。俄罗斯精神具有某种内在的疾病。这一疾病具有严重的负面的后果,但其中也显露了某种正面的、性情更为内在的西方人达不到的东西。伟大的俄罗斯作家发现了那些深渊和极限,它们对于在内在精神原则上更为节制的、循规蹈矩的西方人是遮蔽的。俄罗斯人的心灵对神秘主义思潮更为敏感,这样,他们与那些精神相遇了,那些对于戴着枷锁的西方人的心灵来说是遮蔽的精神。俄罗斯心灵很容易陷入诱惑之中,容易陷入混淆和偷换之中。对反基督的预感主要是俄罗斯人预感到的——这不是偶然的。对反基督和反基督的可怕性的敏感存在于俄罗斯人民中、下层中,也存在于俄罗斯作家中、精神生活的最上层。反基督精神从来没有像不诱惑西方人那样不诱惑俄罗斯人。在天主教中总是有强烈的对恶、魔鬼的敏感,但几乎没有对反基督的敏感。天主教的心灵是一个抵御反基督思想和诱惑的要塞。东正教没有把心灵变成那种要塞,它让心灵处于更为开放的状态。但是俄罗斯心灵不是积极地,而是消极地感受着启示。没有与反基督精神斗争的积极的武器,这些武器还没有准备好。俄罗斯与反基督的斗争总是选择离开它的方式,是忍受恐惧。相当多的没有离开诱惑的人却陷入这种诱惑之中,陷入混淆与偷换之中。俄罗斯人处于虚假的道德和虚假的公正、完善、神圣的生活之理想的控制之下,在与诱惑的斗争中,这些道德和理想削弱了俄罗斯人。陀思妥耶夫斯基揭露了这一虚假的道德和虚假的神圣,并预言了它们的后果,而托尔斯泰却宣扬它们。

俄罗斯革命的道德是一种完全独特的现象。它是在俄罗斯左派知识分子几十年的历史中形成的,并在广泛的俄罗斯社会阶层中具有威望和吸引力。中间层的俄罗斯知识人习惯于把革命者作为道德偶像来崇拜,崇拜他们的革命道德,而且他们随时准备承认自己不配这一革命的道德高度。在俄罗斯形成了一种特殊的对革命的神圣性的崇拜。这一崇拜有自己的圣人,自己的神圣传说,自己的教条。长期以来,对神圣传说的各种怀疑,对那些教条的各种批评,对那些圣人的不敬态度,不仅被从革命阶层的意见中逐出,也被从激进的和自由阶层的意见中清除。陀思妥耶夫斯基就成了这种驱逐的牺牲品,因为他第一个揭露了革命神圣性中的谎言和偷换。他明白,革命的道德具有自己的反面——革命的不道德;革命的神圣性与基督教的神圣性的相似性,就像反基督与基督的相似一样,是具有欺骗性的相似。1905 年的革命以其道德的蜕化而告终,这给革命道德的威望带来了某种打击,革命的神圣性的光环黯淡了。但是一些人所期望的对它的有效补救并没有发生。俄罗斯道德意识的疾病是一种长期的、严重的疾病。只有在俄罗斯民族的整个机体濒临死亡的可怕危机之后,才有可能治愈。我们就生活在这一几乎死亡的危机的时代。现在甚至对于那些看不清事物的人来说,许多事情也比 1905 年以后清楚得多了。现在"路标"派①在俄罗斯知识分子圈子里不会再像当时他们出现时那样被如此敌视地对待了。现在,甚至那些咒骂他们的人也开

---

① 1909 年《路标》文集出版,收录别尔嘉耶夫等人的七篇文章。该文集被认为是二十世纪初俄国自由知识分子思想的集中体现。文集的出版引起俄国各界的激烈反应。文集的作者被称为"路标"派。

始承认《路标》的真理了。革命的疯狂之后，俄罗斯革命知识分子的神圣性也已经不再是那样绝对地无可争议了。应当在揭露这一内在的伪神圣性中，在摆脱他的诱惑中寻求俄罗斯精神的康复。革命的神圣性不是真正的神圣性，这是虚假的神圣性，是具有欺骗性的神圣性的外衣，是偷换。旧政权对革命者施加的外在迫害，他们不得不忍受的外在苦难，都非常有助于形成具有欺骗性的神圣的外衣。但是，在革命的神圣性中从来没有发生人性真正的改变、精神的再生和对内在的恶与罪的战胜，其中也从来没有提出过改变人性的任务。人性依然是衰落的，依然处于奴役、罪孽和愚蠢的激情之中，并且想纯粹用外在的物质手段达到新的、更高的生活。但是虚假思想的狂热者之所以能忍受外在贫苦、饥饿和苦难，能成为苦行者，不是因为他自己的精神力量战胜了自己罪孽的、奴隶的本性，而是因为他被一种思想、一个目的所控制，从而驱赶走了他整个丰富多样的存在，使他成为真正的赤贫。这是丑陋的苦行主义和丑陋的赤贫，是虚无主义的苦行主义和虚无主义的赤贫。传统的革命的神圣性——是上帝缺失的神圣性。这是奢望达到上帝缺失的人的神圣，只以人的名义的神圣。在这条道路上人的形象被摧毁了，人的形象坠落了，因为人的形象——是按上帝的样子造的。革命的道德,革命的神圣性——是与基督教深刻对立的。这一道德和神圣性企图偷换和取代基督教,取代对人是上帝之子的信仰,取代对人通过基督-耶稣而获得神性的信仰。革命的道德与基督教是敌对的,托尔斯泰的道德同样是与基督教敌对的,——同样的谎言和偷换毒害、削弱了它们。革命的神圣性的虚假的外表对于俄罗斯人民来说是一种诱惑和对精神力量的考验,俄罗斯人民没有经受住这一考验,真诚地相信革命精神的人没有看清客观现实,没有辨别出这些精神。虚假的、谎言的、两面性的形象迷惑、诱惑了他们。反基督的诱惑、反基督的道德、反基督的神圣迷惑并诱导了俄罗斯人。对于精神上被革命的最高纲领主义所迷惑的俄罗斯人来说,那种体验是独有的,它与犹太人对启示录学说——被使徒保罗和基督教会所克服和战胜的启示录学说的体验是同类的。对犹太人的启示录学说的战胜使得基督教成为世界历史的力量。俄罗斯的启示录学说自身隐含了巨大的危险性和诱惑,它会把俄罗斯民族的全部力量引向一条虚假的道路,它会妨碍俄罗斯民族完成其在世界历史中的使命,它会把俄罗斯民族变成非历史的民族。革命的启示录主义使俄罗斯人脱离了现实,陷入幽灵的王国。摆脱虚假的、病态的启示录主义并不意味着消灭一切启示录的意识。在俄罗斯的启示录情绪中也隐含着正面的可能性。在俄罗斯革命中,伟大的俄罗斯作家所揭示的俄罗斯的罪孽和俄罗斯的诱惑正在被克服。但是,巨大的罪孽和巨大的诱惑只可能存在于具有巨大的可能性的民族那里。底片是对正片的讽刺。俄罗斯民族深深地坠落了,但是在它身上掩藏着巨大的可能性,它可以揭示遥远的远方。民族的思想,上帝关于这个民族的思考,即使在这个民族坠落,改变了自己的目标,使自己的民族和国家的尊严受到损害之后,依然存在。还有少数被保存下来的正面的创造性的民族思想,借此民族可以复兴。但是通往复兴的路要经由忏悔,经由对自己的罪孽的认识,经由民族意识的净化,剔除魔鬼的精神。首先必须开始辨别各种精神。其中有许多恶与丑,但也有许多善和美的旧俄罗斯正在死亡。在死亡的痛苦中诞生的新俄罗斯还是一个谜。它将不是革命活动家和思想家所想象的样子,其精神面貌将不是完整的、统一的,基督与反基督的本原将会是更为激烈的分裂与对立。革命的反基督精神将诞生自己黑暗的王国。但是俄罗斯的基督精神也必定会显示自己的力量,这一精神的力量还会在少数人身上发生作用,即便多数人抛弃了它。

译后记

　　翻译该著作的初衷与我关注别尔嘉耶夫与俄罗斯文学的关系相关。在阅读他的各类著作时,我发现他与俄罗斯文学的关系非同一般,几乎在我涉猎的他的著述中都有关于俄罗斯文学及文学家的论述,尤其是他的《陀思妥耶夫斯基的世界观》,更是体现了他对俄罗斯文学极其深刻的认识,他与俄罗斯文学的血肉联系。尽管他称该著作并不是文学批评,但恰恰是这样一种不是文学批评的角度,使得我们对俄罗斯文学狭隘的理解和观念得到更新,对作为一种精神的俄罗斯文学重新定位。所以,我是把《陀思妥耶夫斯基的世界观》放在别尔嘉耶夫与并非狭义上的俄罗斯文学不可分割的关系中来看待的,因此,把翻译过程中写的一篇研究他与俄罗斯文学关系的文章放在前面,代为序。另外,我将别尔嘉耶夫的另外四篇关于陀思妥耶夫斯基的文章一并译出,附录在后,以便我们更好地把握别尔嘉耶夫对陀思妥耶夫斯基思想的认识过程以及他本人思想的发展脉络。

从别尔嘉耶夫对陀思妥耶夫斯基的阐释中,我们可以领悟到其"自由"思想独特的宗教哲学涵义。从 1907 年他的《大法官》一文发表至今,几近百年时光的流逝,并没有磨损他思想的光辉。作为俄罗斯哲学、思想史上的一个重要人物,他从不同的侧面都给我们带来深刻的启示。

此书得以出版,首先要感谢责编魏东先生的积极努力,不辞辛苦地审稿校对,对译稿提出了许多宝贵意见。另外,还要感谢我的好友陈曦博士,她在百忙之中通读了全稿。其实,在翻译之初,并没有准备出版,只是为研究之用翻译了片段,在此过程中,好友刘海燕女士不断阅读译稿,以其独具的慧眼与敏锐,鼓励我翻译出版全书。而郑州大学的张宁教授则对译稿中的关键之处给予了指点。真正给我勇气涉猎别尔嘉耶夫研究的是我的导师陈建华教授。在此一并向他们表达我真诚的谢意!

2006 年 4 月

图书在版编目(CIP)数据

　　陀思妥耶夫斯基的世界观/(俄罗斯)尼古拉·别尔嘉耶夫著;
耿海英译.—桂林:广西师范大学出版社,2020.3(2023.10重印)
　　(文学纪念碑)
　　ISBN 978 - 7 - 5598 - 2386 - 1

　　Ⅰ.①陀… Ⅱ.①尼… ②耿… Ⅲ.①陀思妥耶夫斯基
(Dostoyevsky, Fyodor Mikhailovich 1821 - 1881) - 人物研究
Ⅳ.①K835.125.6

　　中国版本图书馆 CIP 数据核字(2019)第 271607 号

陀思妥耶夫斯基的世界观
TUOSITUOYEFUSIJI DE SHIJIEGUAN

出 品 人:刘广汉
策　　划:魏　东
责任编辑:魏　东
装帧设计:赵　瑾

广西师范大学出版社出版发行

(广西桂林市五里店路 9 号　　　邮政编码:541004)
(网址:http://www.bbtpress.com)

出版人:黄轩庄
全国新华书店经销
销售热线:021-65200318　021-31260822-898
山东韵杰文化科技有限公司印刷
(山东省淄博市桓台县桓台大道西首　邮政编码:256401)
开本:787 mm×1 092 mm　1/32
印张:14.75　　　　　字数:250 千字
2020 年 3 月第 1 版　　　2023 年 10 月第 4 次印刷
定价:88.00 元

如发现印装质量问题,影响阅读,请与出版社发行部门联系调换。